# 被國境撕裂的人們

## 與那國・台灣往來記

松田良孝 Matsuda Yoshitaka

蘆荻——譯

目次

## 八重山諸島位置圖

## 與那國島全圖

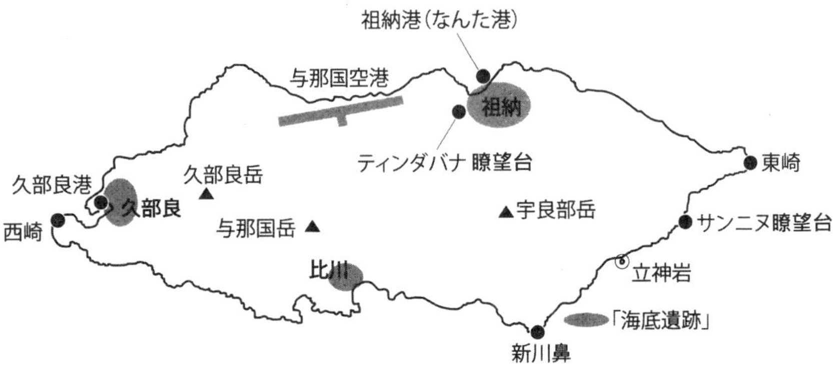

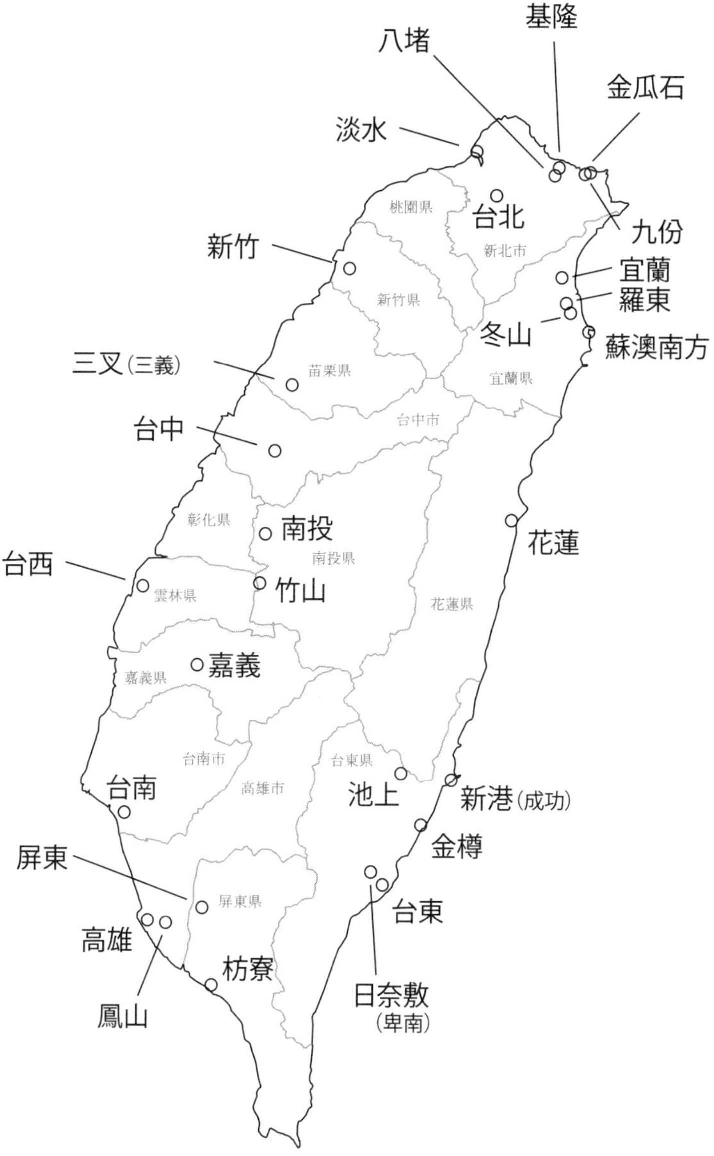
基隆
八堵
金瓜石
淡水
台北
桃園縣
新北市
九份
新竹
宜蘭
羅東
新竹縣
冬山
蘇澳南方
三叉（三義）
苗栗縣
宜蘭縣
台中
台中市
彰化縣
南投
花蓮
南投縣
台西
竹山
雲林縣
花蓮縣
嘉義
嘉義縣
台南市
台東縣
高雄市
池上
新港（成功）
台南
金樽
屏東
屏東縣
台東
高雄
枋寮
日奈敷
（卑南）
鳳山

台灣全圖

# 序　雖近猶遠

海洋文學家　廖鴻基

那是個還只有收音機的年代，聽廣播劇時，收音機頻道轉著轉著，偶爾會跳出帶著喳喳雜音的日語廣播。阿嬤說，是日本電台的放送。當時我以為，電波或許會像光線漫射有時跨海穿越時空，老遠的從遙遠的日本跑進我們家的收音機裡。

小時候，好幾次有琉球來的一對中年夫妻到家裡作客，阿嬤和父母用日語與他們交談，記得那男的特別喜歡吃肥豬肉，每一口都讓他好像很久沒吃到豬肉般的搖頭嘆息，女的喜歡吃阿嬤做的台式醬瓜，而我們都喜歡他們帶來帶著甜味和酒味的日式醬瓜。後來才曉得，男的是阿嬤的遠方親戚，年輕時就到琉球做茶葉生意，娶琉球太太。後來，阿嬤和父母也去了琉球拜訪他們好幾趟，每次都會帶回來又甜又好吃的美國巧克力，以及草綠色的美軍衣物和軍毯。

這些回憶感覺遙遠，就像日本在我印象中那般遙遠。

花蓮高中海崖下，有個鳥踏石漁村，高中時常翹課去村子裡或海邊徘徊，不少縱谷來的同學寄居在村子裡。大約三十年前為了寫「消失的漁村」為主題的雜誌邀稿，再次回到踏石漁村做訪談，記得村民們在訪談時提及，村裡的房舍建築式樣及工法很特別，村人稱「琉球厝」；他們解釋說，村子最早是宜蘭龜山島藍姓家族遷徙至此，後來幾位琉球漁人在此建屋定居，逐漸發展成漁村。

直到那次做完訪談後，我才曉得，日本雖遠，但琉球好像不遠。

記得三十歲當討海人第一次出海捕魚，搭乘的是我們討海人稱為「鏢船」的漁船，這種漁船最大不同是有座標台突出於船尖外。中秋過後，東北季風逐漸增強，「丁挽」（白肉旗魚），會在這時節來到台灣東部沿海，牠們常在浪牆上衝浪似的露出尾鰭，鏢漁船就在這個季節冒浪出海鏢獵旗魚。這是一種鏢手立於鏢台前緣，手持長鏢，冒浪追獵海上奔游旗魚的「鏢刺漁業」（本書中稱「突棒船」）。鏢手位置四周並無欄杆或繩索防護，大浪下作業，鏢手平衡感要好，更需十分膽識。

「不曾見過這樣直接、勇猛，而且死不干休的挑戰，這是一場滔天巨浪般的演出，沒有劇本，沒有觀眾，一場遠離人群的演出。」這是當年我搭乘鏢漁船對於鏢旗魚作業的一段描寫。

問過不少鏢船老漁人，如此高難度、高風險的鏢刺漁法，如何傳續下來的？

聽過最多的回答是：「琉球人帶進來的漁法，經我們討海人改良而成。」

也聽過不少老討海人談起過去在琉球人船上學討海，曾受過「日本精神式」的嚴格訓練，「想當鏢手，船隻一離港，就被叫上去站鏢台，大浪下鏢台劇烈起伏，往往一站上去就是七、八個鐘頭不准下來。」

經過這些我們老討海人的傳說，這才發現，琉球離台灣真的不遠。

過去，琉球人頻繁來過我們這裡，曾經住在這裡一段長時間，也在我們海域裡捕魚，並將漁撈技術傳教給我們如今已幾乎完全凋零的老討海人。這些琉球人，在這本《被國境撕裂的人們：與那國．台灣往來記》書中記載，大多數來自與台灣距離最近的與那國島。

多年的漁村或漁撈經驗，我曉得，與那國島與台灣的關係應該曾經十分密切。

後來查地圖才確認，就在我時常看海的花蓮海邊，或討海捕魚或尋找鯨豚的海域，往東北東望去，不過大約一百四十公里外，就有一座屬於日本，屬於琉球八重山群島最西緣角落，名為「與那國島」的小島（這座小島離東京二千二百一十二公里遠）。

不僅驚訝還有些震撼，年輕時看海，常想像那海天盡頭是否有座島嶼、有另一片世界存在？那如歷史記憶般滲入的收音機電波、隨漁村消失而如今已完全不見蹤影的琉球厝、琉球來的親戚、鏢漁船、我們老漁人的琉球討海師傅，在這本書中，那麼具體而近切的就隔著一道黑潮海流，仍然存在於不遠前方。

《被國境撕裂的人們：與那國．台灣往來記》，讀完這本書後，有如一幅記憶拼圖終於完成的感嘆。這本書對焦般，原來如此的還原了原本朦朧不清的記憶而豁然開朗的清晰起來。這書完全、完整的回應了上述個人成長背景與琉球相關的記憶。

一如本書「後記」提到的，「本書乃是一部描繪與那國島人們與台灣之間往來歷史的作品。」儘管本書設定的閱讀對象是日本讀者，目的是透過兩島間的田野訪談來重新整理這段幾乎被遺忘的歷史，喚起日本重視這段消失中的偏鄉離島，關於琉球群島的生活智慧與文化。

書中場景，隔著黑潮兩岸，與那國島和台灣，一大、一小兩座海島，同屬太平洋西緣，東亞陸棚東緣，無論地理或人文，都算是同個生活圈。

台灣是個四面環海的海島，應該算是群島國，由台灣這座大島，這隻母雞，帶領周遭一百多座小島，一百多隻小雞，組合成的以台灣本島為主的群島國。而與那國島，與台灣過去的種種關係，理應是其中一隻小雞，但現實猶如書名「被國境撕裂」，太平洋戰爭結束後，台灣和與那國島間，被劃上了一條國境線。國境，如一把利刃，一刀劃開了兩座島嶼間雖近猶遠的親密或疏離的今昔之別。

戰爭結束國界畫下初時，因地理、歷史時空的慣性，兩邊船隻依舊頻仍往返，一段日子後，才因「走私」緣故被嚴格禁絕。書中訪談人物之一，談及走私議題時，拋出了一個頗為震撼的疑問句：「只因為國家分離，所以就得被說成是『走私』嗎？」

現實如此，兩島間若是母雞小雞關係的話，就是物資運輸，切開來的現實就變成是「走私」。運輸和走私只是活生生被切開的例子，原來兩座島嶼間的人事物原本絡繹不絕來來往往，人為的蠻橫無理劃上一條國界線後，人情、文化、歷史的斷裂如一道再也無法輕易跨越的鴻溝。

這本書或許是為日本讀者而寫的，但因為和台灣地理、歷史距離不遠，書中盡是熟悉的地名，是我們生活的家園，陌生的是，今昔對比的差異感，以及本書的日本（與那國島）觀點。讓我感嘆最深的是，親密和疏離交錯，不遠但已然遠去的這段台灣面向太平洋的歷史。

本書開始閱讀時，或許會覺得是一部為了研究目的而作的田野訪查報告，對一般文學作品來說，的確是「硬」了些。但到了後半部閱讀時，就能了解作者的細心及用心，處處是得以證明的真實且近在身邊的臨場感，將本書的張力與魅力欲罷不能的完全給撐開了。

五年前因參與活動，得以從花蓮港搭船航行至與那國島西側的久部良港。航程中當視野中浮出與那國島西崎岬時，回頭還清楚看見台灣高聳的山陵線浮在雲端。聽說在與那國島上，晴朗又水氣少的日子，可清楚看見台灣山嶺。

在久部良港遇見他們一艘拖釣作業漁船返港，與那國島漁業規定只能用魚鉤而不能使用漁網捕魚，駕著這艘船的老漁人獨自捕獲一條約二百五十公斤級的鐵皮旗魚。當老漁人處理漁獲後，甲板上提起一只鐵鏢鏢尖向我展示。因為捕過魚，我一看就知道，那是我們鏢漁船上使用的鏢尖，也明白這是拖釣作業拖到大魚，當漁獲拉靠近船邊時，這麼大一條魚，一定得「寄鏢」（用鏢槍補一鏢），才算保證捕獲了這條魚。老漁人向我展示這只鐵鏢鏢尖時嘴裡說了好幾次：「台灣。」他的意思是，這鐵鏢鏢尖是在台灣買的。

當晚晚宴上，喝過幾輪泡盛酒後，他們許多人表示，「比起日本，我們更喜歡台灣」。不僅嘴上說說而已，他們於二〇〇四年推動全面性的自決公投，於隔年通過「與那國島獨立決議。」主張發行獨立護照，與台灣花蓮港直航等等。儘管提議被日本政府否決，但與台灣關係及情誼可見一斑。

《被國境撕裂的人們：與那國．台灣往來記》這部著作，作者以嚴謹的資料收集，重現了台灣東半部面對太平洋、面對黑潮一段被遺忘的歷史。

1

3

2

# 基隆．和平島

圖1：和平島（舊稱社寮島）上正在舉行「放王船」的祈福儀式（註：和南部的「燒王船」不同，基隆的儀式是讓王船在陣頭護衛下，浩浩蕩蕩巡海保平安。）。2011年7月9日攝於基隆和平島社靈廟。

圖2：迎接午餐時間的和平島小吃店，店內擺放的凳子與客人的剪影交錯隱現。除了外帶，也有人坐在店裡，一邊喝啤酒一邊大口吃麵。2011年7月9日攝於基隆市和一路37號的小吃店「阿美排骨麵」。

圖3：正濱漁港裡，裝飾成龍形的小舟並排鄰列；它們正在準備參加農曆5月5日端午節的龍舟競賽。正對面是和平島。2011年5月17日攝於基隆市中正區。

圖4：基隆市內橫跨田寮河的金雞橋。攝於2010年10月30日。日本殖民統治時期曾在這裡架設一座「義重橋」。本書中登場的吉元芳子（現姓佐久川），就是越過這座橋去基隆郵局上班。

圖5：從基隆中正公園遠眺的基隆景象。基隆的人口有37萬人，不過正在逐漸減少當中。攝於2011年7月9日。

圖6：過去曾是許多沖繩漁民聚居之處的和平島三岔路上，可以看見悠悠哉哉的人影。2008年9月5日攝於基隆市和一路58巷。

7

8

9

10

11

# 南方澳（蘇澳南方）

圖7：隨侍在航海安全之神——媽祖身邊的「千里眼」。人們相信祂的眼睛能夠看透千里之遠。2009年9月6日攝於宜蘭縣蘇澳鎮南方澳南天宮。

圖8：捕白帶魚歸來的漁船，正在回到南方澳的岸壁邊。攝於2009年9月6日。

圖9：日本殖民統治時期，曾是「木乃繪」（kinoe）、「有明」（ariake）等料亭聚集之地的南方澳南安里。攝於2007年8月31日。

圖10：手拿啤酒談笑的南方澳男人。攝於2009年9月7日。

圖11：前來拜訪南方澳，在觀光景點——堤岸邊海鮮市場漫步的觀光客。後方為南天宮；照片的左側就是通往昔日料亭所在的南安路。攝於2008年11月16日。

圖12：在南方澳工作的外籍船工。攝於2009年9月7日。

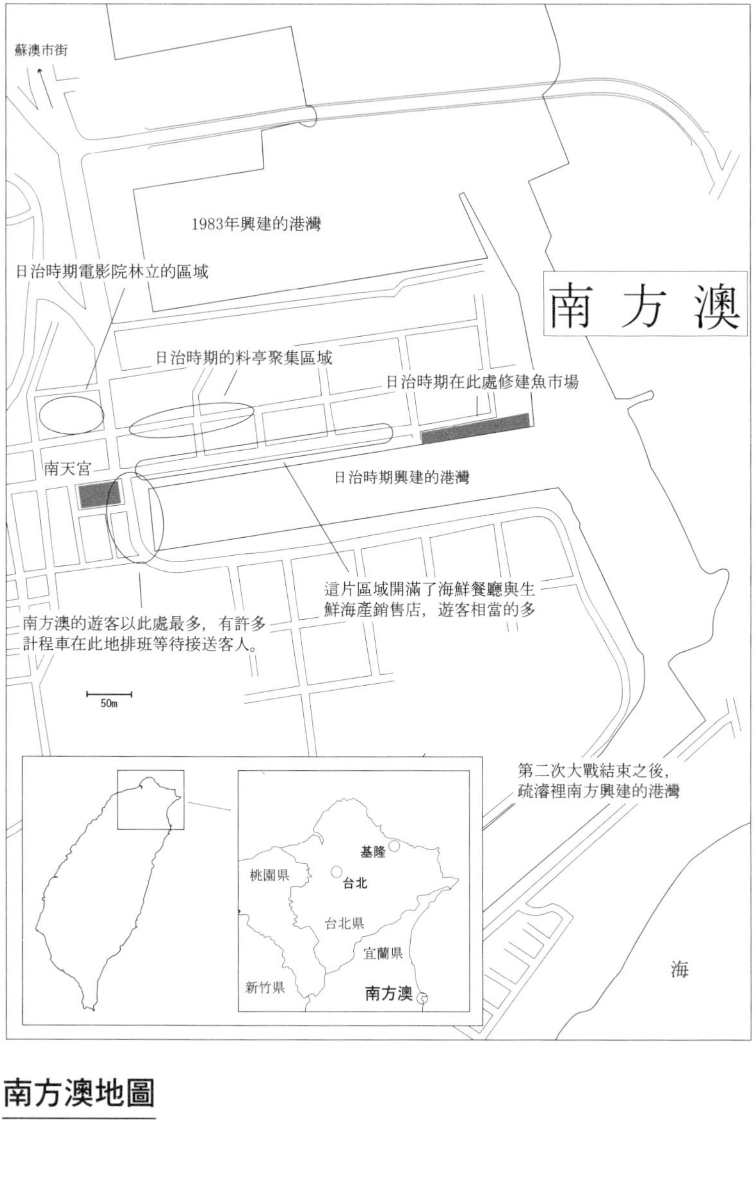
蘇澳市街
1983年興建的港灣
日治時期電影院林立的區域
南方澳
日治時期的料亭聚集區域
日治時期在此處修建魚市場
南天宮
日治時期興建的港灣
這片區域開滿了海鮮餐廳與生
鮮海產銷售店，遊客相當的多
南方澳的遊客以此處最多，有許多
計程車在此地排班等待接送客人。
50m
第二次大戰結束之後，
疏濬裡南方興建的港灣
基隆
桃園県
台北
台北県
宜蘭県
新竹県
南方澳
海

## 南方澳地圖

# 前言

「距離台灣最近的是一百一十一公里——」

每當說起有關與那國島的事時，總會在如詩如歌的文句中，湧現這段旋律。

這一百一十一公里，究竟是連結哪兩個地方的距離呢？

在與那國島這邊，我們可以立刻清楚地答道：最接近台灣的，就是位在西端的西崎。

那麼，台灣這邊又是哪個地點呢？

正確答案是位在宜蘭縣蘇澳鎮的「蘇澳南方」（編按：雖然在一九〇四年的《台灣堡圖》中已記為現在所用的「南方澳」，但本書原則上採用作者訪談的八重山人之記憶，仍然記為「蘇澳南方」），一座位於台灣東部的港口城鎮。

在這「最近的一百一十一公里」、狹窄的海路間，曾經有過一個時代；在那個時代，與那國島的島民曾積極奔波於這條路上。

那是什麼時候的事呢？

從以前一直到戰爭結束後數年的時期。

為了什麼目的而奔波呢？

有些人是為了工作。

也有些人是為了求學。

還有些人是活躍於與那國與台灣之間，從事著「地下貿易」的工作。

正在閱讀這篇文章的你，或許也會想試著從與那國島前往蘇澳南方一趟吧！不過，只要稍微調查一下，就可以發現這並不是一段輕鬆愉快的旅程。

首先，你必須從與那國島前往石垣島或那霸，從那裡搭飛機前往台灣的台北市；接下來，你要從台北搭巴士或是火車，花上兩個小時來到蘇澳火車站，接著還要再轉乘巴士或計程車，才能抵達蘇澳南方。

這樣一趟就得花上一整天，搞不好還得先找個地方住宿下來才行。所謂「最短一百一十一公里」的旋律，其實遠比歌曲裡唱頌的還要遙遠許多。

既然如此，那麼與那國島和台灣，事實上並非如此接近是嗎？

正在閱讀這篇文章的你，或許也會產生這樣的疑問吧！不過，還請稍安勿躁，不要這麼急著做出結論。

渡過這片海洋，從與那國島前往台灣的人們，他們的想法是怎樣的？請側耳傾聽他（她）們的話語吧。然後，你應該就能體會到一水相連的與那國島和台灣，那種彼此貼近的感覺。

這本書，正是以那些渡過海洋前來台灣的人們的口述故事為主軸，描繪出與那國島和台灣之間關係的作品。同時，我也嘗試著在「說故事」的同時，將描述當時景況的紀錄與文獻引入其中，好重新建構起那段只屬於與那國島與台灣之間，密切牽繫的歷史。

故事的開頭是從大海開始的。

我提起筆，開始描繪某個渡海前往台灣的與那國島年輕人，追逐旗魚的畫面——

# 序章　刺旗魚

漁船在猛烈吹襲的北風中追逐著獵物。這是一種被稱為「突棒船」的漁船，特色是在船首有一片伸出可以供人站立的細長甲板；漁夫會站在這片甲板上，對海裡游著的旗魚投下魚叉，給牠們致命一擊。

與那國島祖納地方出身的松川政良（一九一八年生），過去曾在台灣東部的漁港——蘇澳南方和兄弟一起搭乘突棒船，並擔任投擲魚叉的工作。

我的眼力可是非比尋常喔！在整個與那國島，論起找旗魚的眼力，可沒人能超過我哪！

在台灣追逐旗魚的政良，被遣返回與那國島之後依然繼續搭乘突棒船。對於自己能輕易找出海中的旗魚、堪稱島上第一的眼力，政良感到相當自豪；即使在年紀已經超過九十歲的現在，他看報紙時依然不需要戴眼鏡，這敏銳的眼力，究竟是如何尋找旗魚的呢？

當波浪捲起、浪頭高漲的時候，（旗魚的）尾巴一定會突出水面。隨著波浪起伏的高低，有時候（尾巴）會冒出五寸，有時則會冒出一尺。「五寸」僅僅十五公分，而「一尺」也只有三十公分左右。政良就在這波浪洶湧起伏的海面上，僅僅憑著一點點尾鰭的尖端，用他的眼睛找出旗魚，向海面投出魚叉。「少於五寸的話，就有點難找了哪！」政良又這麼說。簡言之，就算尾鰭只突出海面區區十公分左右，他也能找到旗魚的蹤影。漁夫搭乘的突棒船、海面的波浪，還有在水面正下方游泳的旗魚，一切全都在移動中；在這種狀況下，只憑這樣一點線索去找尋旗魚……

這種事，真有可能辦得到嗎？

> 辦得到。大概一百到一百五十公尺就能看見了。當然，普通的門外漢是看不到的；就算對他們說：「你看！在那裡唷！（旗魚在那裡游泳唷）！」（那些不習慣的人）還是會問：「在哪裡？」怎麼找也找不著。我啊，因為打從二十二、三（歲）起就在幹這行，老早就習慣的緣故，對於「在怎樣的地方、在多高的浪底下，這東西（尾鰭）會冒出來」，已經十分駕輕就熟，所以只要（旗魚）一往這邊過來，一定會馬上看見，然後咻的一下，就把牠給（抓）到手啦！

日本最西端的與那國島與台灣之間，最近之處不過距離一百一十一公里。在這黑潮流經的海洋裡，搭乘突棒船的與那國島民並不只有松川兄弟；在台灣還是日本殖民地的時候，人們的往來其實是相當頻繁的。

與那國島久部良出身的大城正次（一九二三年生）在一九三八年到一九三九年（昭和十三至十四年）左右，開始在蘇澳南方的旗魚突棒船上工作；幾乎同一時期，比他年長五歲的政良，也開始了自己捕旗魚的職業人生。在捕旗魚方面，正次跟政良一樣，是用搜尋波濤洶湧海面上的旗魚尾鰭來鎖定目標的。「浪來了，對吧？因為牠（旗魚）會乘著波浪游泳，所以總是會以『尾巴、屁股、尾巴』這樣子的節奏現出水面。」

正次接著又這麼說：

大概是已經習慣了吧，只要我的眼睛一看到鰭，馬上就能判斷出「這條魚大概是一百五十斤吧」、「這條大概有兩百斤左右吧」。

「光這樣看就能知道嗎……」面對喃喃自語的筆者，正次接著又說：

若是習慣了的話，那結果大概八九不離十喔！當把刺穿的魚拉上來後，我剛剛判斷是兩百斤的魚，實際秤起來就剛好兩百斤，再不然就是兩百零五斤之類的數字。

正次因為搜尋旗魚的眼光銳利，從船主那裡領到了用來代替獎金的衣服，同時也得到了特別提供的返鄉費用；不過，他那雙眼睛其實不只能看到旗魚的存在，甚至就連重量也能看得一清二楚。

# 第一章 前往台灣

## 誠徵學徒

松川政良前往蘇澳南方之前，原本住在台北。他從與那國島渡海來到台北，投靠住在那裡的姊姊千代（一九一三年生）。憑藉著自己的力量，他開始找尋工作。當時的台北市中心原是被城牆環繞著，在城牆內側的地區，一般稱為「城內」；[1]政良就在城內的某處，發現了一家掛著「誠徵學徒」字樣的照相館。

政良出身於與那國島的祖納。他生於一九一八年（大正十一年），一九三三年（昭和八年）三月畢業於與那國尋常高等小學校[2]的高等科，畢業之後便渡海前往台灣。

台灣的人口在一九三三（昭和八年）年底，一共有五百零六萬又五百零七人。當時，稱為「本島人」的台灣人共有四百五十五萬五千六百一十人，占了百分之九十的壓倒性多數；而被稱為「內地人」的日本人，只有二十五萬六千三百二十七人，所占比例不過百分之五點一。[3]沖繩出身的人們，也被包含在「內地人」的範圍內。

台灣最大的都市——台北，共有人口二十七萬六千人。[4]千代在台北靠著幫傭過日子，並且將弟弟政良接了過來。

> 在與那國島上，可沒有什麼工作的地方哪！除了村公所、郵局之外，幾乎沒有什麼地

方是可以穩定工作拿薪水的，所以大家都是學校一畢業之後，就馬上跑去台灣；畢竟若是到台灣的話，不管怎樣總會有工作可做吧！於是，前輩們都陸陸續續跑過去（台灣）了吧？託他們的照料，我們也找到工作、並且定居下來了哪！

松川政良向我們講述自己的「台灣經驗」。2010年10月9日，於石垣市大川自宅。

在島上完成學業之後便前往台灣；在台灣那裡，有同樣出身於島上的哥哥姊姊、還有前輩。仰仗這些前輩照顧的弟弟妹妹以及晚輩，陸陸續續渡海前來。戰前的與那國島，就是這樣的一幅人群流動景象。

1　譯註：台灣稱之為「城中」，現在台北市博愛路一帶，仍留有「城中」的稱呼。
2　譯註：日本戰前的初等教育機構，分為尋常小學校六年、高等小學校兩年，相當於日後的國小和初中。在人口較少的地方，兩校通常是採併置的形式。
3　台湾総督府『台湾現勢要覧　昭和十年版』（一九三五年）頁二十七。
4　台湾総督府『台湾現勢要覧　昭和十年版』（一九三五年）頁三十二。

政良工作的照相館雖然沒給薪水也沒有零用錢，不過因為吃住免費的關係，生活還算過得去。至於衣服方面，也有千代幫忙張羅。只是，政良偶爾還是會想出門遠行。這時，他會試著跟老闆說「我想去基隆玩一趟」，然後老闆就會給他五十錢。按照政良的記憶，台北基隆間的火車票單趟是二十二錢，因此五十錢要用於往返，可說相當足夠了。老闆所提供的，就是這樣一筆五十錢。[5]

從台北到基隆的距離是二十八點六公里。[6]說起基隆，它的人口規模僅次於台北、台南，是台灣第三大的都市，人口在一九三三（昭和八年）年底，共有八萬一千人。[7]

政良之所以想去基隆，其實是有理由的。「基隆有旅社和賓館，很多朋友和親戚都在那裡。」為什麼與那國島的人會大量聚集在基隆呢？這點從方才政良所說的「與那國島沒什麼工作」，就可以得到解答。

## 照相館的腳踏車

在照相館裡落腳下來、並且開始工作的政良，為了送相片，必須會騎腳踏車才行；可是，就在他努力練習著踩踏板的時候，卻發生了一起交通事故。當時，新手上路的政良把腳踏車逆向騎上馬路，結果被一輛摩托車給撞飛了出去，所幸沒有生命危險，就連手腳也沒有骨折。

摩托車的駕駛破口大罵：

「人家在路上走，你從旁邊衝出來是怎樣啊！？」

「是我不對，因為我才剛學騎腳踏車，還不是很熟悉，真的很抱歉，是我不對……」

看見政良老實認錯後，摩托車也就自顧自地走掉了。

以現在來說，那時候的政良大概是國三到高一的年齡吧。照理想而言，這個年紀才開始騎腳踏車似乎有點遲，不過想到政良在渡台之前，在與那國島上完全沒看過腳踏車，這樣想似乎又覺得不會太遲了。

這時期，在石垣島發行的報紙《先島朝日新聞》上，刊載了這樣兩則腳踏車店開業廣告：

來自台灣、擁有長年經驗的熟練職人，秉持責任與忠誠，在此誠摯為您服務！（一九三四年六月二十一日刊）[8]

5 根據日本鐵道旅行地圖帳編集部編纂的《滿州朝鮮復刻時刻表　附台灣、樺太復刻時刻表》（二〇〇九年／新潮社），台灣總督府交通局鐵道部在一九三六年二月發行的《列車時刻表》中，明定台北到基隆間的車資是三等車廂四十五錢，但是考慮到松川政良所言，不支薪寄住在老闆家裡的與那國年輕人，利用假日靠著老闆給的一點零用錢，前去和從與那國渡海來台的其他人碰面這件事的重要性，故在此謹以政良所言為準。

6 台湾旅行案内社『改正台湾鉄道旅客運賃総覧』（一九四一年／台湾日日新報社）。

7 台湾総督府『台湾現勢要覧　昭和十年版』（一九三五年）頁三十二。

8『先島朝日新聞』一九三四年六月二十一日第三版廣告。

來自台灣的專門熟練職人！這格外
優秀的技術，請務必親身體驗一下！
（一九三四年十月三十日刊）[9]

由上面可以清楚得知，在石垣島，「台灣」兩字可說是腳踏車店的一大「賣點」。政良就是在這樣的台灣，第一次遇見了腳踏車。

這時，台北已經是人口逼近三十萬的大都市。另一方面，根據幾乎處於同一時期、一九三〇年（昭和五年）的國勢調查，與那國島的人口則不過四千四百六十二人。[10]

為了有效疏導台北市內三十萬的人口，化解交通的擁塞紊亂乃是當務之急，於是在一九二八年到一九二九年（昭和三～四年）間，政府開始考慮引進地面電車。然而，這項計畫卻因資金不足而無法實現，取而代之的是以市公車為中心，對公共運輸的整頓和充實。[11]

台灣北方的大門口——基隆。（2010年8月27日，攝於基隆市內獅球嶺砲台。它與八重山之間，也有著相當密切的牽繫。）

在台北市內，一九一三年（大正二年），首次有公共汽車開始營業；在這之後，陸續有業者參與了公共汽車的營運。[12]在這當中，台北市政府收購了台北自動車株式會社，於一九三〇年（昭和五年）正式展開了市公車的營運。[13]

至於腳踏車方面，就在政良在與那國島誕生的前一年，也就是一九一七年（大正六年）一月，台北市頒布了《腳踏車取締規則》。在這項規範中，林林總總定下了許多規則，好比說，當腳踏車要從牛車、馬車或人力車後方超車、或是要穿過人潮擁擠的路段時，都必須鳴響車鈴，在夜間行駛時必須打亮車燈……諸如此類。[14]

來來往往的人潮、從以前就有的運輸工具馬和牛，再加上腳踏車、汽車、人力車等新式交通工具的出現，使得台北市內於一九二九年（昭和四年）展開了大規模的交通整頓；[15]畢竟道路若是秩序紊亂，發生交通事故的危險性也會隨之大增。

一九三三年（昭和八年）來到台灣的政良，騎著不熟悉的腳踏車，與摩托車發生衝撞事故

---

9『先島朝日新聞』一九二四年十月三十日第一版廣告。

10 參照沖繩縣統計情報網站中的「國勢調查報告」部分。http://www.pref.okinawa.jp/toukeika/pc/pc_index.html（二〇一二年五月六日瀏覽）

11 莊永明，《認識台灣　回味1895-2000》（二〇〇五年／遠流出版）頁七十七。

12 莊永明，《認識台灣　回味1895-2000》頁四十六。

13 莊永明，《認識台灣　回味1895-2000》頁八十。

14 莊永明，《認識台灣　回味1895-2000》頁五十四。

15 莊永明，《認識台灣　回味1895-2000》頁七十九。

之際，正是這路面交通雜沓，道路規則的整理與普及、以及公共運輸機制都還在持續研討整頓的時期。

在政良落腳的照相館裡，老闆的兒子似乎也是騎那輛腳踏車上下學。政良在騎車練習時遭遇事故，結果使把手扭曲變形了。對此，老闆只是說：「這也是沒辦法的事，畢竟人總是會犯錯嘛！」然後就把那輛腳踏車丟了，再買了一輛新的給兒子，完全是一派慷慨大度的樣子。

政良也是一副沒有得到教訓的模樣。「我拿到新車的第一件事，就是試著在上面吊單槓唷。」這樣的他，用新的腳踏車再次展開了練習。「因為認真練習的關係，我大概一小時就學會騎了；接下來我就把手放開，自由自在地去遊玩了。」彷彿和摩托車衝撞的事從沒發生過一樣，政良在短短時間內就學會了駕馭腳踏車，甚至還能不握把手，單憑雙腳便駕著它四處趴趴走。

不過，儘管政良已經能夠熟練地駕著這輛腳踏車從事送貨之類的工作，但他對於台北的地理環境，說到底卻還不是很熟悉。有時候明明被派去送貨，卻因為不清楚指定的場所究竟在哪裡，只好老實回答「我不知道」，這樣的情況也不在少數。

政良在照相館裡，經常被派去照應那些為了拍攝家庭照而前來的孩子。他總是得躲在那些沒辦法端端正正站好的兩、三歲孩子身後，從背後將他們支撐得直直的，當孩子哭起來的時候，他還要負責哄孩子開心；為了讓構圖取得平衡，好讓攝影能夠成功，政良的這份任務，可說是檯面下不可或缺的重要工作之一。

除此之外，他也要幫忙在暗房工作。在數位攝影普及、使用膠捲與乾板進行攝影的機會日益減少的今天，暗房離我們的生活也愈來愈遠；可是，對過去的照相館而言，僅僅點著暗紅色的燈光，在裡面進行顯影與曝光工作的暗房，卻是不可或缺的存在。在這空間裡，政良的工作便是幫忙將顯影液和定影液從相紙上沖掉，然後將它掛起來待乾。他並沒有負責按過快門；據他的說法：「我在照相館裡還不到獨當一面的程度，所以也沒能負責相機之類的任務。」

## 昔日的照相館

政良說，自己當時是落腳在「YAMATO町的ICHIDA照相館當學徒」。

日本殖民統治台灣時期的地圖，曾經以復刻版的形式發行過許多版本，所以對於當時的台北市街坊情景究竟如何，我們多少也能掌握一定的輪廓。讓我們試著攤開其中的一份——一九二八年（昭和三年）製的「大日本職業明細圖（台北市）」[16]復刻版，在彷彿住宅地圖[17]般，林林總總羅列著政府機構、營業單位，以及個人住家的圖示間，確實有一家「市田照相館」，地址是「大和町二丁目」。

在台北市公所發行的『台北市商工人名錄　昭和十一年版』裡，按職業別介紹的營業單位

16　黃武達編《日治時期臺灣都市發展地圖集》（二〇〇六年／南天書局）。原圖為東京交通社於一九二八年發行。
17　譯註：地圖的一種，將居住戶別名全都詳細標示出來的地圖。通常用於警察掌握情資、國勢調查，乃至於宅配業等需要精密戶籍資料的工作之用。

資料中，也有「市田照相館」的紀錄。在一九三八年（昭和十三年）發行的昭和十二年版裡，「照相業」一欄的資料是如此記載的：「大和町二之五　市田照相館　市田幸四郎　電話二七四五」。[18]

既然如此，那麼政良想必就是落腳在台北市大和町二丁目五番地的市田照相館，並在這位

在台灣，將腳踏車當作正式代步工具、造訪觀光景點的人們，其實並不在少數。（2010年8月29日，攝於金門縣金城鎮珠山。）

市田幸四郎底下工作吧！[19]

當我訪談具有日本殖民時期台灣經驗的人們、並追溯他們的足跡後，我發現在他們的記憶中，少有偏離不實的部分，相反地，「命中目標」的感覺則是相當明確。政良的訪談也是如此。「大概有某個地方記錯了吧」，給人這種感覺的情況並不多；相反地，將他的證詞和當時的資料相映證後，可以發現具有十分的客觀性。對「大和町的市田照相館」進行確認的作業，的確讓我有這樣的感受。

接著，我又更進一步展開相關作業。

當我試著對照「大日本職業明細圖（台北市）」與現在的台北地圖後，發現市田照相館的位置，位在現今延平南路與武昌街的交會點；這裡直到現在，依然是台北市中心的一部分。

二〇一〇年十月八日，筆者試著造訪此地。

---

18 台北市『台北市商工人名録　昭和十二年版』（一九三八年／台北市）頁二五〇。

19 按年度調查《台北市商工人名錄》底下的「市田寫真館」項目後，我在昭和十一年版（一九三七年／台北市）第二一七頁裡，發現它的經營者一項寫著「市田幸四郎　藤井初太郎」。由於兩人的名字前掛著一個「（代）」字，所以看起來應該是藤井在實際經營，但是事實如何並無法判定。在昭和十五年版（一九四一年／台北市）第一六四頁，儘管上面沒有列出「市田寫真館」的名號，不過有記載著「住在大和町二之五號的藤井初太郎，經營照片攝影事業」。另一方面，在台北商工會議所《台北商工人名錄　昭和十八年版》（一九四三年／台北商工會議所）第二〇八頁，市田寫真館的「營業者暨代表者」一欄，寫的是「藤井初太郎」。藤井初太郎的名字也出現在安良成一《台北市民住所錄（內地之部）》（一九四〇年／住所月報社）第二五六頁，住所是「大和町二之五」，至於「官名、職名以及商店名稱」、「電話」、「府縣名」等欄，則是一片空白。

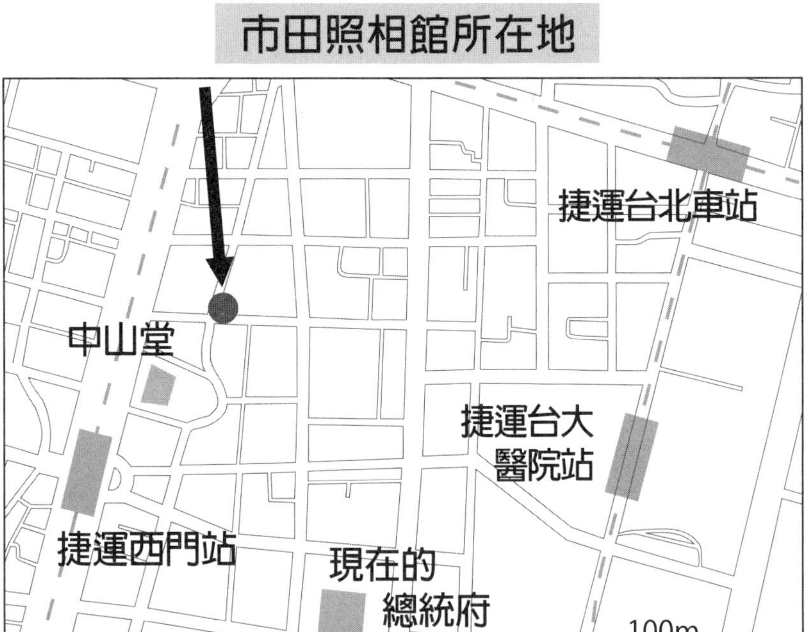


台北市內圖（松川政良工作的市田照相館相關地圖）

我走出捷運（MRT）西門站，繞過年輕人潮洶湧的幾個西門町出口，從反向的出口來到了地面上。天空中下著微微細雨；手錶的指針指向晚上八點半，因為是平常日之故，人影顯得有些稀疏。

當我朝著目標所在的交叉點稍稍走了幾步後，中山堂的影子便立刻浮現身旁。由於中山堂的原型——台北市公會堂是完成於一九三六年（昭和十一年），[20]因此當政良落腳在市田照相館的時候，這棟建築物還未存在。

中山堂是台灣地區舊日本軍在一九四五年（昭和二十年）十月二十五日簽約投降的場所。在前面的廣場上，「抗日戰爭暨台灣光復紀念碑」的雕刻字樣，在投影燈的照映下浮現出來。這塊碑文的意思是，「紀念太平洋戰爭中對日本的勝利，以及台灣的再次復歸」。

從中山堂的方向能夠清楚望見市田照相館所在的交叉點，但那裡已經完全看不出任何照相館曾經存在的痕跡。[21]在它的西側是警察機構；[22]根據地圖，這裡原本應該是一間製藥公司。

在交叉點的斜對面，聳立著台北市警察局的廳舍；我再次確認地圖後，發現這裡在當時也

---

20 王惠君、二村悟『図説　台湾都市物語』（二〇一〇年／河出書房新社）頁五十八；片倉佳史『観光コースでない台湾』（二〇〇五年／高文研）頁七十二。

21 當我在二〇一二年十一月二十二日下午一點半造訪該地的時候，那裡矗立著一棟三層樓的樓房，上面掛著「台火開發股份有限公司」這家貿易公司的招牌。經我確認該公司的網站後，得知二、三樓也是該公司的辦公室。http://www.tidehold.com.tw／（二〇一二年十一月二十四日瀏覽）。至於一樓內部的情況究竟如何，從外面則無法看清。

22 譯註：台北市警局刑警大隊。

是警察機構，名叫「南警察署」。這樣說起來，落腳在市田照相館的政良所見的昔時光景，總算是勉勉強強留下了那麼一點痕跡吧！

清朝時代，台灣在一八八五年（光緒十一、明治十八年）從福建省獨立成為台灣省，並由劉銘傳擔任總括台灣省軍政民政的首任「台灣巡撫」。[23]兩年之後，「巡撫衙門」落成；[24]在舊市田照相館的南側，還可以看到標示著「巡撫衙門舊址」的石碑。一八九五年（光緒二十一、明治二十八年）甲午戰爭結束後，馬關條約簽訂，決定將台灣割讓給日本；對此表示反抗的台灣人，他們組織的「台灣民主國」，[25]也以此地為總統衙門（總統府）；[26]不過，不久之後，日軍的砲兵大隊便進駐此地，而這一帶則被稱為「撫台街」。市田照相館就位在撫台街所在的區域之內。

日本殖民統治台灣的據點——台灣總督府，一時也曾設在市田照相館這附近。一九〇三（明治三十六年）發行的「台北全圖」[27]顯示，砲兵大隊的正南側就是「台灣總督府」。清朝時代，這裡原本是負責台灣省行政與財政的布政使司衙門；[28]一八九五年（明治二十八年）六月十七日，日本在這裡舉行了殖民統治台灣的「始政式」。[29]

市田照相館的周圍，既有清朝時代的巡撫衙門與布政使司衙門，也有日本殖民統治開始初期的台灣總督府。[30]說起台灣總督府，最為人所知的，應該就是現在被當作台灣總統府使用的那棟廳舍了；不過，它要到一九一九年（大正八年）才正式落成。伴隨著新總督府的落成，市田照相館附近這座總督府的任務也隨之告一段落；它的原址被開發成台北市公會堂，並為現在的中山堂所持續傳承下來。

政良在市田照相館工作的時代，是距今八十年前的一九三〇年代初期。現今想在視覺上捕捉當時留下的痕跡，可說是相當困難。然而，只要踏足那塊土地，百年以上塵封的歲月便彷彿隨之悠悠解開，讓人能夠隱約一窺甲午戰爭前後的台灣、以及日本殖民統治初期的模樣。

---

23 吳密察原著監修・橫澤泰夫訳『台湾史小事典』（二〇〇七年／中国書店）頁一一八。

24 王思迅編《古地圖台北散步—一八九五清代台北古城》（二〇〇四年／河出圖社）頁四十。

25 甲午戰爭後，清朝在一八九五年四月十七日，簽訂了將台灣割讓給日本的馬關條約；同年六月二日，清朝全權代表李經方與日本首任台灣總督樺山資紀，進行了台灣的移交手續。就在這段時間中，一八九五年五月二十五日，以台灣巡撫唐景崧為總統，反對割讓台灣給日本的台灣民主國成立了。他們以藍地黃虎為國旗。參照吳密察「一八九五年『台灣民主國』的成立經過」（吳密察《台灣近代史研究》一九九〇年，稻鄉出版社，頁一—五十一）。關於台灣民主國的全貌，在黃昭堂的『台湾民主国の研究　台湾独立運動史の一断章』（一九七〇／東京大學出版）中有詳細敘述。

26 黃昭堂『台湾民主国の研究　台湾独立運動史の一断章』頁一五六；王思迅編《古地圖台北散步——一八九五清代台北古城》頁四十；片倉佳史『観光コースでない台湾』頁七十三。

27 黃武達編《日治時期臺灣都市發展地圖集》。原圖為《台灣日日新報》於一九〇三年一月一日出刊所附。

28 王惠君、二村悟『図説　台湾都市物語』頁五十八；片倉佳史『観光コースでない台湾』頁七十二。

29 伊藤潔『台湾』（一九九三年／中公新書）頁七十三。

30 舊日本軍在台灣登陸後，台灣總督府一度設置在過去曾是稅關設施的基隆海關事務所中，不久之後便轉移到布政使司衙門舊址。黃昭堂《台湾総督府》頁十三、四十七；伊東ひさし、柳木昭信等著，《旅名人ブックス108 台湾東海岸と基隆 台湾の原風景を味わう》（二〇〇八年／日經ＢＰ企画）頁一七三。現在被當成台灣總統府使用的建築物，其實已經是第三代的台灣總督府了。

## 兄姊陸續前往台灣

政良的兄弟姊妹一共八人。事實上在這八人以外還有一位長姊，所以實際上應該是九人；不過這位長姊在很小的時候便過世了，所以政良自己總是說「我們八個兄弟姊妹」。政良是三男，在他的上面有兩個哥哥和一個姊姊，底下則有四個妹妹。

當政良從與那國尋常高等小學校高等科畢業、渡海前往台灣的時候，他的三個哥哥姊姊都已經在台灣生活了。不管學校有沒有畢業，到了一定的時間，他們就都陸陸續續前往台灣；政良也仿效他們，走上了同樣的道路。

正如前面所述，政良的姊姊千代這時正在台北擔任女傭。

一九三五年（昭和十年）十二月底的時候，居住在台灣的沖繩出身人士共有三千九百三十人，其中八重山出身者有一千四百五十四人，占了全體沖繩人的百分之三十七。（參照第四十四至四十七頁）

被當作台灣總統府使用的舊台灣總督府廳舍。（2007年3月1日，於台北市中正區重慶南路一段。又，現址的台灣總督府，其實是日本統治以來的第三間總督府。）

同一時期，居住在台灣、朝鮮、樺太（庫頁島）、關東廳（中國東北）、南洋廳，出身自八重山的人士合計共有一千六百二十八人，其中的百分之八十九點三是居住在台灣。若單論與那國島的話，一共有男一百四十六人、女一百三十三人，合計兩百七十九人居住在台灣，占台灣、朝鮮、樺太、關東廳、南洋廳，合計三百零五人當中的百分之九十一點五。[31]另一個可供參考的數字是：根據同年的國勢調查指出，與那國島的人口共有四千六百零九人。

從與那國島前往台灣的人究竟都在從事些什麼工作，其實相當難以判明，不過在這裡有一份可以當作簡單標準的資料殘存下來。一九三一年（昭和六年）六月二十八日出刊的《先島朝日新聞》三版上面，有一篇〈本郡女性進出台灣／女侍幫傭大幅領先〉的報導。雖然不清楚這篇報導根據的統計數字所從何來，不過在報導中指出，從八重山前往台灣打拚賺錢的女性共有八百四十三人，其中「普通女傭」一項有五百一十八人，「旅館服務生」則有九十四人。又，根據這篇報導，當時與那國島有一百七十六位女性在台灣打拚，比起一九三五年（昭和十年）的一百三十三位還要多。

《先島朝日新聞》於一九三〇年（昭和五年）十月，刊載了一篇名為「夢之國、傳說之島與那國的故事」，連續三期的連載報導。[32]在同月十八日四版刊載的最終回「下」當中，有

---

31 沖縄県教育委員会編『沖縄県史　第7巻　各論編6　移民』（一九七四年／沖縄県教育委員会）頁六十八—六十九。這裡所說的八重山，包含了當時的石垣町、大濱村、竹富村、與那國村等四個村落。

32 十月八日第一版、十三日第四版、十八日第四版。

| 現在地名 | 調查時的地名 | 殖民地定居者調查（昭和10年12月底資料） | | | | | | 國勢調查人口 | | |
|---|---|---|---|---|---|---|---|---|---|---|
| | | 南洋廳 | | | 計 | | | | | |
| | | 男 | 女 | 計 | 男 | 女 | 計 | 男 | 女 | 計 |
| 石垣市 | 石垣町 | 28 | 11 | 39 | 181 | 202 | 383 | 7347 | 7495 | 14842 |
| | 大浜村 | 27 | 11 | 38 | 60 | 155 | 215 | 3029 | 2878 | 5907 |
| 竹富町 | 竹富村 | 39 | 24 | 63 | 301 | 424 | 725 | 4602 | 4147 | 8749 |
| 与那國町 | 与那國村 | 4 | 2 | 6 | 162 | 143 | 305 | 2264 | 2345 | 4609 |
| 八重山計 | | 98 | 48 | 146 | 704 | 924 | 1628 | 17242 | 16865 | 34107 |
| 宮古島市 | 平良町 | 46 | 8 | 54 | 329 | 212 | 541 | 12117 | 14015 | 26132 |
| | 下地村 | | | | 60 | 33 | 93 | 5643 | 5522 | 11165 |
| | 城辺村 | 16 | 3 | 19 | 87 | 55 | 142 | 7788 | 7910 | 15698 |
| | 伊良部村 | 281 | 65 | 346 | 377 | 97 | 474 | 4323 | 4686 | 9009 |
| 多良間村 | | | | | 62 | 49 | 111 | 1768 | 1989 | 3757 |
| 宮古計 | | 343 | 76 | 419 | 915 | 446 | 1361 | 31639 | 34122 | 65761 |
| 那霸市 | 那霸市 | | | | | | | 29527 | 35681 | 65208 |
| | 首里市 | 35 | 11 | 46 | 94 | 32 | 126 | 9087 | 10218 | 19305 |
| | 小祿村 | 121 | 63 | 184 | 195 | 781 | 273 | 5255 | 5595 | 10850 |
| | 真和志村 | 37 | 28 | 65 | 72 | 78 | 150 | 7647 | 8319 | 15966 |
| 糸満市 | 糸満町 | 139 | 102 | 241 | 158 | 109 | 267 | 3287 | 4235 | 7522 |
| | 兼城村 | 175 | 117 | 292 | 178 | 119 | 297 | 2548 | 2852 | 5400 |
| | 高嶺村 | 127 | 79 | 206 | 143 | 901 | 233 | 1820 | 2081 | 3901 |
| | 真壁村 | 142 | 83 | 225 | 142 | 831 | 225 | 2143 | 2329 | 4472 |
| | 喜屋武村 | 27 | 6 | 33 | 28 | 6 | 34 | 1090 | 1181 | 2271 |
| | 摩文仁村 | 12 | 9 | 21 | 12 | 9 | 21 | 1137 | 1256 | 2393 |
| 豐見城市 | 豐見城村 | 81 | 50 | 131 | 87 | 53 | 140 | 4573 | 5131 | 9704 |
| 八重瀬町 | 東風平村 | 393 | 297 | 690 | 393 | 297 | 690 | 4196 | 4556 | 8752 |
| | 具志頭村 | 105 | 55 | 160 | 113 | 61 | 174 | 3173 | 3481 | 6654 |
| 南城市 | 佐敷村 | 51 | 29 | 80 | 66 | 50 | 116 | 3108 | 3627 | 6735 |
| | 知念村 | 149 | 86 | 235 | 174 | 104 | 278 | 2399 | 2732 | 5131 |
| | 玉城村 | 102 | 84 | 186 | 107 | 89 | 196 | 3766 | 4095 | 7861 |
| | 大里村 | 102 | 59 | 161 | 119 | 71 | 190 | 6317 | 7290 | 13607 |
| 南風原町 | 南風原村 | 69 | 50 | 119 | 76 | 56 | 132 | 4356 | 4758 | 9114 |
| 久米島町 | 仲里村 | 62 | 37 | 99 | 85 | 51 | 136 | 3857 | 3975 | 7832 |
| | 具志川村 | 93 | 37 | 130 | 155 | 88 | 243 | 2978 | 3078 | 6056 |
| | 鳥　島 | | | | | | | 101 | 80 | 181 |
| 渡嘉敷村 | | 186 | 571 | 243 | 195 | 59 | 254 | 642 | 894 | 1536 |
| 座間味村 | | 209 | 901 | 299 | 220 | 100 | 320 | 873 | 946 | 1819 |
| 栗国村 | | 10 | 7 | 17 | 24 | 27 | 51 | 1234 | 1540 | 2774 |
| 渡名喜村 | | 196 | 641 | 260 | 199 | 64 | 263 | 495 | 664 | 1159 |

## 【表1】　在台居住沖繩人調查統計表

| 現在地名 | 調查時的地名 | 殖民地定居者調查（昭和10年12月底資料） | | | | | | | | | | | | | | |
|---|---|---|---|---|---|---|---|---|---|---|---|---|---|---|---|---|
| | | 台灣 | | | 國勢調查所得移居台灣人數比例 | 朝鮮 | | | 樺太 | | | 關東廳 | | | | |
| | | 男 | 女 | 計 | | 男 | 女 | 計 | 男 | 女 | 計 | 男 | 女 | 計 | | |
| 石垣市 | 石垣町 | 152 | 191 | 343 | 2.31 | 1 | | 1 | | | | | | | | |
| | 大浜村 | 32 | 144 | 176 | 2.98 | 1 | | 1 | | | | | | | | |
| 竹富町 | 竹富村 | 258 | 398 | 656 | 7.50 | 3 | 1 | 4 | | | | 1 | 1 | 2 | | |
| 与那國町 | 与那國村 | 146 | 133 | 279 | 6.05 | 5 | 3 | 8 | | | | 7 | 5 | 12 | | |
| 八重山計 | | 588 | 866 | 1454 | 4.26 | 10 | 4 | 14 | | | | 8 | 6 | 14 | | |
| 宮古島市 | 平良町 | 263 | 195 | 458 | 1.75 | 16 | 7 | 23 | | | | 4 | 2 | 6 | | |
| | 下地村 | 60 | 33 | 93 | 0.83 | | | | | | | | | | | |
| | 城辺村 | 69 | 52 | 121 | 0.77 | 2 | | 2 | | | | | | | | |
| | 伊良部村 | 92 | 28 | 120 | 1.33 | 4 | 4 | 8 | | | | | | | | |
| 多良間村 | | 58 | 47 | 105 | 2.79 | 2 | 2 | 4 | 2 | | 2 | | | | | |
| 宮古計 | | 542 | 355 | 897 | 1.36 | 24 | 13 | 37 | 2 | | 2 | 4 | 2 | 6 | | |
| 那霸市 | 那霸市 | | | | 0.00 | | | | | | | | | | | |
| | 首里市 | 58 | 21 | 79 | 0.41 | | | | | | | | | | | |
| | 小祿村 | 74 | 14 | 88 | 0.81 | | 1 | 1 | | | | | | | | |
| | 真和志村 | 35 | 50 | 85 | 0.53 | | | | | | | | | | | |
| 糸滿市 | 糸滿町 | 19 | 5 | 24 | 0.32 | | | | | | | | | | | |
| | 兼城村 | 3 | 2 | 5 | 0.09 | | | | | | | | | | | |
| | 高嶺村 | 16 | 11 | 27 | 0.69 | | | | | | | | | | | |
| | 真壁村 | | | | 0.00 | | | | | | | | | | | |
| | 喜屋武村 | 1 | | 1 | 0.04 | | | | | | | | | | | |
| | 摩文仁村 | | | | 0.00 | | | | | | | | | | | |
| 豐見城市 | 豐見城村 | 6 | 3 | 9 | 0.09 | | | | | | | | | | | |
| 八重瀨町 | 東風平村 | | | | 0.00 | | | | | | | | | | | |
| | 具志頭村 | 8 | 6 | 14 | 0.21 | | | | | | | | | | | |
| 南城市 | 佐敷村 | 14 | 18 | 32 | 0.48 | 1 | 3 | 4 | | | | 1 | 3 | 4 | | |
| | 知念村 | 24 | 15 | 39 | 0.76 | | | | | | | | | | | |
| | 玉城村 | 3 | 3 | 6 | 0.08 | 2 | 2 | 4 | | | | | | | | |
| | 大里村 | 15 | 10 | 25 | 0.18 | | | | | | | 2 | 2 | 4 | | |
| 南風原町 | 南風原村 | 7 | 6 | 13 | 0.14 | | | | | | | | | | | |
| 久米島町 | 仲里村 | 23 | 14 | 37 | 0.47 | | | | | | | | | | | |
| | 具志川村 | 50 | 45 | 95 | 1.57 | 2 | 1 | 3 | 10 | 5 | 15 | | | | | |
| | 鳥　島 | | | | 0.00 | | | | | | | | | | | |
| 渡嘉敷村 | | 9 | 2 | 11 | 0.72 | | | | | | | | | | | |
| 座間味村 | | 11 | 10 | 21 | 1.15 | | | | | | | | | | | |
| 粟国村 | | 12 | 16 | 28 | 1.01 | 2 | 4 | 6 | | | | | | | | |
| 渡名喜村 | | 3 | | 3 | 0.26 | | | | | | | | | | | |

（續第44頁）

| 現在地名 | 調查時的地名 | 殖民地定居者調查（昭和10年12月底資料） | | | | | | 國勢調查人口 | | |
|---|---|---|---|---|---|---|---|---|---|---|
| | | 南洋廳 | | | 計 | | | | | |
| | | 男 | 女 | 計 | 男 | 女 | 計 | 男 | 女 | 計 |
| 伊平屋村<br>伊是名村 | 伊平屋村 | 356 | 177 | 533 | 422 | 197 | 619 | 2987 | 3514 | 6501 |
| 北大東村<br>南大東村 | 大東島 | | | | | | | 3823 | 2588 | 6411 |
| 浦添市 | 浦添村 | 125 | 55 | 180 | 135 | 63 | 198 | 5480 | 5889 | 11369 |
| 宜野灣市 | 宜野灣村 | 147 | 66 | 213 | 168 | 80 | 248 | 6351 | 6995 | 13346 |
| 北谷町<br>嘉手納町 | 北谷村 | 325 | 191 | 516 | 359 | 211 | 570 | 7489 | 8091 | 15580 |
| 読谷村 | 読谷山村 | 144 | 51 | 195 | 153 | 61 | 214 | 7909 | 8496 | 16405 |
| 沖繩市 | 越來村 | 173 | 87 | 260 | 180 | 91 | 271 | 4024 | 4457 | 8481 |
| | 美里村 | 723 | 443 | 1166 | 735 | 457 | 1192 | 7843 | 8810 | 16653 |
| 宇流麻市 | 具志川村 | 776 | 347 | 1123 | 785 | 361 | 1146 | 7845 | 9219 | 17064 |
| | 與那城村 | 405 | 157 | 562 | 428 | 170 | 598 | 5117 | 6200 | 11317 |
| | 勝連村 | 288 | 101 | 389 | 291 | 101 | 392 | 3794 | 4362 | 8156 |
| 中城村<br>北中城村 | 中城村 | 54 | 27 | 81 | 74 | 44 | 118 | 8359 | 9461 | 17820 |
| 西原町 | 西原村 | 276 | 100 | 376 | 276 | 100 | 376 | 5038 | 5389 | 10427 |
| 名護市 | 名護町 | 476 | 243 | 719 | 533 | 270 | 803 | 6717 | 7197 | 13914 |
| | 羽地村 | 143 | 691 | 212 | 189 | 108 | 297 | 5292 | 5959 | 11251 |
| | 久志村 | 64 | 45 | 109 | 79 | 46 | 125 | 2230 | 2233 | 4463 |
| 恩納村 | | 342 | 209 | 551 | 358 | 220 | 578 | 2796 | 3216 | 6012 |
| 金武町 | 金武村 | 100 | 32 | 132 | 107 | 38 | 145 | 3847 | 4296 | 8143 |
| 東村 | | 6 | 3 | 9 | 10 | 4 | 14 | 1644 | 1606 | 3250 |
| 固頭村 | | 83 | 16 | 99 | 109 | 27 | 136 | 5041 | 5419 | 10460 |
| 大宜味村 | | 227 | 92 | 319 | 280 | 122 | 402 | 3664 | 4359 | 8023 |
| 今婦仁村 | | 105 | 84 | 189 | 146 | 115 | 261 | 5980 | 6709 | 12689 |
| 本部町 | 本部村 | 462 | 317 | 779 | 586 | 401 | 987 | 10350 | 11613 | 21963 |
| 伊江村 | | 77 | 5 | 82 | 111 | 15 | 126 | 3156 | 3569 | 6725 |
| 沖繩合計 | | 8941 | 4541 | 13482 | 11168 | 6446 | 17614 | 281,266 | 311,228 | 592494 |

※原典當中尚有「與勝組合」一項，但考慮到作為「與勝組合」的與那城村和勝連村的資料都有個別記載，且「與勝組合」並沒有留下資料，故在製作本表時，便不特別予以轉載。

※大里村的一部分於1949年分立為與那原町，剩下的部分則於2005年合併入南城市，故本表中的「大里村」與合併時的「大里村」，其領域並非一致。

（續第45頁）

| | | 殖民地定居者調查（昭和10年12月底資料） | | | | | | | | | | | | |
|---|---|---|---|---|---|---|---|---|---|---|---|---|---|---|
| 現在地名 | 調查時的地名 | 台灣 | | | 國勢調查所得移居台灣人數比例 | 朝鮮 | | | 樺太 | | | 關東廳 | | |
| | | 男 | 女 | 計 | | 男 | 女 | 計 | 男 | 女 | 計 | 男 | 女 | 計 |
| 伊平屋村<br>伊是名村 | 伊平屋村 | 66 | 19 | 85 | 1.31 | | | | | | | | 1 | 1 |
| 北大東村<br>南大東村 | 大東島 | | | | 0.00 | | | | | | | | | |
| 浦添市 | 浦添村 | 9 | 7 | 16 | 0.14 | 1 | 1 | 2 | | | | | | |
| 宜野灣市 | 宜野灣村 | 19 | 12 | 31 | 0.23 | 2 | 2 | 4 | | | | | | |
| 北谷町<br>嘉手納町 | 北谷村 | 20 | 11 | 31 | 0.20 | 2 | 1 | 3 | 2 | | 2 | 10 | 8 | 18 |
| 讀谷村 | 讀谷山村 | 9 | 10 | 19 | 0.12 | | | | | | | | | |
| 沖繩市 | 越來村 | 6 | 4 | 10 | 0.12 | 1 | | 1 | | | | | | |
| | 美里村 | 10 | 12 | 22 | 0.13 | 2 | 2 | 4 | | | | | | |
| 宇流麻市 | 具志川村 | 9 | 14 | 23 | 0.13 | | | | | | | | | |
| | 與那城村 | 22 | 13 | 35 | 0.31 | 1 | | 1 | | | | | | |
| | 勝連村 | 2 | | 2 | 0.02 | 1 | | 1 | | | | | | |
| 中城村<br>北中城村 | 中城村 | 17 | 16 | 33 | 0.19 | 3 | 1 | 4 | | | | | | |
| 西原町 | 西原村 | | | | 0.00 | | | | | | | | | |
| 名護市 | 名護町 | 55 | 27 | 82 | 0.59 | | | | 2 | | 2 | | | |
| | 羽地村 | 43 | 37 | 80 | 0.71 | 3 | 2 | 5 | | | | | | |
| | 久志村 | 8 | 1 | 9 | 0.20 | 6 | | 6 | 1 | | 1 | | | |
| 恩納村 | | 15 | 11 | 26 | 0.43 | 1 | | 1 | | | | | | |
| 金武町 | 金武村 | 6 | 5 | 11 | 0.14 | 1 | 1 | 2 | | | | | | |
| 東村 | | 4 | 1 | 5 | 0.15 | | | | | | | | | |
| 固頭村 | | 26 | 11 | 37 | 0.35 | | | | | | | | | |
| 大宜味村 | | 46 | 24 | 70 | 0.87 | 4 | 2 | 6 | 3 | 4 | 7 | | | |
| 今婦仁村 | | 35 | 27 | 62 | 0.49 | 6 | 4 | 10 | | | | | | |
| 本部町 | 本部村 | 120 | 84 | 204 | 0.93 | 4 | | 4 | | | | | | |
| 伊江村 | | 34 | 10 | 44 | 0.65 | | | | | | | | | |
| 沖繩合計 | | 2102 | 1828 | 3930 | 0.66 | 79 | 44 | 123 | 20 | 9 | 29 | 26 | 24 | 50 |

※資料出處：沖繩縣教育委員會編，《沖繩縣史　第7卷各論編6　移民》（沖繩縣教育委員會／1974年）附表頁64-69。同附表頁69有以下記述：「出處：根據赤嶺康成氏所藏之沖繩縣《殖民地在住者調查》。」

※那霸市的資料並不在紀錄之中。關於這點，《縣史》附表頁69的原資料「備考」處做了以下註明：「那霸市的資料目前正在調查中，故不計在本表之內」。

【表2】 移民台灣之八重山女性調查統計表

| 以職業區分 | |
|---|---|
| 職業 | 人數 |
| 普通女傭 | 518 |
| 旅館服務生 | 94 |
| 公務人員 | 52 |
| 餐廳雇工 | 41 |
| 學生 | 23 |
| 藝妓、娼妓 | 22 |
| 其他 | 93 |
| 合計 | 843 |

| 以出身地區分 | |
|---|---|
| 出身地 | 人數 |
| 石垣 | 327 |
| 竹富 | 280 |
| 與那國 | 176 |
| 大浜 | 60 |
| 合計 | 843 |

| 以地域區分 | |
|---|---|
| 地域 | 人數 |
| 台北 | 469 |
| 基隆 | 252 |
| 台南 | 47 |
| 台中 | 30 |
| 高雄 | 27 |
| 新竹 | 5 |
| 花蓮港 | 4 |
| 蘇澳 | 3 |
| 恆春 | 2 |
| 宜蘭 | 1 |
| 屏東 | 1 |
| 嘉義 | 1 |
| 北投 | 1 |
| 合計 | 843 |

※刊登於1931年（昭和6年）6月28日《先導朝日新聞》第三版，文章標題為「本郡前往台灣之女性以女傭及服務人員占絕大多數」。

著以下這樣一段文字：

> 前往本島（台灣）打拚賺錢的人數，據統計大約是六百人，其中又以從事漁業者占了絕大部分。

「本島」在這裡指的是台灣。這意思便是說，為了賺錢而從與那國島前往殖民地台灣打拚的人們，以從事漁務相關事業為中心，大約有六百人之眾。儘管「六百人」這個數字的根據何在並不清楚，但透過這份報導的敘述，可以清楚傳達出與那國島與殖民地台灣之間在經濟上的緊密結合。

與那國村（當時）的人口，在這一年是四千四百六十二人。故此，假設「六百人」這個數字正確無誤，那就表示相當於島上百分之十三點四的人口，都為了打拚賺錢而移住到台灣了！以「家戶幫傭」（或者說「女傭」）合計一百九十七人為最多，占全體女性的百分之八十九點一。又此外，根據對前往台灣打拚的人進行實際訪談調查，得到的是以下結果：「男性在台灣多半擔任公務員、商業、漁業等行業，女性則普遍在居住於台北、基隆等大城市的日本人家庭裡，擔任家務幫傭的職務。」[33]「當時在台灣工作的八重山人，有很多都居留在台北和基

33 水田憲志「沖縄県から台湾への移住　第二次世界大戦前における八重山郡出身者を中心として」，收錄於關西大學文學部地理學教室編『地理学の諸相——「実証」の地平——』（一九九八年／大明堂）頁三九四。

隆等都會區；一般而言，女性會成為住在僱主家裡的家務幫傭、接線生，或是辦事員，男性則擔任公務員、商店店員，也有人受僱在工廠工作為生。」[34]

於一九二六年（大正十五年）九月一日創設與那國郵局的新里和盛，[35]他的長女池間苗（一九一九年生）就講過這樣一個小插曲。那是有關於以與那國島為據點、連結台灣和石垣島的漁音丸，帶著包裹前來與那國郵局的故事：

> 年關將至，出外打拚的大家都寄了包裹回來。那數量相當多，共有四十一個，讓我感到相當驚訝；不過之後從石垣寄來的，就只有一個包裹而已。據說是大家都跑台灣去了，為了慶賀新年，所以紛紛把禮物送回家裡來……

【表3】 1934年由舊石垣町移民至台灣者狀況調查表

| 產業別 | 女 | 男 | 合計 |
|---|---|---|---|
| 工業 | | 5 | 5 |
| 礦業 | | 1 | 1 |
| 土木建築業 | | 4 | 4 |
| 商業 | 1 | 8 | 9 |
| 水產業 | | 3 | 3 |
| 家庭僕人 | 197 | 65 | 262 |
| 其他 | 23 | 80 | 103 |
| 合計 | 221 | 166 | 387 |

※取自喜舍場永珣『石垣町志』（1975年／国書刊行　）頁432表格。

在島外打拚的與那國出身者，到了歲末紛紛把包裹寄回老家。儘管歲末也是開銷比較大的時期，但據阿苗所言，在台灣打拚的人寄回來的包裹，還是遠比從石垣島寄來的要多得多。

從與那國島渡海前往台灣的女傭千代並非特例，而是應該將之視為當時的普遍現象之一來加以看待。就像八重山其他渡海來台的女傭一樣，千代也在從日本本土移居到殖民地台灣的日本人家庭中擔任家庭幫傭的工作。之後，千代找到了一份裁縫的工作，並且靠著這份經驗，得以在戰後的那霸繼續謀生。

## 蘇澳南方的「命名之親」

政良的長兄名叫政善。他出生在一九一〇年（明治四十三年），算是明治時期的人。政善的長男吉雄（一九三五年出生）說：「我父親十五歲就到台灣了；聽說，他連高等科都沒有畢業。」

吉雄所說的「十五歲」，應該是虛歲吧。政善在一九二三年（大正十二年）三月，從與那

34 松田ヒロ子「沖縄県八重山地方から植民地下台湾への人の移動」，收錄於蘭信三編『日本帝国をめぐる人口移動の国際社会学』（二〇〇八年／不二出版）頁五三四。

35 池間苗編『与那国郵便局創立七十周年　与那国郵便局と父の生涯』（一九九六年／私家版）。

國尋常高等小學校尋常科——也就是現在的國小——畢業。[36]可是，他似乎並沒有唸完兩年制的高等科，便渡海前往台灣了。

來到台灣的政善，落腳的地點是位在台灣東北方的漁港——南方澳。當時，南方澳的行政區域是隸屬於台北州蘇澳郡蘇澳庄，現在則是宜蘭縣蘇澳鎮。由於具有殖民時期台灣經歷的八重山人們，大多將南方澳以「蘇澳南方」之名記憶下來，所以本書也以「蘇澳南方」來稱呼這座港口。

在蘇澳南方，政善和弟弟政浩（一九一五年生）一起從事漁業，技巧也愈發純熟。因為他們的漁獲量一直相當優異，所以甚至有人傳說

每逢暑假，就會前往家族聚居的蘇澳南方渡假的松川吉雄。（2011年1月7日，於石垣市石垣的民宿南國莊。為吉雄取名的「命名之親」，是父親政善在蘇澳南方時，對他照顧甚多的船主先生。）

「魚都會自己跑到他們那邊去」。

「松川家因為沒什麼財產，所以也只能在海上搏性命了吧！儘管俗話說『隔著一片船板就是地獄』，但在海上打拚，不就是這麼一回事嗎？畢竟家境艱苦，也只能拚下性命了吧！」回想起父親和叔父的生活方式，吉雄不禁這樣說道。

政善和千代都是在一九二〇年代從與那國島渡海來到台灣，政良則稍晚一點，到一九三〇年代初期才渡台。

政善與久部良出身的妻子——英子（一九一四年生，舊姓久部良），在一九三五年（昭和十年）生下了第一個孩子；這個孩子就是長男吉雄。吉雄雖是政善的長子，但為他取名的「命名之親」，卻是松川兄弟在蘇澳南方時，照顧他們甚多的漁船船主。據說，這位船主由於膝下始終空虛，心想「若是前往溫暖的地方，說不定就能生出孩子」，所以夫婦倆便一起由日本本土移居到蘇澳南方。可是即便如此，妻子的肚子依然始終不見動靜；因此，當政善生下第一個孩子時，他便主動開口：「我想為這孩子取個名字。」就這樣，他為孩子取下了「吉雄」這個名字。

---

36 与那国小学校百周年記念誌編集委員会編『与那国小学校百周年記念誌』（一九八五年／与那国小学校百周年事業協賛会）頁九七一。遞信省（當時）在一九二六年八月二十六日的遞信省告示第一六四五號中，這樣提到與那國郵局：「於大正十五年九月一日設立三等郵局」。『官報　第四二〇三號』（一九二六年八月二十六日）頁三。於國立國會圖書館網站公開。http://dl.ndl.go.jp/info:ndljp/pid/2956353 。二〇一三年四月二十日閱覽。

對於父親政善的事，吉雄其實知道的並不是很清楚。儘管政善在吉雄十歲之前，也就是西元一九四五年（昭和二十年），便以僅僅三十四歲的壯年之齡過世，但這並不是真正的理由。事實上，戰前的這段期間，吉雄幾乎都和祖父津久利（一八八九年生）與祖母阿滿，一起住在祖納的老家，至於父親政善則是在台灣生活。「現在想起來，（我對父親的印象）大概就是他出外打拚吧！」吉雄如此回憶道。

吉雄身為長男，在他的底下還有一個弟弟和三個妹妹。這四個弟妹都和雙親一起住在台灣，只有吉雄在祖納和祖父母以及姑姑一起生活。不過，吉雄和其他家人的關係並沒有任何不睦。每當政善到與那國島附近捕魚的時候，總會順道繞到祖納的老家去探望一下，而當國民學校放暑假的時候，吉雄也會搭著政善的船一起前往蘇澳南方，和雙親以及弟妹們一起渡暑。

在吉雄停留蘇澳的期間，也有這樣一段有趣的經歷：當時，他和台灣人相互往來，並在腦海裡記下了某句話。之後，他在完全搞不清楚意思的情況下，有模有樣地將它講了出來，結果卻引得被說的台灣人勃然大怒；這時他才知道，原來那句話是台灣話裡罵人的話。[37]和住在台北的姑姑千代一起去圓山動物園，也是吉雄印象深刻的暑假回憶。

我在南方澳的電影院裡，看了《愛染桂》[38]這部片子，讓我不禁心生「這就是台灣啊！」的感動。

正如本書一三二頁所提及，蘇澳南方的電影院裡是由沖繩出身的女性在此服務；但這間電影院帶給吉雄的，只是在與那國島從未觸及、關於某種休閒的初體驗。

對政善一家來說，光是與那國島、或者光是蘇澳南方，都不足以構成完整的「家庭」；唯有將與那國島與蘇澳南方合為一體，他們的「家」才算完整。

話題再回到政良身上。在市田照相館工作一年後，政良辭去了那邊的職務，回到與那國島上。儘管在照相館落腳不必擔心每天的食宿問題，但是因為沒有薪水，所以也不能長久一直做下去。「既然沒有薪水，那還不如回去（與那國島），幫幫家裡老爹工作吧！」政良如是說。就這樣，他回到了祖納，幫父親津久利打理起田地來。

但是當政良剛過二十歲不久，他又再次渡海前往台灣；這次，他要去投靠在蘇澳南方已經站穩腳跟的兩位兄長。

37 台灣話，即居住在台灣的漢人生活中所使用的話語，又稱「閩南語」。「閩」，是福建省的古稱，「閩南」即是指福建省南部。當閩南地區的人移民到台灣、落地生根之後，他們的言語便逐漸演變成現在的台灣話。儘管中華民國的官方語言是中國話（北京話），學校教育也都使用中國話，但在日常生活中，台灣話仍然被頻繁地使用著。參照樋口靖《台湾語会話　第二版》（一九九二年／東方書店）

38 譯註：製作於一九三八年的一部著名愛情電影，描寫醫院院長之子浩三和單獨扶養孩子的護士勝枝之間的愛情故事。

## 反諷歌

告訴我們「從台灣寄來的包裹」這段小插曲的阿苗女士，是蒐集、展示與那國島日用器具，以及日常生活相關資料的「與那國民族資料館」主持者；每當筆者走訪與那國島的時候，幾乎都會去叨擾她。

每次我去訪問阿苗的時候，總可以聽到她唱這首歌：

「下台灣」真是糟糕呀
身上沒錶卻愛帶錶鍊
問起現在時間是幾點
只是抬頭卻茫茫不知

這首歌裡的「下台灣」，指的是那些去過台灣又回到島上的女人。這是一首從大正末期流行的「嘶咚咚節」[39]改編而來，充滿諷刺意味的「反諷歌」。[40]

因為手裡拿著錶鍊，所以看到的人以為她們有懷錶，就向她們詢問時間，結果一問之下卻答不出來；畢竟她們明明沒有錶，只是帶著一條錶鍊而已嘛。

阿苗出生於一九一九年（大正八年）；初次聽聞這首歌的時候，她正就讀與那國尋常高等學校尋常科四年級，是個才十歲的小女孩，當然也不曾去過台灣。換言之，她是在完全不曾有過台灣經驗的情況下，聽到了這首「下台灣」的反諷歌。

「『台灣是個怎樣的地方呢？』我滿懷著這樣的憧憬。」池間苗這麼說著。（2009年2月18日，於與那國町祖納的與那國民族資料館。）

如今，她了解這首反諷歌是出自那些對「下台灣」沒有好感的人們、從他們的角度來唱的一首歌謠。阿苗如是說：

「下台灣」真是糟糕啊。明明手裡沒錶卻硬要拿著錶鍊，根本就是虛張聲勢嘛！這首歌大概就是這樣的意思吧？因為看了不舒服，所以忍不住要說壞話批評，簡單地說，就是鄙夷這些「下台灣」的女人啦！

39 譯註：一種歌謠，因為每段歌詞的末尾都會加上一句無意義的「嘶咚咚」，因此得名。
40 類似的歌謠在宮城政八郎《與那國物語》（一九九三年／ニライ社）頁六十八—六十九中也有介紹。

到過台灣的女性回鄉時，總是打扮得漂漂亮亮，還帶著昂貴的隨身物品。似乎正因為如此，才會有這種對「下台灣」的揶揄出現吧！

不過，阿苗對殖民地台灣的印象卻是非常好：

（從與那國島）搭船到石垣得花上十個小時，每次搭船前，我的心情都很惡劣。然而，儘管搭船到基隆得花上十三個小時，當要前往台灣的時候，我卻滿懷著「台灣是個怎樣的地方呢」的憧憬。

明明同樣是搭船，出發時的心情卻大不相同。

阿苗初次渡台，是在一九三三年（昭和八年）的夏天。那時候，她為了投靠舅舅而前往台灣。講起那時的事，阿苗這樣說：「我最忘不了的是台灣的菊元百貨。那裡面裝了電梯，我在那裡第一次搭乘電梯上升下降。換成那霸的話，那邊只有兩層樓的建築物，就連山形屋也是兩層樓而已。」

阿苗所說的菊元百貨，指的是一九三二年（昭和七年）在台北市內開幕的「菊元百貨店」；它是台灣第一棟備有商業電梯的建築物。[41]而一九三〇年（昭和五年）五月開幕的沖繩第一家百貨公司「山形屋沖繩支店」，[42]仍然只是兩層樓的建築。[43]後來，在一九三七年（昭和十二年），山形屋曾經計畫要興建擁有電梯、地上七層的新館，[44]不過由於時值戰時體制，建材來源確保的問題無法解決，最後只能放棄。[45]

在這之後，阿苗進了那霸縣立第一高等女學校（一高女）就讀。當她要離島的時候，為了準備住宿所需的生活用品，從台灣買了一條日本本土的棉被。「好漂亮啊，與那國真棒呢！」同學們看了這條棉被，全都投以羨慕的目光。

一高女的學業尚未結束，阿苗又轉到了熊本遞信講習所去實習。即使在那裡，阿苗依舊確切感受得到與那國和台灣之間的貼近感。當她要寄信回老家的時候，「若是經由基隆郵局寄送到與那國島，很快就能寄到，因為門司方面有經常往來的商船會前往基隆。」[46]寄往與那國的郵件，透過從九州往台灣、聯繫兩島的商船寄送，一口氣就能直接送抵台灣，然後從那裡再運往與那國島，效率相當好。

---

41 莊永明，《認識台灣　回味1895-2000》頁八十五；又吉盛清『台湾　近い昔の旅〈台北編〉』（一九九六年／凱風社）頁一二六。

42 アド・スタッフ編『創業五八年　株式会社沖縄山形屋設立三十周年記念誌』（一九八〇年／沖縄山形屋）頁三十二。

43 アド・スタッフ編『創業五八年　株式会社沖縄山形屋設立三十周年記念誌』頁二十九。

44 アド・スタッフ編『創業五八年　株式会社沖縄山形屋設立三十周年記念誌』頁四十。

45 アド・スタッフ編『創業五八年　株式会社沖縄山形屋設立三十周年記念誌』頁四十一。

46 同樣的內容亦可見於池間苗編『与那国郵便局創立七十周年　与那国郵便局と父の生涯』頁九。

## 依存台灣的經濟

由於與那國島和台灣在物資流通上可說枝纏糾結、關係密切，因此也難免會發生些事故。關於這點，我們從一九二九年（昭和四年）一月二十日的《先島朝日新聞》第五版的一則從台灣回與那國的船隻遭難的新聞，便可以清楚理解：

一月六日，〇〇丸（發動機船）於台灣載運米百俵、石油百罐航往與那國時，因為天候惡劣，不幸觸及與那國口的暗礁而遭難；幸好沒有人命損傷，但百俵的米全都喪失，至於石油則是平安無事地送上陸地……（〇部分姑隱其名）

請留意裝載的貨物「米和石油」；從這裡，我們可以試著一窺殖民地台灣跟與那國島之間所展開、有關物資的流通往來。

《八重山新報》在一九三三年（昭和八年）五月十五日的頭版，刊登了一則名為「與那國村與台灣」的報導；報導中將一九二九年（昭和四年）與那國島和台灣之間的物資往來量，以金額的方式呈現。詳參本書六十二頁圖表。

根據這篇報導可以得知，與那國島往台灣的輸出總額是十六萬兩千兩百四十三圓，從台灣逆向輸入與那國島的金額則是十萬八千三百五十五圓，大約有五萬餘圓的出超。主要交易的商品，依金額高低排列如下：

輸出：1.鰹節，2.鮪節，3.豬肉，4.魚翅，5.其他。

輸入：1.機油，2.米類，3.大豆，4.漁船用具，5.水泥。

僅僅一百公里遠的大消費地台灣，吸收了與那國島的水產加工品，以鰹節來說，更是透過連結台灣與日本本土（內地）的內台航線，輸送到本土的消費地。這條航線，也就是與阿苗先前提過，從九州到老家、將寄往與那國島的信件經由基隆快速寄抵的航線正相反的路徑。

換言之，輸入項目的第一、二位，即是一九二九年（昭和四年）一月發生船難時，該艘船隻所拋棄的貨品。機油兩萬九千三百圓、台灣米一萬三千七百五十圓（米類另包括白米、碎米、台灣糯米），光是這兩項，就占了輸入總額的將近四成。

關於一九二九年（昭和四年）的輸出入狀況，透過一九三〇年（昭和五年）十月十八日的《先島朝日新聞》第四版，也可得知一二。根據這份報導，輸入方面，與那國島「輸入的總額有三成五是仰仗台灣」；至於輸出部分，在輸出總額「六十萬五千圓」中，往台灣的輸出有「十七萬六千圓」，占了整體輸出的約三成左右。

舉出以上數字之後，報導又如下文所述，明白指出了與那國島與台灣在經濟上的密切關係

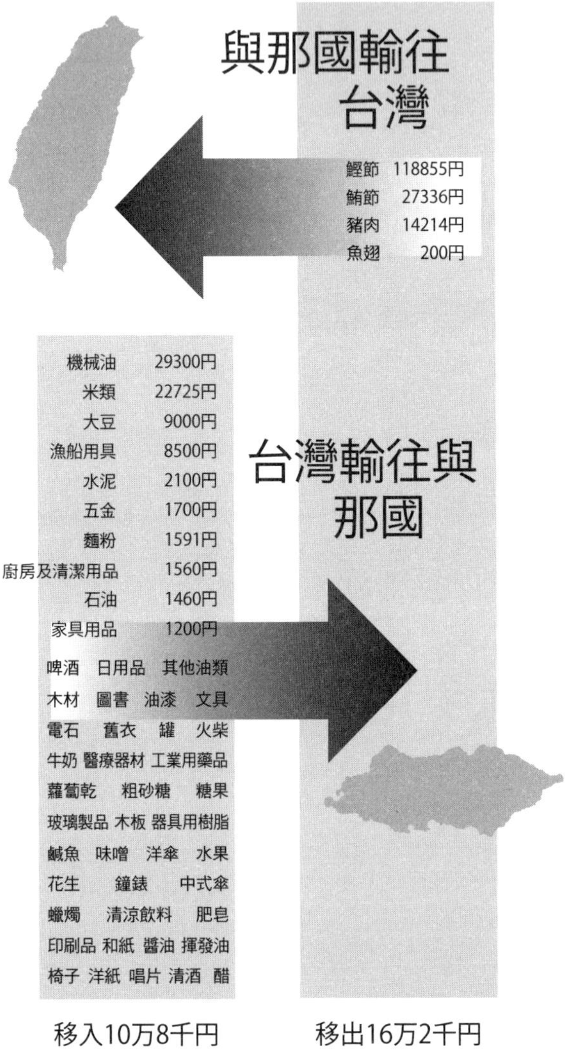


與那國島與台灣間輸出入的狀況（1929年）

根據1933年5月15日《八重山新報》資料製成

（文中的「本島」即指「台灣」）：

在與本島間交易比例遞增的實際狀況下，今日的與那國和本島，在經濟上已有著密切的關係；故此，就經濟方面來看，我們可以期待與那國在各方面追隨本島，擁有活躍的未來，並展現令人刮目相看的成績。

理解這樣的狀況後，對於報導中傳遞出以下的訊息，自然也不會感到驚訝了：

台灣銀行券在與那國村，可以毫無任何交易限制地通用。（與那國村）一切的文化，都是從台灣大量輸入，經濟上也與台灣有著不可分離的關係。（《八重山新報》一九三三年五月十五日頭版）

在與那國島，甚至可以毫無窒礙地使用台灣銀行發行的紙幣購物。

## 普通話

一九三一年（昭和六年）十二月十八日的《先島朝日新聞》第四版上，刊載了這樣一則記者在與那國島取材的時候，遭遇的有趣小插曲。

這位記者在取材時，遇到一名帶著孩子的島上女性用「普通話」向他打招呼。換言之，她使用的不是島上的方言，而是標準的國語（日語）。幫記者帶路的島民告訴他說，那個女人是「台灣回來的」。從記者說她「普通話講得超乎想像地流利」來看，她應該是在台灣學了這樣一口標準國語吧！

這名女性住在久部良，丈夫是造船師傅。當記者要從祖納前往久部良時，她用「普通話」向記者打了招呼。

正如本書六十二頁所示，一九二九年（昭和四年）從與那國島往台灣輸出最大宗的物資就是鰹節（柴魚），而從台灣往與那國輸入的物資中，機油與漁船用具所占的數量也十分醒目；這正可說是鰹節製造業日益蓬勃發展的與那國（特別是久部良）之狀況的具體象徵吧！

根據池間榮三《與那國的歷史》所述，與那國的鰹節製造業是於一八九五年（明治二十年）左右，由宮崎縣民開啟的。[47]另一方面，八重山歷史編輯委員會所編的《八重山歷史》則說，與那國的鰹魚事業是在一九〇一年（明治三十四年），由鹿兒島縣出身的寺前嘉次郎初次推廣的。[48]在這之後，釣鰹魚與鰹節的製造方法遂在島上生根下來，而釣鰹魚的船也由帆船逐漸變成了機船。根據一九三〇年（昭和五年）十月十八日的《先島朝日新聞》第四版所述，一九二九年（昭和四年），（與那國島）鰹節的生產數量達到六萬一千貫（約二二八・七五噸），產值達到六十七萬圓，漁撈範圍廣及台灣高雄、基隆、恆春等地。

## 以久部良為起點，向台灣展開的捕撈漁業

作為島上鰹節製造以及捕鰹魚據點的，正是久部良。久部良聚落的原型，始自一九一六年（大正五年）左右移居的糸滿[49]漁民，之後人口陸續增加，於是形成了現在的樣子。根據與那國村公所於一九二一年（大正十年）製成的《沖縄縣八重山郡與那國村內註記調書》，當時的久部良共有五十九戶、一百四十九人居住其間。[50]

這個時期，台灣總督府的技師一行十人來到與那國島進行視察。[51]一九一七年（大正六年）十月，他們以祖納為據點，展開了為期六天的調查。台灣總督府農事試驗技師澀谷紀三郎，也參與了這次的調查。澀谷在調查報告中寫著：「十月七日　上午九時出發。前往島西端名為久部良處調查，午後四時返回。」[52]

在澀谷的調查報告中，令人相當感興趣的是下面這段內容：

---

47 池間栄三『与那国の歴史』（一九五七年／私家版）頁六。
48 与那国町編『町史別巻1　記録写真集　与那国　沈黙の怒涛　どぅなんの一〇〇年』（一九九七年／与那国町）頁二三一。
49 譯註：沖繩島最南端的城市，以捕青花魚聞名。
50 武井基晃《沖繩縣「註記調書」集（大正8—10年　國土地理院藏）》（二〇一二年）頁一六八—一六九。關於這份「註記調書」，武井是這樣說明的：「大正八年到十年間，陸軍陸地測量部為了製作沖繩縣地圖，於是命令各村鎮公所記錄並提出相關的基本資料。」

與那國島乃孤立海洋之中、交通不便的一座小島，要說風土人情有多優良，實在也說不上來。產業方面也沒有值得一提的事物，人文遲滯的狀況，讓人感覺彷彿親眼目睹幾十年前的歷史風貌。因此從大局觀察，此島雖在產業和軍事上，並沒有任何攸關國家民生大計的事物，但從住民的立場來看，若要促進其文化發展、使其享受幸福，則應將該島與台灣的交通頻繁化，將島上產物送往台灣，並將必需品從台灣輸入島上，以期促成彼此經濟距離之接近。若能達成這一點，則將之置於台灣總督府的統治之下，亦為可行之事。[53]

從這段報告，可以得出如下的解讀：「與那國島並沒有值得一提的特殊產業，故為了促進島上發展的活力，應當強化與台灣之間的往來。」反言之，一九一七年（大正六年）十月的與那國島，不只和台灣之間並沒有頻繁的往來，產業方面也毫無任何特出之處。

如前所述，澀谷實際造訪了久部良。另一方面，調查隊一行人也和與那國村（當時）的行政官員打過招呼，好方便他們進行調查。

假使當時與那國—台灣之間已往來頻繁、且島內鰹節製造業相當活躍，又或者久部良乃是鰹魚船頻繁出入的港口，那麼澀谷這些在與那國調查的人員，一定會親眼目睹這幅景象；不只如此，當村中官員跟他們說明的時候，一定也會提到這方面的事才對吧！然而，澀谷卻提出了「將該島與台灣的交通頻繁化」、「促成彼此經濟距離接近」的建言；由此我們可以想見，當時與那國和台灣的關係，實際上仍是相當薄弱。

調查結束後的次月，台灣農友會與台灣博物學會在台北市內，以這次調查為主題召開了一場演講會。演講會的題目是：「（與那國島的）祖納、鬚川、島仲暨久部良四部落——最後的寄居者[54]漁民部落」；[55]在這裡，久部良只被當成是類似附屬品的存在。關於島上整體的漁業，也只有這樣一行說重視也不算太重視的文字說明：「現在除了釣鰹魚以外，沒有值得注意的漁產業。儘管有使用小舢舨的引繩及延繩釣，但漁獲量也極其稀少。」[56]

緊接著，在這場演講中，講者們向台灣的聽眾呼籲，希望他們能以與那國島為據點，前往

---

51 澀谷一行人這趟四天三夜的行程，是於一九一七年十月四日，搭乘台灣總督府水產試驗場的水產試驗船「凌海丸」從基隆出港。十月五日，他們抵達了與那國島祖納海域，但是因為海象惡劣，「凌海丸」只好繞行島嶼南岸，在比川地區登陸。由於天候回復得很慢，所以他們最後一直到十一日早上，才從比川再次出港。大約經過十個小時後，終於在晚間七點回到了基隆。當他們停留在與那國的時候，在祖納找了一戶人家借住下來，進行調查和資料收集。同時，他們也在七日，對久部良進行了一日來回的訪問。若是按照預定行程的話，他們會在六日離開島上，不過也正因為天候惡劣、居留時間延長，所以才有機會前往久部良訪問。關於他們的調查，請參閱台灣總督府農事試驗場《沖縄県与那国島視察報告》（一九一七年）、樫谷政鶴《産業上より観たる与那国島》（《台湾水産雑誌》二十三號，一九一七年十一月）、澀谷紀三郎〈沖縄県与那国島視察報告〉（台湾総督府農事試験場『沖縄県与那国島視察報告』，一九一七年）、〈女護の島与那国／辛酸を嘗めし調査員／一行中の某氏段〉（一九一七年十月十三日《台湾日日新報》七版）

52 渋谷紀三郎「沖縄県与那国島視察報告」，收錄於台湾総督府『沖縄県与那国島視察報告』，頁一。

53 渋谷紀三郎沖縄県与那国島視察報告」，收錄於台湾総督府『沖縄県与那国島視察報告』，頁二十三。

54 譯註：原文為「寄留者」，意指長期居住在本籍地之外的人。

55 「産業上より観たる与那国島」，收錄於『台湾水産雑誌』23号（一九一七年十一月）頁四。

56 「産業上より観たる与那国島」，收錄於『台湾水産雑誌』23号，頁十一—十二。

島上設立鰹節製造業。其內容引用如下：

與那國島雖是鰹魚的良好漁場，但用作魚餌的沙丁魚或竹莢魚等魚類卻相當地少。相形之下，台灣在這方面的漁產則比較豐富。故此，以台灣為據點的鰹魚業者，若是能將豐富的餌料儲存下來，就有可能將漁場一路擴展到沖繩近海。[57]

「將台灣的水產資本，輸出到與那國等沖繩海域如何？」從演講中可以明確感受到這樣的殷切勸誘之意。接下來，演講又更進一步舉出在與那國近海捕鰹魚的具體收支數字。關於這方面的內容如下所述（引文中的「正如前述」，指的是收支的說明內容）：

台灣的企業家若是在該島設立鰹節工廠，首先正如前述，在冰塊費方面可以節約三十五圓；其次，若是將西表島的煤移入同地（與那國島）作為燃料的話，每一萬斤的價格是六十五圓，和基隆炭的八十圓相比，整整相差了十五圓。在職工薪資方面，僱主每個月需提供的伙食費是十二圓，苦力薪資方面則只需男五點六圓、女四點五圓便已足夠；故此，和在台灣相比，鰹節的生產費在此可以得到大幅縮減。[58]

不在台灣、而是在與那國島製造鰹節，可以充分減低冰塊費與燃料費——演講者所要表達的正是這個意思。至於人力費用，雖然並未列出明確的數字比較，但從行文來看，演講者顯然也是認為與那國島較為便宜。

雖然我們無法武斷地認定，就是這場演講引發了契機，使得久部良成長為鰹節的一大產地，但確實有人因此看出了與那國島在捕鰹魚以及鰹節製造業方面的潛力。

事實上，正如這場演講所鼓勵的一般，久部良的聚落規模日益擴大。

據一九三〇年（昭和五年）十二月十三日出刊的《先島朝日新聞》所述，久部良的「財富與人口，正年年不斷持續增加。（中略）據說，有來自四十五個町村的寄居者聚集在此地，從事漁業兼農業的工作。」這篇報導的作者，如此描述了久部良港的景象：「大約有二十艘小型發動機船繫泊在港內，糸滿的小舢舨也有五、六十艘並排林立。」

論起在久部良從事鰹節製造業大獲成功的人物，就不能不提及這位——出身宮崎縣的發田貞彥（一八九五～一九七一）。[59]發田在一九二〇年（大正九年）左右渡海來到與那國島，[60]至一九三六年（昭和十一年）一月十一日出刊的《海南時報》第四版報導時，他已經「幾乎全部

---

57「産業上より観たる与那国島」，收錄於『台湾水産雑誌』23号，頁十二。

58「産業上より観たる与那国島」，收錄於『台湾水産雑誌』23号，頁十三—十四。

59關於發田貞彥，請參照《八重山每日新聞》於一九九七年十月二十八日至十一月九日刊載的連載企畫「他們是怎樣的人？町制實施五十年」，第五部「發田貞彥」全十三回。

60《海南時報》一九三六年一月十一日四版的報導「漁村的閃耀之人　與那國漁業王　發田貞彥氏」上記載，發田是在「大正九年渡島」。

掌握了久部良漁村兩百數十戶的生產權」，儼然成為當地最具實力的人。

當我們更進一步翻閱同一天的《海南時報》時，可以看見上面有對與那國漁船的介紹。根據這份資料可以得知，發田擁有以當時島內馬力最大的漁船——「第一日向丸」（三十馬力）為首的六艘發動機船，以及二十艘舢舨，[61]在島內是最大規模的集團。

他們的工作模式是「一路遠征到蘇澳漁場；在島上裝載冰塊後，隔兩天抵達漁場，再經過三晝夜後返回。」（一九三二年十二月二十三日，《先島朝日新聞》第四版。）這裡所說的「蘇澳」，指的是隸屬於台北州蘇澳郡的漁港——南方澳，亦即蘇澳南方。他們就這樣在台灣和與那國島間，往來從事漁業捕撈的工作。

在這條航路上並不只有發田的漁船。閱讀當時由台灣方面撰寫的文章可以得知，「現在夏季海象平穩時候，琉球的舢舨也會通過與那國前來台灣。另一方面，即使到了冬季（下略），十噸左右的小型發動機船也還是會經常出沒在蘇澳。」因此，有人提出了這樣的想法：「若是在連結琉球（沖繩本島方面）、與那國、台灣的三角航路上設置冷藏運輸船的話，必定能夠充分發揮其機能。」[62]

從一九三一年（昭和六年）十二月二十三日的《先島朝日新聞》第四版的報導，我們可以得知：與那國島的漁船數目在一九一九至一九二〇年（大正八至九年）之際，不過是區區發動機船兩艘、舢舨四十艘之數，但到了此時，發動機船已經增長為超過十倍的二十三艘，舢舨也增加一點五倍、成為六十艘，平均馬力也由先前的五馬力，成長為十八到二十馬力。漁船不只數量增加，性能也明顯往上提升。

久部良的聚落規模也擴大了。一九二一年（大正十年）只有五十九戶、合計一百四十六人，但到了一九三〇年（昭和五年）卻已經有兩百三十戶、人口超過一千人。我只能說，這明顯印證了「有錢的地方就有人潮」這句俗語。

隨著久部良的發展，它和島內各聚落間的關係也產生了變化。「以祖納港為根據地、聯絡基隆石垣兩港的五艘運輸船，因為不能跳過久部良不管，所以往返一定會在當地停船。由這一事實可見，久部良在與那國是占了多麼重要的地位。」

## 投靠台灣的哥哥

伴隨著鰹節的生產擴大，久部良在島內的地位重要性也日益提高。接下來，我們就要介紹一位在久部良誕生的男性，他所親身體驗過的種種經歷。

大城正次（一九二三年生）在正要升上與那國尋常小學校久部良分教場高等科二年級的時候，因為生病而向學校請了整整兩個月的假。那是一九三七年（昭和十二年）春天時候的事。

61『海南時報』一九三二年一月十一日第八版廣告「漁船案內」。
62 宮上龜七「台湾から観た沖縄開発」，收錄於『台湾水產雜誌』132号（一九二七年十一月）頁二十五。

這次病假對正次今後的人生，產生了巨大的轉變——這樣講，其實或許有點太誇張了……

總之，當正次完全康復、回到學校的時候，老師告訴他：「大城同學，你不能升上二年級。」換言之，他被留級了，原因似乎是因為病假導致出席天數不足。「還要從一年級開始讀起，我可受不了！於是我就退學了。」

退學之後的正次，渡海來到蘇澳南方；在那裡，比他年長兩歲的哥哥正得已經在漁船上工作了。

訴說自己在蘇澳南方與高雄搭乘漁船經歷的大城正次。（2009年9月1日，攝於宜野灣市自宅。）

> 那個時候，從與那國到台灣打拚賺錢的人可多著啦！在蘇澳，到處都可以看到與那國的人。他們在那邊，主要都是做漁業；不管與那國的人、還是八重山的人，都是很多很多的啦！

正次如此回憶著當時的景象。不過事情並不止於此。

（我們在學校的時候）曾學過地圖。「這個小小一點就是與那國島嗎？不管去台灣還是哪裡都好，總之去海外打拚會比較好吧！」那時候，我心裡總會有這樣的想法。學校也是一樣，當時的中學——現在稱作高校，也是位在台灣。認真說的話，與那國是個太小的島，所以非得往外跑不可哪！我希望自己能從商船大學畢業，然後成為歐洲航路的船長，可這終究只是一場夢罷了。

想要離開島上、想要用功學習……能夠吸收這種心情的地方，除了殖民地台灣外再無他所。儘管成為歐洲航線船長的夢想最後仍然無疾而終，但正次的哥哥正得卻鼓勵弟弟在台灣就學。他說：「我來幫你出學費，你去考試吧！」

正得和學校之間也存在著某種因緣。一九三三年（昭和八年）三月，就在正得要從與那國尋常高等小學校久部良分校畢業的時候，老師來拜訪了大城家。老師之所以前來，據說是因為正得的成績非常優秀，所以來勸糸滿出身的父親次良，讓孩子前往中學校就讀。所謂中學校，指的是從現在的國中一年級算起、修業期間四年的學校。「您的孩子要進一中（沖繩縣立第一中學校，首里高校的前身），絕對沒問題。」儘管老師這樣說，但次良卻表示「如果讓他去學校，那家業就沒人繼承了」，因此拒絕了老師的提議。據說正得因此大為不滿，發飆說道：「為什麼我就不能去上學呢！」然後就跑到台灣了。

正次打算在台灣參加中學校的考試，於是渡海來到蘇澳南方，不過在考試到來之前，他都暫時留在漁船上工作，這也是正得的勸告。

緊接著不久後，中日戰爭爆發了。一九三七年（昭和十二年）七月，發生了盧溝橋事變；正得和漁船一起接獲徵召，離開了蘇澳南方。搭乘同一艘漁船的正次雖然因為年齡未滿而沒被徵召，可是卻也面臨了不得不離開船的窘境。

安心仰賴的兄長不在了。不過，這時有位船主伸出了友善之手，主動表示希望正次來幫忙：「要不要來我的船上工作呢？」對此，正次的回答是：「我還只是在見習而已，或許在各方面還不太熟悉；但，無論如何，請讓我上船吧！」於是，他就這樣搭上了新船。

原本願意出學費的哥哥不在了，究竟能不能上學也不知道；不過，即使不能上學，只要有船可搭，就能賺到錢。「這樣不是也很好嗎？就上船工作吧！」就這樣，原本為了讀書渡海來到台灣的正次，下定決心，轉換了人生的方向。

## 不只是漁港的漁港

翻開地圖我們可以清楚發現，蘇澳海岸的地形，就像是一個往右邊傾倒的壺；在壺下側窪陷處興建的漁港，就是蘇澳南方。蘇澳南方的建設於一九二一年（大正十年）五月二十三日開始，經過大約兩年後，於一九二三年（大正十二年）的六月十四日竣工。這項工程由台灣總督府直接督造，投入六十五萬五千五百圓的資金，[63]將遠方的淺海深掘成「T」字型，形成一座總面積達七點六公頃，[64]可供小型船隻碇泊的漁港。

日本對台灣的殖民統治，雖是基於一八九五年（明治二十八年）的馬關條約，不過在第二年一份有關蘇澳的文獻中，似乎已預見這座港灣和船與海運的因緣。這份下筆宛如預言的文獻，其內容如下（其中提到的「南風浦」即「南方澳」，「北風浦」則是對岸的「北方澳」，因此括弧內的英文拼音，可以想成是台灣話對這兩個地方的稱呼。北方澳即是「傾倒的壺」上方窪陷的所在。）：

（前略）港灣又可分出兩小灣，南側稱為南風浦（Lam-hong-ho），水淺，可繫泊兩、三艘小船，能避四方吹來之風。於東北隅則是北風浦（Pak-hong-ho），水深五尋，[65]可以容納船舶十二艘。除東南至南方之風以外，其餘風皆能順利遮擋。又由於港灣中央有珊瑚礁，足以阻挫浪勢之故，吃水十尺以上之船舶亦以此地為投錨地，以避暴風侵襲。[66]

63 圖子武八「蘇澳漁港工事に於て」，收錄於『台湾水産雑誌』91号（一九二三年七月）頁十三—十四。
64 蘇澳水産株式会社『蘇澳漁港』（一九三五年）頁二。
65 譯註：日本古制，一尋＝一點八一八（六尺），五尋即九公尺。
66 小川琢治『台湾諸島誌』（一八九六年／東京地学協会）頁四十四—四十五。

從這裡我們可以理解到，南方澳原本水深甚淺，一般都只能停泊幾艘小船而已。不過在地形上，它作為避難港的用處還是受到了注意。

至於蘇澳整體的情況，由於港中擁有具消波功能的珊瑚礁，再加上吃水深度相當充裕，因此作為港灣的天然條件，可說十分優越。

此後來在一八九七年（明治三十年），蘇澳成為以基隆為出發點、順時針環台灣島的運輸航線當中的一座停泊港。這條航線是在台灣總督府的補助下進行航運的「命令航線」之一；同年包括這條航線，一共開闢了三條路線，順道造訪蘇澳的，是受台灣總督府之命的大阪商船。[67]

時序進入二十世紀後，就像是時人所記述的一樣，在蘇澳這裡，「大阪商船會社的汽船每月兩次沿岸航海之際，都會在此停泊。不僅如此，往返基隆及台東、花蓮港之間的戎克船（中國帆船），亦不斷出沒此地，故此港實為宜蘭地方客貨輻輳之地。」[68]其熱鬧繁榮亦與日俱增。

讓我們試著看看蘇澳南方開始興築漁港的一九二一年（大正十年），宜蘭地區主要的三個港口，出入的船隻數目以及貨物吞吐量吧！在這三個港口中，蘇澳的出入船隻數是一千五百八十五艘、貨物吞吐量是三十五萬三千八百五十四噸，全都高居第一。和第二、第三位相比，它的出入船隻數是兩到三倍，貨物吞吐量更是高達五十到一百倍，可說是壓倒性地多。[69]

就在前一年（一九二〇年），以蘇澳南方為據點、進行鰹魚捕捉與鰹節製造工場建設的計畫上報到了台灣總督府，[70]於是總督府終於展開了漁港的建設。

在一九二三年（大正十二年）六月二十九日的蘇澳南方竣工祝賀會上，總督府土木局長相賀照鄉發表了一篇祝辭。從其發言中，可以一窺蘇澳南方的意義——它並非只是單純的漁港，更是支撐台灣東海岸的地方港。引文如下：

> 自本港（蘇澳南方）背後的經濟關係觀之，隨著宜蘭方面產業日益發達之機，（中略），地方經濟膨脹顯著，經由本港運輸之物資亦愈發增長；（中略），故本港修築之價值，亦愈發顯其重要。

接著，相賀將蘇澳南方扮演的角色，賦予了以下的定位：

> 它並不止於單純的漁港，更是背負著緩和東海岸海運之困難、以及作為地方港，為文化開發提供貢獻之使命。[71]

---

67 台湾総督官房調査課『施政40年の台湾』（一九三五年／台湾時報発行所）頁二七八。
68 石阪荘作編『台湾踏査実記』（一九〇四年／台湾日日新報社）頁一三三。
69 台北州『台北州統計要覧　大正十年』，頁二二四—二二七。
70「蘇澳の鰹魚業」，收錄於『台湾水産雑誌』52号（一九二〇年四月）頁四十三。
71 相賀照鄉「蘇澳漁港竣工式辞」，『台湾水産雑誌』91号（一九二三年七月）頁一。

在蘇澳已扮演起宜蘭地區海運中心角色的情況下，總督府的負責人會做出這樣的發言，可說是相當自然之事。

只是但我們也不能因為如此，而忽略了蘇澳南方在水產業方面的意義。在相賀接下來的致辭中，即點出了蘇澳南方和與那國的關係：

本港（蘇澳南方）鄰近與那國等好漁場，作為漁港乃是最有利之所在。[72]

從這段發言我們可以發現，蘇澳南方的建港早在竣工當初，就已經意識到與那國的存在。在這之後兩年的一九二五年（大正十四年），蘇澳南方正式開始了魚市場業務；[73]也就是說，早在政良和正次抵達蘇澳南方的十多年前，它作為漁港的機能便已充實起來。

## 捕旗魚

魚市場開設後的頭一年一九二六年（大正十五、昭和元年），蘇澳南方所記錄的旗魚實質捕獲量，明顯呈現冬季為多、夏季則是極端少的趨勢。[74]此一趨勢在此後八年間，都不曾有任何變化。由此可見，以蘇澳南方為據點的漁業，乃是以十月末到翌年四月這半年間為最盛期。[75]

負責營運這座市場的蘇澳水產株式會社，在一九三五年（昭和十年）發行的《蘇澳漁港》中，也明列了一九二六至一九三四年間（昭和元年至九年）的交易量。根據這份資料，十一至十二月與一至四月的交易量，在這九年間合計有兩萬一千六百噸左右，占了年間總交易量兩萬四千四百噸的百分之八十八點二，若論交易金額，則達到百分之九十一點六。

不管交易量或是交易金額，冬季漁場的這半年間，都占了全年數量的近九成。[76]

伴隨漁獲量極端集中於冬季漁場的趨勢，蘇澳南方的漁船數目也隨之增減。當我們按月追蹤一九三四—三五年（昭和九～十年）間在此地進行捕撈的漁船數目時，可以得到以下的結果：九月，四十六艘；[77]十月，一百三十六艘；[78]十一月，一百七十六艘[79]——以這樣的比例不斷增加。過了年之後，在二月達到兩百三十艘的最高峰；[80]接著在三月有兩百艘；[81]四月，一百

72 相賀照郷「蘇澳漁港竣工式辞」，『台湾水産雑誌』91号，頁一。
73 蘇澳水産株式会社『蘇澳漁港』，頁二—三。
74 台北州水産会「蘇澳水揚高」，『台湾水産雑誌』139号（一九二七年八月）頁三十八—三十九。
75 蘇澳水産株式会社『蘇澳漁港』，頁五。
76 蘇澳水産株式会社『蘇澳漁港』，頁二十一—二十一。
77「十月中蘇澳漁船別漁況　4.合計」，『台湾水産雑誌』238号（一九三五年一月）頁三十五。
78「十月中蘇澳漁船別漁況　4.合計」，『台湾水産雑誌』238号（一九三五年一月）頁三十五。
79「十一月中蘇澳漁船別漁況　4.合計」，『台湾水産雑誌』238号（一九三五年一月）頁四十三。
80「二月中蘇澳漁船別漁況　4.合計」，『台湾水産雑誌』242号（一九三五年五月）頁四十五。
81「三月中蘇澳漁船別漁況　4.合計」，『台湾水産雑誌』242号，頁四十五。

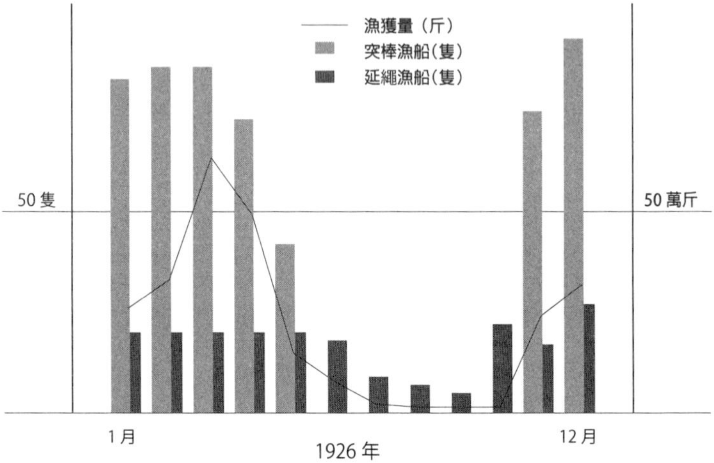


※根據《台灣水產雜誌》第139號（1927年8月15日）頁38至39刊載之〈蘇澳水產捕獲量〉製作

旗魚的捕獲量與漁船數的變化（南方澳）

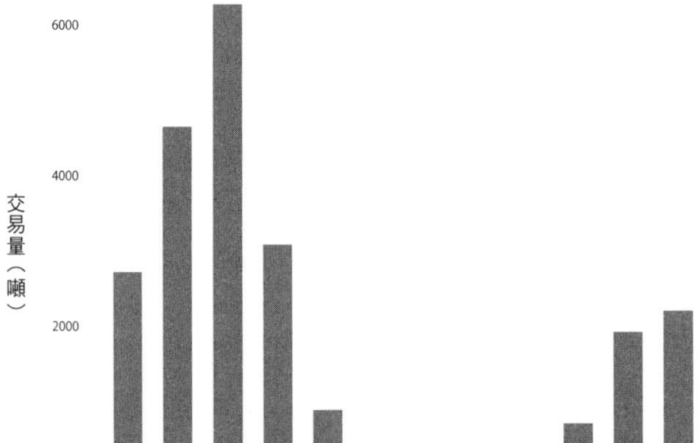


※根據蘇澳水產株式會社《蘇澳漁港》（1935年）頁20至21，〈市場開設後10年間月別交易量〉資料製作。

蘇澳魚市場的月別交易量（1926-1934年間合計）

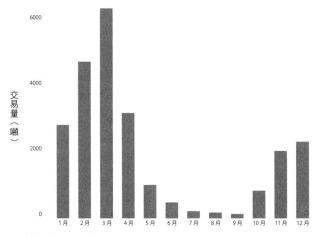

七十艘；[82]五月，七十三艘，[83]又以這樣的比例不斷遞減。《蘇澳漁港》在描述漁汛最盛期的十一月以降的狀況時，是這樣寫的：「自內地以及基隆迴航，以此地為根據地從事漁業的船隻有百餘艘，加上本地原有的船隻，總數多達兩百二十餘艘。港內漁船輻輳、一派生氣蓬勃。」[84]

在蘇澳南方，除了原本便定居在這裡從事漁業的人之外，還有配合漁期、從其他地方趕來捕魚的人。到了冬天，集結在這裡的漁船高達兩百艘，可謂摩肩擦踵、熱鬧非凡。配合這種景況，傭工也應運而生。就是這樣一座漁港，先是吸引了正得前來，接著又讓正次尾隨其後、在此謀生。

在這漁汛最盛的期間，漁民們主要從事的是以旗魚為目標的延繩漁業與突棒漁業。[85]突棒漁業是由漁夫站在船首細長突出的甲板平台，從那裡拋下魚叉，刺殺在海中游泳的獵物的捕魚法（參照序章「刺旗魚」）。魚叉的前端分成三股，每股嵌著一個分離式的尖端（又稱「燕子」）；在魚叉和尖端之間，又有鋼索加以連繫。當魚叉命中目標時，刺在獵物身上的尖端會脫離，連結尖端的鋼索則會伸長變成繩子，可以將獵物拖回船上。[86]

一九三八年（昭和十三年）二月十二日，出現了這樣的紀錄：「在蘇澳近海，捕獲了長十

82「四月中蘇澳漁船別漁況 4.合計」，『台湾水産雜誌』242号，頁四十五。
83「五月中蘇澳漁船別漁況 4.合計」，『台湾水産雜誌』243号（一九三五年七月），頁四十三。
84 蘇澳水産株式会社『蘇澳漁港』，頁五。
85 蘇澳水産株式会社『蘇澳漁港』，頁五。

四尺，重一千斤的大旗魚。」[87]據說當漁船投下魚叉的時候，一頭長四點二公尺、體重六百公斤的旗魚，龐大的身軀從海中一躍而起。若是正次的話，在投下魚叉之前，應該就能預測到這巨大的尺寸了吧！

成年的藍槍魚可以達到體長四公尺、體重五百公斤，劍旗魚則可達到體長四點五公尺、體重五百公斤之譜。儘管如此，一般作為漁獲加以捕捉，例如說使用延繩釣法時，體長大部分都是在三公尺左右。[88]

在冬季波濤洶湧的海上，突棒船與大旗魚持續地格鬥，那是怎樣的一幅畫面呢……光是「重一千斤」這個紀錄，就足以讓想像力在我的腦海間激盪迴繞不已。

## 生魚片

在當時的台灣與日本本土，旗魚是怎樣食用的呢？就讓我們來確認一下旗魚在餐桌上占的地位吧！

根據台北州水產會一九二七年（昭和二年）發行的《台灣水產雜誌》第一三九號中的〈旗魚漁業試驗報告〉

滿是漁船的南方澳漁港。（2009年9月6日）

一文，[89]捕撈的旗魚都是做成生魚片以供食用，但台灣本地並沒有吃生魚片的習慣，所以充其量只能提供給從日本本土移居台灣的「內地人」食用；故此，旗魚不只需求量少，魚價也頗不穩定。[90]

這種狀況在一九一八年（大正七年），台灣旗魚成功輸往日本本土後產生了變化。從台灣輸往日本本土的旗魚金額，一九一九年為十七萬圓、一九二〇年為三十二萬圓、一九二一年則達到五十萬圓，以此比例不斷往上推升。[91]

之後，一九二三年（大正十二年）蘇澳南方漁港建設完成，以及一九二五年（大正十四

86 李嘉亮《台灣漁港圖鑑》（二〇〇五年／貓頭鷹出版）頁一八〇—一八一；王安陽〈南方澳漁撈方法的回顧〉，收錄於宜蘭文獻雜誌編輯委員會編《宜蘭文獻》六十六期（二〇〇三年／宜蘭縣政府文化局）頁十—十一；中村廣司「台湾近海産業旗魚類」，收錄於台湾水産会『台湾近海産旗魚類』（一九三八年）頁三十。

87 高淑媛編《宜蘭縣史系列．總類1．宜蘭縣史大事記》（二〇〇四年／宜蘭縣政府）頁一六一。

88 小野征一郎編著『マグロの科学——その生産から消費まで——』（二〇〇四年／成山堂書店）頁四十一—四十六。

89 《台灣水產雜誌》是由台灣水產協會於一九一六年一月起開始編輯並發行的月刊誌。最初的名稱為《台灣水產協會雜誌》，從一九一六年四月發行的第四號開始改名為《台灣水產雜誌》。一九二〇年代後半，編輯發行單位改為「台灣水產會」。參照台灣大學圖書館網頁（http://www.lib.ntu.edu.tw/。二〇一二年十一月二十四日瀏覽）。

90 殖民統治下的台北於一九〇八年，分別開設了兩所公立市場：一所是以日本人為顧客的西門町市場，另一所則是以台灣人為對象的永樂町市場。據一九三八年對個別商品銷售額的統計指出，西門町以鮮魚銷售為最大宗，共計三十萬四千七百九十四圓；相對地，永樂町的榜首則是豬肉，共計五十九萬八千三百零三圓，鮮魚則僅止於第三位，為十八萬兩千兩百零一圓。參照台北市役所《台北市政二十年史》（一九四〇年）頁五一一—五一七。

91 台北州水産会「旗魚漁業實驗報告」，收錄於『台湾水産雜誌』139号（一九二七年八月）頁三十六—三十七。

年）興建魚市場，全都是跟隨著這股趨勢而行。

旗魚在蘇澳南方捕獲上岸後，便在蘇澳魚市場競價標售。根據《蘇澳漁港》的資料，這些旗魚的銷路，「約百分之四十七運往內地及滿鮮」。[92] 簡言之，從蘇澳南方捕撈的旗魚，約有半數會被運往日本本土，以及中國東北部的舊滿洲、朝鮮等地。

一九二七年（昭和二年）時，旗魚的運輸方法如以下所示：

先切掉旗魚的頭，用蠟紙包裹魚身，再將之密密綑實，放進冰鎮的木箱裡，然後再加以打包。木箱尺寸「長六尺、寬高各一尺六寸」，亦即長一點八公尺，寬高略小於五十公分。

冰鎮的旗魚木箱，一箱約四百公

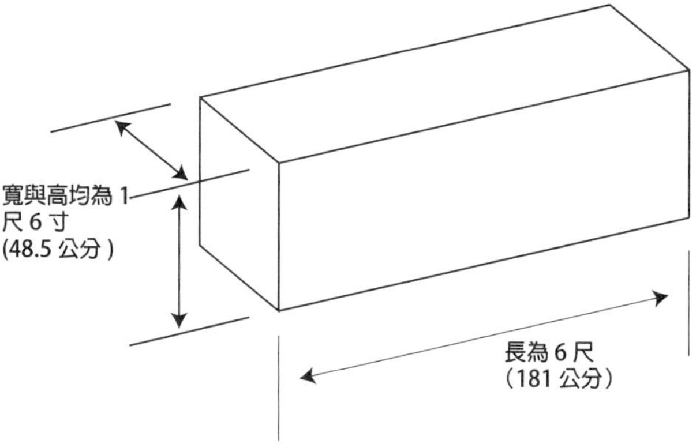


切下魚頭之後，將魚體切成箱子的長度，用蠟紙包裹，再將其嚴密綑實。每箱內裝有魚肉 50 貫（187.5 公斤），以及 55~60 貫（206.25~225 公斤 ) 冰塊。將箱子仔細釘牢之後，再從外部打包，用麻繩綑綁。

箱子的成本，每 3 個是 3 圓 80 錢至 4 圓 20 錢，打包費則是 3 圓。

※根據《台灣水產雜誌》第138號（1927年7月15日）頁40刊載之〈包裝運輸〉製作

運輸用旗魚裝箱之方法

斤。它會先從蘇澳南方運至蘇澳火車站，[93]再經由鐵路輸送到基隆。通往蘇澳南方漁港的汽車用道路於一九二七年十一月進行修建，並購入兩台搬運鮮魚用的汽車，不過據所呈報的資料顯示，這兩輛車對「水產業整體的利益，其實並沒有太大的助益」。[94]

從蘇澳南方水產業的角度來思考，和港口建設同等重要的，就是交通網的建設了。就在蘇澳南方興建完成後的一九二四年（大正十三年）十二月，[95]以蘇澳為終點站，全長九十八點八公里的宜蘭線鐵路正式開通。[96]宜蘭線在基隆附近的八堵連接縱貫線，讓蘇澳和基隆、高雄等港灣都市，以及台灣島的首都台北連結為一體。一九二五年（大正十四年）一月發行的《台灣水產雜誌》一〇八號中，有一篇題名為「蘇澳港的繁榮」的報導。這篇報導指出，在蘇澳南方建港之初，由於使用的漁業者甚少，因此總督府遭到不小的抨擊；不過，隨著宜蘭線開通，「從蘇澳到基隆的鮮魚輸送只需五個小時，因此，若在開往內地的定期船出航當天早上發送，就有充分的時間送達內地。」[97]

---

92 蘇澳水産株式会社『蘇澳漁港』，頁九。

93 蘇澳水産株式会社『蘇澳漁港』，頁九。

94 蘇澳南方到蘇澳火車站的距離，據台灣警察協會編輯主任篠原哲次郎所編纂的《昭和七年台灣市街庄便覽》（一九三二年／台灣日日新報社）第六十四頁所言，應為「三十町」，也就是約三點三公里。戴寶村《宜蘭縣史系列 經濟類3 宜蘭縣交通史》（二〇〇一年／宜蘭縣政府）第八十五頁中，則是記述為「一點七公里」。

95 「南方澳道路開通」，收錄於『台湾水産雑誌』142号（一九二七年十一月）頁六十一。

96 台湾総督官房調査課『施政40年の台湾』頁二六六。

97 台北州自動車協会編『台湾地誌』（一九四〇年）頁四。

台灣總督府為紀念宜蘭線開通發行的明信片。

運往日本本土的旗魚木箱，經過這條路線到達基隆後，再搭乘定期船送往下關和神戶，同時也會從下關再轉送到中國的大連。[98]

祈求漁獲豐收和航海安全的場所，也在蘇澳南方建立了起來。

一九二七年（昭和二年）四月二十日，從香川縣迎來了金刀比羅宮的神體，並舉行了鎮座祭。早上九點半，集結在蘇澳郡公所前的稚兒、[99]神職人員、神體、小學和公學校的兒童，看熱鬧的人們，以及神轎、音樂隊等一同出發，上午十點抵達了位於可以望見港灣的高地上的神殿。以此為信號，蘇澳南方港內蓄勢待發已久的

98「蘇澳港繁栄」，收錄於『台湾水産雑誌』108号（一九二五年一月）頁三十七。
99 譯註：在祭禮等行列中，穿著美麗服裝緩步前行的兒童。

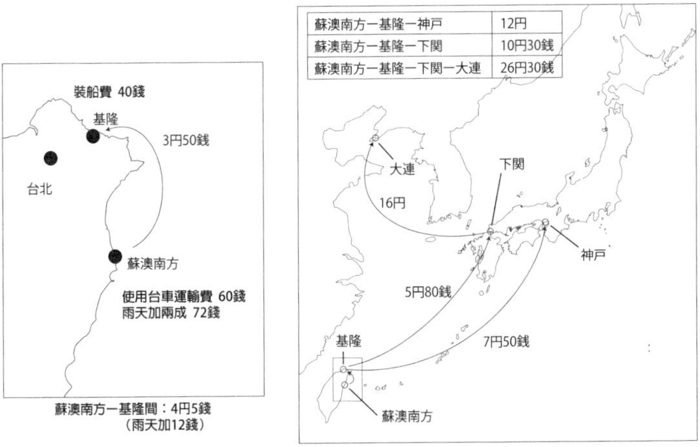

裝船費 40錢
基隆
3円50錢
台北
蘇澳南方
使用台車運輸費 60錢
雨天加兩成 72錢
蘇澳南方一基隆間：4円5錢
（雨天加12錢）
蘇澳南方一基隆一神戸　12円
蘇澳南方一基隆一下関　10円30銭
蘇澳南方一基隆一下関一大連　26円30銭
大連
下関
16円
神戸
5円80銭
7円50銭
基隆
蘇澳南方

※根據《台灣水產雜誌》第138號（1927年7月15日）頁40至41刊載之〈包裝運輸〉製作

從蘇澳南方輸送旗魚的路線與輸送費（數字均以一箱計）

一百幾十艘發動機船，一同豎起了環繞船身、五顏六色的旗幟。[100]此後，「蘇澳的金比羅神」，便成了蘇澳郡可數的名勝之一。

這一年，蘇澳南方的燈塔也告落成。在四月十五日發行的《台灣水產雜誌》第一三六號的封面上，可以看見這座燈塔的照片。五月七日舉行了慶祝會。

針對漁獲量優秀漁船進行的表揚制度也建立起來，整個港口充滿了活力。一九二六年（大正十五、昭和元年）的表揚，於第二年的四月二十一日實施，「對捕旗魚的優良漁船，進行優勝旗的授旗式」，[101]表揚了捕獲量前十名的漁船。

## 官制移民

關於蘇澳南方的人口規模，目前所呈現的資料並不多，不過一九三〇年（昭和五年）左右的狀況則有保留下來。根據這份資料，（蘇澳南方）共有內地人一百四十四戶、合計四百九十四人，台灣人六十四戶、合計兩百五十五人，總數兩百零五戶，合計七百四十九人。在性別方面，男性四百二十四人，女性三百二十五人，男性占了百分之五十六點六的比例。[102]

在這當中，包含了從高知、愛媛、長崎、大分、鹿兒島等九州四國五縣移居而來的四十九戶兩百零三人。他們是響應台北州在一九二六（大正十五、昭和元年）、一九二七年（昭和二年）對漁業移民的徵募而前來的。[103]為了這些幾乎占居住在蘇澳南方人口四分之一的「官制移民」，台北州向他們提供了出租住宅；這些住宅的照片，成為一九二七（昭和二年）年五月十五日發行的《台灣水產雜誌》一六三號的封面。

台北州為了達成募集移民的任務，特別派遣負責相關業務的技師，前往目標地區進行說明。在一九二七年（昭和二年）的募集中，負責技師於九月前往愛媛縣。[104]在愛媛，他們不斷激發居民對於台灣漁業移民的興趣與關切；一九二六年（大正十五年）十二月上旬，在（當時的）西宇和郡川之石町，[105]就出現了申請移民的風潮。[106]

即使在移民入住後，政府也沒有忘記後續的追蹤與輔導。一九二七年（昭和二年）六到八月，針對一九二六年（大正十五年）入居的移民，舉辦了以鰹節製造和罐頭製造技術為主題的水產製品講習會。[107]

正如前面所述，蘇澳南方的定位「不止於單純的漁港，更是背負著緩和東海岸海運之困難、以及作為地方港，為文化開發提供貢獻之使命。」[108]不管是興築漁港的總督府、還是募集

---

100「琴平神社鎮座祭」，收錄於『台湾水産雑誌』136号（一九二七年五月）頁五十八。
101「優勝旗授与式」，收錄於『台湾水産雑誌』136号，頁四十五。
102 尾部仲榮編『台湾各地視察要覧』（一九三〇年）頁一〇六—一〇七。
103 佐々木武治「蘇澳の漁港と移住漁民の近況」，收錄於『台湾水産雑誌』183号（一九三一年四月）頁十二—十三。
104「蘇澳移民募集」，收錄於『台湾水産雑誌』140号（一九二七年九月）頁四十。
105 為現今八幡濱市的一部分，位於佐多岬半島根部的位置。
106「漁業移民を希望」，收錄於『台湾水産雑誌』132号（一九二七年一月）頁六十八。
107「鰹節製造講習終了」，收錄於『台湾水産雑誌』140号，頁四十。

移民的台北州，讓前往蘇澳南方的移民們生活安定，是他們首要關心的事項；故此，他們會嘗試著賦予移民們水產加工品的製造技術，也是可以想見的。

同一時期，「是否應當限制以蘇澳南方和基隆為據點的旗魚船數目」這一議題，也開始浮上檯面。由於擔心水產資源會因濫捕而枯竭的聲音日益高漲，一九二七年（昭和二年）十一月發行的《台灣水產雜誌》第二四二號，便以「以台北州如此狹小的漁場，不出幾年便會枯竭荒廢」為由，提出了兩點建議：1.針對今年從外地前來、趕赴漁期撈金的捕魚者採取許可制；2.本州（台北州）下轄的從業船隻，其數量亦不得超過現有的艘數。[109]第一點主要是針對只在旗魚期前來「撈金」的漁民，表示不認同之意；第二點則是針對台北州的從業漁船，要求他們的數量也不能繼續增加。

在募集漁業移民的同時，卻又對附近漁場的捕撈加以限制，乍看之下是完全矛盾的兩件事。不過，若是從對蘇澳南方的水產業加以調控，使之不再像現在這樣，只有冬季捕旗魚、夏季便離開漁場的季節性從業狀況，而是讓漁夫可以照常出船、製造水產加工品，變成全年無間斷的工作形態這點來看，日本政府的思考方式也就能夠清楚理解。獎勵移民，和將蘇澳南方的水產業由季節性轉換為常年性、定居性產業，有著密不可分的關係。

## 高雄的沖繩漁民

在蘇澳南方開啟了漁夫生涯的正次，在經過一段時間後，移居到了高雄。他在那裡搭上了鮪釣船；據說是因為有位舅舅在高雄擔任鮪釣船的輪機長，所以接受了對方的邀請前去。

一九三六年（昭和十一年）十一月十七日出刊的《海南時報》頭版，刊載了以「龍舟競賽／盛況空前」為題的報導。這篇報導清楚描述了在高雄舉行的划船大會盛況，茲摘錄如下：

沖繩水產互助會舉行了划龍舟大賽。隊伍共分為紅白藍三組，進行五百公尺的划船比賽；到了兩百公尺的地方，船隻按照白、紅、藍的順序陸續翻倒，然後又再次恢復成原樣繼續划行；其勇壯的美技，讓觀眾不禁全部站起身來，為之狂熱歡呼喝采……

這是在描寫將船隻上下翻倒、再翻回正面的技術競賽「翻轉爬龍」[110]旅居高雄的沖繩漁民在海上展露了這樣一手妙技，令前來觀賞的人們全都大呼過癮。

108　相賀照鄉「蘇澳漁港竣工式辞」，『台湾水産雑誌』91号，頁一。
109　台北州水産会「旗魚漁業實驗報告」，收錄於『台湾水産雑誌』142号，頁二十六。
110　譯註：琉球人稱划龍舟為「爬龍」（ハーリー）。

正次在高雄這裡，也還是見習船員。見習船員要做些什麼呢？正次說：「所謂見習，就是負責煮飯啦！」

關於煮飯，請容我稍後再述（參照二七九至二八一頁），在此我就先說說鮪釣船的種種吧。正次搭乘的鮪釣船出港一次，就要一個月的時間才會回到高雄，也有的船隻會離開台灣長達四十天之久，還不時會越過赤道進行捕撈。出港時，船艙裡一定堆滿了蔬菜和豆腐等食品。「至於配菜嘛，因為是鮪釣船，所以當然也有鮪魚囉！總之，我們吃的可奢侈了！」

不過，蔬菜不能保存太久，這是一個大麻煩。

> 我們雖然儲存了很多高麗菜和蘿蔔等蔬菜，但還是不夠。畢竟，（蔬菜）不能放太久嘛。因為蔬菜有點不足，所以只要我們一回去，馬上就會跑去蔬菜店買上一堆菠菜，一邊泡醬油，一邊「好吃、好吃」地吃個不停唷！

回到港口後，大概會在陸地待上一週到十天。這段期間，要清除附在船底的海藻、修繕添補漁具，還要請油漆工重新塗刷船底。

鮪釣船的薪資非常好。正次似乎也聽過「欠債的話就上鮪釣船」這句格言；短短的時間內，他就累積了一筆可觀的財富。可是，暑期馬上就到了。[111]

## 從菜鳥到獨當一面

又過了一陣子，正次回到蘇澳南方，繼續擔任見習船員。見習船員一般被稱為「菜鳥」（半人前）或者「七分」；正如其名，他們的薪水只有獨當一面的老鳥船員（一人前）的一半到七成而已。可是就算只有這樣，他們的薪資也已經足以和一般上班族的管理階層相匹敵了。渡海到台灣，經過了三、四年的見習生涯後，正次終於升為老鳥船員，獲得了全額的薪金。這時他十六、七歲，正是高校生的年齡。

以蘇澳南方為據點的漁業，其運作的範圍相當廣。根據《蘇澳漁港》所述，他們捕撈的範圍，南至巴士海峽與菲律賓北部的巴丹群島，北抵「沖繩縣八重山、宮古列島一帶海域」。在「主要的漁場」中，也包含了「赤尾嶼」和「尖閣群島」（釣魚台）等地名。台灣東海岸的台東與花蓮，當然也在捕撈的漁場之列。[112]

正如我們前面以與那國島久部良的鰹節王——發田貞彥為例時所描述的那樣（參見六十九至七十頁），與那國的漁船也會在台灣周圍進行捕撈；相對地，對以蘇澳南方為據點的漁船來

---

111 譯註：鮪魚季通常是在每年的春天。
112 台北州水產会「旗魚漁業實驗報告」，收錄於『台湾水産雑誌』142号，頁二十七。

說，與那國島自不在話下，同時他們也會前往八重山、宮古、尖閣群島周遭進行漁撈。換言之，與那國和蘇澳南方的漁船，兩方在運作時的漁場是彼此重疊的。

正次在蘇澳南方換過了好幾艘船，其中有一艘名叫「龍喜丸」的突棒船，在資料中留下了些許相關的紀錄。

就在正次渡海來到台灣的一九三七年（昭和十二年）五月底，台灣水產會彙整了一本《台灣地區動力漁船名錄》。根據這本名錄，當時的蘇澳南方有兩艘「龍喜丸」，一艘是一九二八年（昭和三年）十一月下水的「龍喜丸」（總噸位十九點九二噸、六十馬力），還有一艘是一九三三年十月下水的「第五龍喜丸」（總噸位二十九點九四噸、九十馬力）兩艘都是突棒船，也都是木造的機帆船。[113]雖然船主不同，不過從名字來看，兩人應該都是從日本本土移居而來。

又根據《台灣水產雜誌》第二三八號的記載，蘇澳一共有第一、第三、第五三艘龍喜丸。一九三四年（昭和九年）十月的時候，以出航獲得的漁獲量來計，三艘龍喜丸在全港四十九艘船隻中，其成績分別是十七、十九和二十四位，[114]居於中間的位子。次月，隨著突棒船的捕旗魚季正式開始，前來捕魚的突棒船增加到七十艘；在這當中，第五龍喜丸拿到了第三位，躍入前十名的行列當中。

## 來自沖繩的「斜眼」

在蘇澳南方，留有這樣一段插曲：

> 以「龍喜」為名的船隻一共有七艘。它們搭載著馬力強大的引擎，漁獲成績也相當優秀。特別值得一提的是，當地（蘇澳南方）漁民會搭乘著它們在海上學習漁業，這點直到現在，依然為人所津津樂道。[115]

突棒漁業是由日本本土傳入台灣的技術；正次等從沖繩移入的人在台灣學得了這項技術後，又將它轉傳給台灣當地的漁民。其中有一位渾名「斜眼」的沖繩漁民，他的逸聞相當有趣。這位台語俗稱「降目仔」的男人，[116]他的事蹟是這樣的：

113 蘇澳水産株式会社『蘇澳漁港』，頁一—二。
114 台湾水産会『台湾に於ける動力付漁船々名録　昭和十二年五月末日現在』（一九三七年）頁二十三—二十四。
115 「十月中蘇澳漁船別漁況　2.突棒漁業」，收錄於『台湾水産雑誌』238号（一六三五年一月），頁三十五。
116 王安陽〈南方澳漁撈方法的回顧〉，收錄於宜蘭文獻雜誌編輯委員會編《宜蘭文獻》六十六期，頁二十二。

「斜眼」的身材絕不高大，卻是位身強體健、筋骨結實的人。他經常大聲斥喝，且總是圓睜著一雙彷彿要吃掉對方的銅鈴大眼。因為他總是用銳利的眼光斜斜看人，所以才得到了「斜眼」這個諢號。這位「斜眼」，不管是出港捕魚的時候、或是回到港內的時候，總是會為剛乘上突棒船不久的蘇澳南方船員，仔細講解捕獵旗魚的方法。[117]

介紹這段插曲的文章，它的標題便叫作「無私教導」。[118]來自沖繩的「斜眼」，透過他在突棒漁業上對蘇澳南方漁民近乎無償奉獻地教導，而成了眾所周知的人物。

## 獎勵：兩件西裝外套

龍喜丸對正次而言，也是回憶甚深的一艘船。在還沒有成為獨當一面的老鳥之前，正次便已獲得船主的特別獎勵，領到了兩件訂做的西裝外套。「儘管我還只是實習船員，但最早發現魚的次數卻很多唷！」正次相當自豪地說道。對於旗魚從海面探出的魚鰭，正次總是能夠將它看得一清二楚。

這年的四、五月，突棒漁業的漁期結束之際，正次正在考慮要回與那國一趟。這時，船主的妻子來到正次面前：

「請過來一趟。」於是，正次便跟著夫人到了船主的家。他發現，有位洋裁師正在那裡等著他。

「老爸說要幫正次你做件西裝，所以就把裁縫師給叫來了。」聽了夫人的說明，正次一臉疑惑地問道：「為什麼只有我？」

「老爸說，『就只有你而已』。」

「老爸」，也就是船主，似乎是為了獎勵屢屢發現旗魚的正次，於是請了裁縫師來幫他做西裝。同時，他也拿到了返鄉的旅費，真可說是景氣一片欣欣向榮的時期。

不過，荷包滿滿的正次，並沒有把拿到的金錢胡亂揮霍掉，而是確實地存了下來——更正確地說，是「被」存了下來。

在蘇澳南方，除了有家室的船員外，船主並不會將船員的薪水全額交給他們。「我先幫你們存起來，然後再匯回家鄉吧！」船主會以這樣的方式管理船員的存摺，然後將其中一部分的薪金交給船員當作零用錢。船主對正次也是這樣說的：「如果你把錢全都花光了，那你辛苦工作不就毫無意義了嗎？」

船主所言或許是對的；拜他所賜，正次實際上攢下了不少錢。當他帶著這筆錢回到家鄉

117「降」指的是「瞪人」的意思，「仔」則是接尾詞。感謝中興大學台灣文學與跨國文化研究所的朱惠足副教授、以及花蓮女子高級中學的張宏達老師提供的協助。參照台灣總督府《台灣語大辭典　上卷》（一九三二年）與《台灣語大辭典　下卷》（一九三二年）；使用國書刊行會的復刻版（一九八三年）。

118 王安陽〈南方澳漁撈方法的回顧〉，收錄於宜蘭文獻雜誌編輯委員會編《宜蘭文獻》六十六期，頁二十二—二十三。

的時候，發生了一件有趣的事。那時，正次從腹帶中掏出好幾百圓，交給母親阿丑：「媽，妳看，這是我存下來的！」結果阿丑大驚失色，問正次說：「這些、真的是你自己賺來的錢嗎？」「當然囉！這是我（搭船）存下來的錢唷！」儘管正次這樣答道，但阿丑還是一副懷疑的樣子：「你啊，該不會是做什麼非法勾當弄來的錢吧？」「不是不是，這絕對不是什麼非法的錢，千真萬確是我自己賺來的！我有存款，也有存摺，這些我全都帶來了！」經過他這樣拚命解釋，阿丑才總算釋懷。

由於到台灣打拚的正得和正次都賺了不少錢，所以大城家全家也開始認真討論起是否要從久部良搬到台灣。不過，因為祖母阿絢已經九十高齡，搬家對她來說負擔實在太大，所以這個構想很快便打消了。接著，他們又開始討論起是否要造船，或者是蓋一間新家？造船的事情，也因為兩兄弟臨近徵兵年齡而打消；至於蓋新家，則是朝著「從台灣買扁柏來蓋房子」這個方向邁進。當時在與那國島，木材都是由台灣輸入（參照六十二頁）。據正次的回憶，「在戰前，久部良可滿滿都是用扁柏蓋成的房子唷！大家都是用自己的船，從台灣把木材運來的。」但因為沒能順利獲得中意的土地，所以建造新家的計畫最後仍然沒能實現。

正次的存款一直累積到了好幾千圓。不過，造船也好、建新家也好，這筆錢能夠拿來當作家族討論的主題，全是因為它具有相應的價值之故，而它的價值來源，正是殖民地台灣的海洋所提供的工作。因此，當台灣的殖民統治崩壞之際，這份價值也幾乎隨之消失殆盡。然而，正次非得等到所謂「地下貿易」的時代，才能清楚察覺到這點——在那個黑市物資橫行的年代裡，千圓單位的金錢，根本沒有什麼重大價值可言。

## 台灣經驗

那麼，從蘇澳南方回到與那國島祖納老家的政良，他後來又怎麼了呢？

政良現在住在石垣市大川，筆者曾經三度前往他的家中進行訪談。我們第一次見面是在二〇〇八年十二月，當時周圍的人告訴我說「他有點重聽」；確實，在訪談過程中，筆者不時都得提高分貝才行。

不過，政良的聲音很洪亮、清晰，很容易聽得清楚。一想到他已經是超過九十歲的人瑞，筆者便不禁脫口而出：「您可真是活力充沛哪！」當我這樣說，政良答道：「雖然曾因為神經痛入院過一週，不過倒是沒因為內臟什麼的入過院；我可是很健康的唷！」政良在七十一歲那年、也就是一九九〇年的六月，參加了第七屆九州Masters陸上競技選手權．沖繩Masters十週年紀念大會的一百公尺競賽，跑出了十七秒八的成績，在七十～七十四歲組中名列第一，體格依然健壯如昔。

這強而有力的說話聲，應該也是從年輕時候便一路持續至今的吧！緊接著，政良在訪談中，回想起自己服兵役時的往事：

長官問說「有會騎腳踏車的人嗎？」的時候，回答「是」舉起手來的人，就只有我一個。

回到島上，跟父親津久利一起耕作的政良，在一九三八年（昭和十三年），也就是二十歲的時候，遭到了徵兵。然後，長官問了這樣一句：「有會騎腳踏車的人嗎？」我想，當時政良回答的這聲「是」，一定也是洪亮而清晰的吧！那舉起的右手，一定也是堅定有力，讓人看得一清二楚吧！

可是，舉手答應後不久，政良心中立刻浮現「這下麻煩大了」的念頭。舉起手的，就只有政良一個，其他一起從八重山出身的新兵，全都沉默以對。「那時，我往後一看，發現沒有任何人跟著舉手，我就心想『哎呀，這下糟了，果然還是保持沉默比較好哪！』」出乎意料成為眾人焦點，總讓人感到侷促不安。可是，政良只是笑著說：「這讓我莫名感覺自己好像生在大東京的人一樣，頗有地位哪！」完全沒有任何不好的感覺。

政良又繼續回想：「那個時候，沖繩也好、八重山也好，都沒有腳踏車吧？所以，只有待過台灣的我會騎車。」事實上，雖然數量很少，但不能說就沒有腳踏車，只是在八重山要學會騎腳踏車，這機會可說是少之又少吧！

為大家提點一下記憶，政良學會騎腳踏車，是在他寄居台北市大和町市田照相館時候的事。對政良來說，這段「台灣經驗」，不只足以自豪，同時也是區分他與其他不曾去過台灣的人的深刻烙印。正因為這輛腳踏車，他在徵兵時才會如此響亮地回答「是」。

徵兵與殖民地台灣，在政良的心中，透過腳踏車連結在一起。

除此之外，還有另一項連結兩者的東西，那就是公共運輸工具。

政良雖然被分配到熊本的部隊，但從與那國到那裡，必須歷經一段相當漫長的旅程。據政良自己的說法，「到熊本，得要花上一個月又好幾天的時間。」從與那國到石垣、沖繩本島、奄美大島、鹿兒島，沿路必須一再換船，然後還得搭火車前往熊本。在與那國島事先排好行程，買好船票和火車票才出發，根本是沒指望的事，只能到一站後，再找下一站的交通工具。等待轉乘的船一等就是幾天，也不是什麼稀罕的事。

就這樣，等政良好不容易抵達熊本、前去部隊報到時，才知道他所配屬的部隊，已經動身前往中國大陸了。

就在政良被徵兵的前一年，即一九三七年（昭和十二年），爆發了盧溝橋事變，中日戰爭正式展開。大城正次因為盧溝橋事變，被迫留在蘇澳南方；比他年長五歲的政良，則因為分毫之差，躲過了被派往戰地的命運。

熊本方面似乎做了判斷，認為不能只派政良一人前往戰地，所以政良不久之後，便帶著一筆旅費，踏上了返鄉之途。

回去的路上，政良並沒有循著來時的道路，而是從熊本一路北上。若是抵達門司，就能前往基隆。政良搭上了大阪商船的神戶—基隆定期船。他所搭乘的是客貨船「高千穗丸」（總噸數八千一百五十四噸），一九三四年（昭和九年）一月剛建造完成；九年後的一九四三年（昭和十八年）三月，它在基隆北方的彭佳嶼遭到魚雷擊沉；不過此時的政良，當然無從得知這艘船後來的命運。[119]

從與那國經九州再往台灣的政良，對這趟大旅行是這樣說的：

我從鹿兒島到熊本，再從熊本到門司、下關。哎呀，那種電車（應為「列車」），老早就習慣了不是嗎？我從學校畢業之後，馬上就到了台灣、台北；搭交通工具的訓練，也是學校一畢業，馬上就在台北學到了。畢竟假日的時候，我總是台北基隆、基隆台北這樣來回遊玩嘛！

在台灣搭慣列車的經驗，結果在九州派上了用場。明明是出身和船淵源甚深的與那國島，但政良卻沒有特別提起海路，反而是說起了鐵路的事。

徵兵與殖民地台灣的體驗，在政良的心中透過「列車」這種交通工具，密切地結合在一起。

搭乘「高千穗丸」的政良，一路朝基隆前進。離開與那國島尋常高等小學校後，他總是從島上朝著另一個方向出發；可是，這次他沒靠近島，而是從門司一口氣南下。「『高千穗丸』真是一艘好大的船啊。雖然因為戰爭沉沒了，不過它還是一艘很大的船哪！我搭著那艘船渡海到台灣，到南方和兄弟們一起打拚。」

「南方」，指的是蘇澳南方。在那裡，政良的長兄政善和二哥政清，正在從事漁業。這次他要前去投靠兩位哥哥。

政善和政清以蘇澳南方為據點，操作著一艘七點八噸，名為「播生丸」的突棒船。政良來到蘇澳南方後，也加入他們的行列。播生丸原本是從四國移居蘇澳南方的某位人士所擁有，兄弟三人將它買了下來。三人向台灣人借了一間鐵皮屋棲身，然後以蘇澳南方為據點，駕著播生丸，南至台灣最南端的鵝鑾鼻，北到尖閣群島，追尋著旗魚的足跡。除了兄弟三人之外，還有與那國出身的「譜久山」，以及宮古出身的「與那霸」，也搭乘著這艘船。

翻開台灣水產會於一九三七年（昭和十二年）五月末編纂的冊子《台灣地區動力漁船名錄》，在以蘇澳為船籍港的突棒船名單中，確實有一艘名叫「播生丸」的。根據這份資料，「播生丸」是一艘總噸位十點三七噸的木造機帆船，搭載著大分臼杵製造的二十五馬力燒球引擎，下水是在一九三二年（昭和七年）十月。它的所有人姓「蕭」，是台灣人的可能性很大。[120]這艘「播生丸」是否在一番所有者變遷的過程中，落到了松川兄弟的手上呢？還是說只是剛好同名的另一艘船呢？目前已經無法判斷了。

119 岡田俊雄『大阪商船株式会社80年史』（一九六六年／大阪商船三井船舶株式会社）頁二七七、七二四、七五六。
120 在台灣水產會《台灣動力漁船名錄　昭和十二年五月底》第十九頁、二十四頁中，有列舉一艘名為「第一播生丸」（總噸位十三點六七噸）的漁船；其所有者與「播生丸」是同一人，不過是一艘延繩漁船。

## 【女學校的學籍簿】

發田貞彥（一八九五～一九七一）在與那國和台灣間來回活躍的間接資料，保存於台灣的宜蘭縣。貞彥的姪女生沼滿子（一九二七年生）上女學校時的學籍簿，至今仍由母校收藏保管。滿子畢業於台北州立蘭陽高等女學校（蘭陽高女）。這所學校創立於一九三八年（昭和十三年）；現在依然以「蘭陽女子高級中學」的名稱持續存在著。[121]學校直到現在，依然保留著殖民統治時代的學籍簿；筆者在二〇一三年二月，和滿子以及她的同學一同造訪該校，確認了滿子的學籍簿。

在學籍簿上，「居留地」，亦即滿子一家當時居住的地方，填的是「南方澳」，貞彥的弟弟政次，亦即滿子的父親，在職業欄上寫的是「鰹節製造業」。貞彥在高雄和蘇澳南方都設立了鰹節加工廠，並且將經營任務委託給了政次。說起來，蘇澳南方的漁業還是旗魚勝於鰹魚，所以政次也是從刺旗魚的突棒船轉換跑道過來的。

就這樣，透過閱讀滿子的學籍簿，我們可以間接了解到發田的事業從與那國島，一路擴展到蘇澳南方的事實。

身為兄弟姊妹七人中長男的貞彥，有一個姊姊和兩個弟弟，以及三個妹妹；滿子的父親政次，是貞彥最小的弟弟。滿子在一九二七年（昭和二年）出生於久部良，是政次的長女。貞彥和妻子常盤由於膝下空虛，兩人把滿子當成親生女兒一樣地疼愛。滿子說：「聽說我生下來的時候，常盤伯母高興地抱著我一路走呢！」

滿子在久部良，一直待到與那國尋常高等小學校久部良分教場尋常科一年級為止。在這之後，她先是搬回本籍地宮崎，接著又移居到蘇澳南方。在學籍簿上，寫著本籍地是宮崎縣南那珂郡南鄉村（現在日南市的一部分）某住所，同時也記錄了滿子在女學校二年級時，從宮崎的飫肥高等

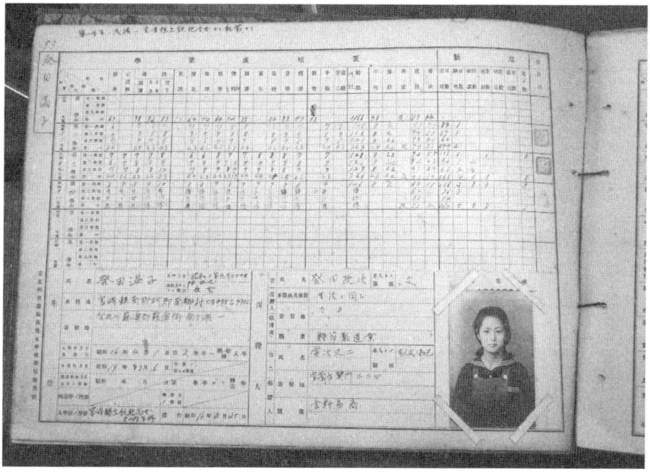

生沼滿子的學籍簿。「居留地」填的是當時的自家住所，可以看見「南方澳」幾個字。「保證人」一欄，記載的是父親政次的名字，以及「職業：鰹節製造業」的字樣。由此顯現，以久部良為據點、發展壯大的發田貞彥鰹節製造業，已經朝著蘇澳南方擴大。（2013年2月18日，於台灣宜蘭縣宜蘭市，蘭陽女子高級中學。）

121　參照蘭陽女子高級中學網頁。http://www.lygsh.ilc.edu.tw/學校簡介/index.htm（二〇一三年四月四日瀏覽）。

女學校[122]轉學到蘭陽高女。

搬到蘇澳南方的滿子，在學校附近租了間宿舍就近通學。若從蘇澳南方的自宅通學，得先搭巴士到蘇澳站，再搭四十分鐘左右的火車到宜蘭站，[123]然後還得步行十五分鐘才行。

蘭陽高女的學校生活，據滿子的形容是：「踏進這裡之後，讓我大大吃了一驚。真是太令人驚訝了！」在這裡，不只可以學習長刀、裁縫、花道、茶道，還有專門的專科教室進行授業，這些全都是飫肥高女不曾體驗過的事物。為此，她還趁著回到蘇澳南方的機會，向住在附近的人學習裁縫的方法；畢竟，身為轉校生，她必須靠自己補課才行。

## 學姐！您好

蘭陽高級女子中學包含蘭陽高女時代，到今年（二〇一三年）剛好創立七十五週年。由於日本畢業生來學校的機會並不多，所以滿子還特別接受了學校節目的訪問。聆聽滿子說話的教師用國語和台灣話提出詢問，再由滿子的台灣同學負責將它翻譯給滿子。

滿子表示：「說起蘭陽高女，它是遠近聞名的學校，同時也是我的驕傲。『清新、端正』是這所學校的座右銘，剛才在校生對我打招呼說『學姐，非常歡迎您的前來』，令我感激不已。」當滿子到達學校的時候，在校生齊聲用國語說出「學姐！您好」，讓滿子不禁充滿感激之情。

滿子在訪問母校之餘，也特地前往了蘇澳南方；另外五名同學和她同行，一起懷念著過往的生活。

住在東京都品川區的滿子和住在川崎市的荒井照子，從日本一起同行前來，台灣方面則是廖美完、黃雪、張月娥、陳小梅等四人。除了一九二六年生的陳小梅以外，其他人都是一九二七年生。這六位平均年齡八十五歲八個月的同學，以宜蘭出身的廖美完為導遊，帶領大家漫步在滿子一家曾經居住的地域。

過去曾是自宅所在的「南安路四十六號」，如今已經變成了辦公室和住家混合的四層樓建物。「完全變了呢。」滿子感慨良多地說著。過去曾是海水浴場的沙灘，如今已經變成了堤岸。在這蘭陽高女曾經用來當作海濱實習的場所，美完忽然說起一個特別的回憶：「妳們還記得那時候，我的下巴掉下來的事情嗎？」聽到這個六十年前的小花絮，同學們全都一起大笑出聲。

122　戰後與宮崎縣立飫肥中學校統合為飫肥高校，現在則是縣立日南高校。參照日南高校網頁。http://www.miyazaki-c.ed.jp/nichinan-h/01intro/enkaku.html（二〇一三四月十四日瀏覽）。

123　復刻版日本鉄道旅行地図帳編集部編『滿州朝鮮復刻時刻表　附台湾・樺太復刻時刻表』（二〇〇九年／新潮社）。

# 第二章

# 蘇澳南方的琉球人

## 淡水

時值八月週末，人潮往來如織。陽光靜靜傾照，以美麗著稱的紅毛城，那紅磚堡牆的陰影，也漸漸變得深邃悠遠起來。從這座十七世紀西班牙人建築的堡壘遠眺，過去曾是台灣北部入口的淡水河，閃耀的波光也開始染上一抹金黃。黃昏時分將近，台北近郊的休閒勝地——淡水，正是熱鬧非凡的時刻。

在「牛津學堂」裡，還留有些許享受庭園之美的人影。這裡並不是英國那所名門大學；這是加拿大安大略省牛津郡出身的傳教士，喬治．L．馬偕（George Leslie Mackay，一八四四～一九〇一）於一八八二年（明治十五年）在淡水所創立的學校，以台灣第一所西式教育學校而聞名。[1]後來它成為私立真理大學，一直延續到今天，

淡水河畔休閒步道上的馬偕博士雕像，和它合照留影的人不少。（2011年2月22日，當時還是台灣台北縣淡水鎮。）

一八八二年建設的校舍被當成校史館，也一直使用到現在，一般人也可以入內參觀。[2]

馬偕在台灣社會留下的功績並不只限於教育。在淡水與台北都有院區的「馬偕紀念醫院」，也是從馬偕博士而得名。因此，馬偕在醫療領域也是流芳至今的。

這位馬偕博士，他和與那國島的人們有著怎樣的關聯呢？又或者，他們之間其實並沒有關聯？

## 「琉球兼併」前夕

與那國出身的松川政良（一九一八年生）與大城正次（一九二三年生）在蘇澳南方從事漁業，是一九三七年（昭和十二年）以降的事。政良的長兄政善（一九一〇年生），在生下長男吉雄的一九三五年（昭和十年），已經在蘇澳南方討生活；所以，到了昭和時期，與那國人已經在蘇澳南方留下足跡。

雖然要確切知曉與那國人在蘇澳南方初次出現的時間相當困難，不過若試著將對象擴大到全體沖繩人，就可以發現些許的線索。

1　參照真理大學網頁。http://www.au.edu.tw/intro.htm（二〇一一年二月七日瀏覽）。

2　參照真理大學校史館網頁。http://www.au.edu.tw/ox_view/hist/Museum/index1.htm（二〇一一年二月七日瀏覽）。

現在，就讓我們把時針轉回十九世紀末，從日本殖民台灣前不久的時期，來看看蘇澳南方的樣子吧！

日本對台灣實施殖民統治，始於一八九五年（明治二十八年）。前一年爆發了甲午戰爭，結果根據《馬關條約》，清廷將台灣割讓給日本。

有一篇描述此時蘇澳的論文，其內容如下：

> 日本統治台灣之前，八重山、與那國等沖繩一帶地區，便有許多漁民（中略）在龜山島附近捕魚，然後將漁獲賣往附近的蘇澳，再買回日用品。[3]

龜山島是位在蘇澳南方的北北東方約三十公里處的一座小島，其形狀確如其名，看起來非常像一隻烏龜。此島距離台灣島最近之處，不過十公里遠。據說，以此島附近為漁場的八重山漁民，會順道前往蘇澳卸下漁貨，然後再買回生活所需的雜貨。既然蘇澳南方是蘇澳的一部分，那麼八重山漁民自然也很有可能以這種方式，造訪殖民統治前的蘇澳南方。

確實，在邁入殖民地統治前的一八七三年（明治六年），有兩位人物到訪了蘇澳，並且各自留下了他們的日記。其中一位是首任台灣總督樺山資紀（一八三七～一九二二），[4]另一位則是馬偕。兩人正好相隔一個月的時間，先後來到蘇澳。

樺山在九月二十二日，[5]馬偕在十月二十二日，[6]兩人都在漁港興建完成前的蘇澳南方登陸。透過他們的日記，我們可以了解與那國島民等沖繩人熱烈渡海前往的蘇澳南方，其原本的模樣究竟如何。

樺山以陸軍少佐身分渡台，在蘇澳受到友善的歡迎。這時，當地的原住民部落正在舉行祖靈祭，整個部落「熱鬧非凡」。[7]盛裝的原住民環繞而坐，男女老幼一起，用竹筒和大碗倒酒共飲。受到熱情款待的樺山，也從船上拿下一壺酒當作回禮：

> 我也喝了兩碗酒，立刻感到醉意逼人。於是，我將準備好的一壺中國酒從船上拿下來，送給了這群人。他們的酋長打開壺，用大碗裝了一碗酒，用指頭蘸了蘸酒，將它灑向四方、進行拜祭；然後，先是各長老、接著按照順序到年輕後輩，一個個輪流飲酒。從這裡可以看出，他們擁有嚴謹的長幼秩序之別。[8]

3 王安陽〈南方澳漁撈方法的回顧〉，收錄於宜蘭文獻雜誌編輯委員會編《宜蘭文獻》六十六期，頁三。

4 樺山資紀於一八七三年來台時為陸軍少佐，他在一八八三年轉任海軍，一八九五年以海軍上將的身分成為第一任台灣總督。臼井勝美ら編『日本近現代人名辞典』（二〇〇一年／吉川弘文館）頁二九五—二九六。

5 藤崎斉之助『台湾全誌』（一九二八年／中文館書店）。列入谷ケ城秀吉編『植民地帝国人物叢書1【台湾編1】台湾全誌〔樺山資紀〕』（二〇〇八年／ゆまに書房）此處使用複刻版，頁六四八。

6 馬偕著，陳宏文譯，《馬偕博士日記》（一九九六年／人光出版社）頁八十五。

7 藤崎斉之助『台湾全誌』頁六四八。

8 藤崎斉之助『台湾全誌』頁六四八—六四九。

樺山未等祖靈祭結束，便在部落中四處走動觀察，結果發現了被當作祭品的頭蓋骨。那是「熟蕃」殺害「生蕃」所得的頭骨。[9]所謂「熟蕃」、「生蕃」都是台灣原住民，差別只在於依附哪一方的統治權力而已。歡迎樺山的，是歸順清朝的「熟蕃」。

以樺山日記為基礎寫成的藤崎齊之助《台灣全誌》（一九二八年）中，描述了當時蘇澳南方的景象：「（蘇澳南方）分成上城、下城，上城為台灣人、下城則為熟蕃人居住；台灣人有五、六戶約三十人，熟蕃人則有大約三十戶、約一百人。」[10]這裡講的「台灣人」，應該是指漢人。「熟蕃」與漢人居住在不同的地點，他們的生活主要由農業、漁業以及製鹽業所構成。

在樺山的日記裡，並未提及琉球前來的人。雖然我們不能因此就斷定當時沒有琉球人前來蘇澳南方，不過沒有紀錄留下這點是很明確的。

只是，樺山自己應該也是注意到琉球，所以才會前來蘇澳的。

就在樺山前往蘇澳的兩年前，也就是一八七一年（明治四年），發生了漂流到台灣的琉球人闖入原住民部落，結果慘遭殺害的事件，當時遭殺害的一共有五十四人。因為此事，日本於一八七四年（明治七年）五月出兵台灣。最後，此事件以清朝向日本支付賠償金、日本則從台灣撤兵畫下句點。但是，清朝此舉無異於承認原本與清有朝貢關係的琉球處於日本支配之下，而為一八七九年（明治十二年）日本兼併琉球埋下了伏筆。其影響甚至一直持續到一八九四年（明治二十七）的甲午戰爭，以及次年的台灣割讓。

樺山就選在這個沖繩與台灣局勢變化多端、令人目不暇給的時候，造訪了蘇澳。故此，我們不能忘記他是以軍人的眼光在評價蘇澳。他在日記上寫著：「本港中央有暗礁，左右兩翼可以碇泊軍艦三、四艘」。[11]

## 慘澹的傳道之始

馬偕在夕暮深沉的雨中，抵達了蘇澳南方。

和在祖靈祭受到熱烈款待的樺山相對比，馬偕的經歷可說是慘澹無比。

馬偕一戶戶敲著民宅的門，希望能夠寄住一宿，但卻連續吃了三家閉門羹，好不容易到了第四家，才終於獲得接納。不過就算如此，他也只能縮著身子，蜷曲在牛舍的一隅而已。[12]

馬偕來台傳道，始於一八七二年（明治五年）。[13]自一八八三年起，他將傳道的重點放在包含宜蘭、羅東、蘇澳等地在內的蘭陽平原地區原住民身上；其結果是，至一八八八年（明治二十一年）為止短短的七年間，這地區興建了二十八所教會，共有兩千三百七十八人受洗。[14]

---

9 藤崎斉之助『台湾全誌』頁六四九。

10 藤崎斉之助『台湾全誌』頁六五四。

11 藤崎斉之助『台湾全誌』頁六四八。

12 George Leslie Mackay, *From Far Formosa: The Island, Its People And Missions*,（1896, Kessinger Publishing's reprinted, 2011）pp.220-221.

13 馬偕著，陳宏文譯，《馬偕博士日記》頁三。

在馬偕的日記中，一八七三年（明治六年）首次出現「蘇澳」，[15]「南方澳」[16]則要等到一八七八年（明治十一年），不過自從他把傳教重點放在蘭陽平原後，這兩個名詞便經常出現在日記當中。

馬偕在蘇澳南方建立了以他自己為名的教會。據說，當男人搭乘小型漁船出海捕魚的時候，剩下的女人小孩為了避免敵對的原住民襲殺，便會委身於教會尋求庇護。[17]正如樺山有關原住民間自相殘殺的記述，從馬偕的日記裡，也可以隱約窺見這種對立的情形。

同時，其中果然沒有關於琉球人曾經存在痕跡的紀錄。

## 裡南方——消失的琉球人聚落

讓我們來談談「消失的琉球人聚落」吧！

這個聚落被稱為「裡南方」，[18]直到一九五五年（昭和三十年），在蘇澳南方的一角還留有它的痕跡。當地有一座被稱為「猴猴池」的水池，[19]沿著水池周圍有道路可通，家家戶戶就沿著道路兩旁林立。

我向兩位在裡南方出生長大的人士，詢問了當時琉球人聚落的樣貌。

上原吉助出生於一九二八年（昭和三年），父親吉三和母親阿夫在裡南方經營雜貨店。吉三和阿夫均出身於現在的豐見城市平良地區。就在上原家位於裡南方的家宅附近，另外住著一位一九二九年（昭和四年）出生的台灣人黃春生。現在，吉助住在那霸市，春生則留在蘇澳南方，兩人仍然保持著相當良好的友情。

「那邊有池子和道路，我家在這邊。這邊有片果樹園……」當我向春生詢問裡南方的模樣時，他一邊用筆記紙描繪著當時的情境，一邊說明著。對於果園，吉助也有很深的記憶：

> 我總是會進到黃先生家中，偷吃他們家的蓮霧和龍眼。但是，對方（春生）的父母親從來沒有趕過我。我也會撿熟透了的香蕉來吃。其實不只是我，琉球人的孩子們都會這樣做，只是我做得比較過分就是了——當時真是承蒙他們關照了。

---

14 馬偕著，陳宏文譯，《馬偕博士日記》頁二十。

15 馬偕著，陳宏文譯，《馬偕博士日記》頁八十五。

16 馬偕著，陳宏文譯，《馬偕博士日記》頁一一三。

17 George Leslie Mackay, *From Far Formosa: The Island, Its People And Missions*, p.220.

18 蘇澳庄《蘇澳南方澳水道誌》（一九三五年）收錄的〈蘇澳南方澳水道一般圖〉中，稱之為「裡南方澳」。台北州內務部勸業課《蘇澳的漁港》（一九二六年）刊載的照片中，則是用了「裡南方墺」這樣的說明文字。因此，當時一般對此地的標示很有可能是使用「裡南方澳」或是「裡南方墺」，但因為我所聽到的稱呼方式中，能確定的就只有「裡南方」，所以本書便以「裡南方」為其通稱。

19 伊能嘉矩原著．森口雄稔編著『伊能嘉矩の台湾踏査日記』（一九九二年／台湾風物雜誌社）頁二八四；新道満編『ローマ字発音台湾市街庄名の読み方』（一九三八年／東都書籍）頁十九，則是讀為「KoKo」。

告訴我們自己在裡南方出生長大經歷的上原吉助。（2008年9月7日，攝於那霸市國場自宅。）

為我們指出曾是裡南方聚落所在之處的黃春生。該地現在已是漁港。（2007年8月30日，於台灣宜蘭縣蘇澳鎮南方澳。）

吉助也一邊說明，一邊描繪著裡南方的地圖。那片他常去偷蓮霧和龍眼的果園，是位在池子邊緣的地方。沿著池子有道路可通，當地的家戶便是面向道路並排著。試著對照現在的景物，我們可以發現，在鄰近西側和北側之處，都是足以稱為崖壁的險峻地形；在這險坡和水池之間，主要居住著台灣人。水池的南側是丘陵，翻越丘陵就可以抵達海洋。從池子往北邊有一條蜿蜒的小河，它的盡頭也是大海。

據說來自沖繩的人們，主要居住在池子的南側和東側。當列舉出住在那裡的人的姓名時，可以發現「上原」、「渡慶次」、「與那嶺」、「玉城」之類的姓氏，這些都是沖繩地方相當普遍的姓氏。「住在那裡的沖繩人，一定有十戶。」吉助如此回想著。

## 沖繩漁民村

在本書一一二至一一六頁中，我曾經為了獲知沖繩人在蘇澳南方的活動軌跡，試著閱讀首任台灣總督樺山資紀、以及加拿大出身的傳教士馬偕在殖民地時期以前所寫下的日記，結果並沒有得到明確的答案。另一方面，針對居住在裡南方的沖繩相關人士做出證言的吉助和春生，則都是昭和時期誕生的人物。

既然如此，那我們就試著從連結樺山／馬偕日記，到吉助／春生訪談的這一時期，也就是殖民統治開始之後的明治、大正時期的蘇澳南方，來探尋沖繩人的影跡吧！

根據台北州蘇澳郡蘇澳庄於一九三五年（昭和十年）發行的《蘇澳南方澳水道誌》所述：「領台後移居的三十餘戶沖繩漁民，在此地形成漁夫聚落，但因聚落中央有稱為『猴猴池』的水池，所以幾乎沒有耕地可言。」[20]儘管詳細時期不明，不過確實記載了日本殖民統治台灣之後，沖繩漁民居住於蘇澳南方的事實。從「漁夫聚落」中央有池子這點，也可以清楚判斷此誌所指的正是裡南方。

從一份在太平洋戰爭結束一年前、亦即一九四四年（昭和十九年）所撰寫，有關蘇澳南方的報告中，也可以窺見在明治時期，確實有相當數量的沖繩出身者居住在裡南方地區。這份報告是由文化人類學者國分直一於同年九月執筆寫就，名為〈海邊民族雜記（一）——蘇澳郡南方澳〉。國分在一九四三年（昭和十八年）五月被聘任為台北師範學校本科教授，[21]不過在第二年，亦即一九四四（昭和十九年）年三月，因為軍事訓練的緣故被動員到蘇澳。他利用訓練的空檔對蘇澳南方進行調查，[22]並將這份報告寄給雜誌《民俗台灣》的四卷十二號。

國分在這篇報告中，設下「沖繩漁民村」的子題。在討論沖繩漁民時，他是這樣寫的：「在蘇澳郡南方澳，也有據稱是三十餘年前到來的漁民。」[23]一九四四年（昭和十九年）的三十餘年前，指的就是一九一〇年（明治四十三年）前後；換言之，當時沖繩的漁民就已經定居在蘇澳南方了。

## 蘇澳的沖繩漁民

一九二〇年（大正九年）十月發行的《台灣水產雜誌》第五十八號，刊載了一篇以自沖繩移居蘇澳的漁民為主題的文章。這是在蘇澳興建為漁港前的大正時期，對當地沖繩出身者的珍貴紀錄。內容相當有意思，故全文引用如下：

### 沖繩漁夫

在本島的鮮魚供給方面，沖繩人可說居功厥偉，特別是台灣東部的鮮魚，過半數都是由沖繩人所供給。記者某日前往蘇澳某先生的居所探訪，那是一間寬度不過兩、三間[24]的陋屋，一

---

20 蘇澳庄『蘇澳南方澳水道誌』頁一。

21 安溪遊地・平川敬治『遠い空——國分直一、人と学問』（二〇〇六年／海鳥社）頁三〇〇。

22 安溪遊地・平川敬治『遠い空——國分直一、人と学問』頁一九四；當時在台北師範學校就讀的宮城鷹夫，在他的作品《你所不知道的時代　你也知道的時代》（二〇〇九年／講談社）頁一六一－一六二中記述了當時與國分同行調查的情況。

23 国分直一「海辺民族雑記（一）——蘇澳郡南方澳」收錄於金関丈夫編『民俗台湾』4巻12号（一九四四年／東都書籍台北支店）頁六。

24 譯註：兩、三間約三、四公尺。

家三、四口人，正團聚在一起邊喝泡盛邊打嘴鼓：

嘿！咱每年都會寄上一百五、六十圓回老家哪！你問魚是嗎？咱們捕的魚都是些沒什麼好提的貨色哪！鮪魚、鯔魚、鰆魚、蝦、九孔，有什麼就捕什麼哪！一天捕多少？就只有這樣一點點哪！多的時候二、三十圓，少的時候只有兩、三圓。就像你看到的，因為只能用那條小舟上場，所以天氣稍微壞一點就只能在家裡邊咕嘟咕嘟喝泡盛休息了哪！嘿！你問捕魚的場所嗎？那場所可了不起啦！在浪花的旁邊有片好淺灘，灘裡能捕到的鮪魚可多了呢！[25]

講到「我們」（私たち）時，用「咱們」（わっちたち）自稱的沖繩人，到現在還是很常見。當筆者在進行訪談時，言語間原本使用了很多沖繩方言，不過我盡可能地將它們翻譯成共通語言，然後在作為小道具登場的泡盛助勢下，醞釀出那種屬於沖繩的獨特氛圍。海況不好就不出港打漁、躲起來喝泡盛的「海人」，這幅畫面難免會讓人感覺有些不太正經，但確實傳達了相當珍貴的情報。

在蘇澳南方尚未成為漁港時，沖繩的海人便已定居在蘇澳，捕捉鮪魚、鯔魚、鰆魚、蝦、九孔等海產。不只如此，這位海人還跟家人住在一起；單身、或者是工作上的海人夥伴，在這篇文章裡完全看不到。

## 土地使用申請書

就在這篇報導刊載大約兩年後的一九二二年（大正十一年）十月，出現了一份清楚呈現沖繩出身者存在於蘇澳南方的文件。這份文件被收藏在台灣的國立公文書館——國史館台灣文獻館中，內容是居住在蘇澳南方的十位居民為了建設漁具小屋，向政府申請借貸約三千兩百平方公尺的土地。這份文書的名稱為「官有土地使用許可之件」，[26]在申請的十人當中，有八人的本籍是沖繩，分別來自久高、宮古、平安座、名護等五個地方。

這份日本殖民統治台灣三十一年後製成的〈官有土地使用許可文件〉裡配有圖示，其中可以看到

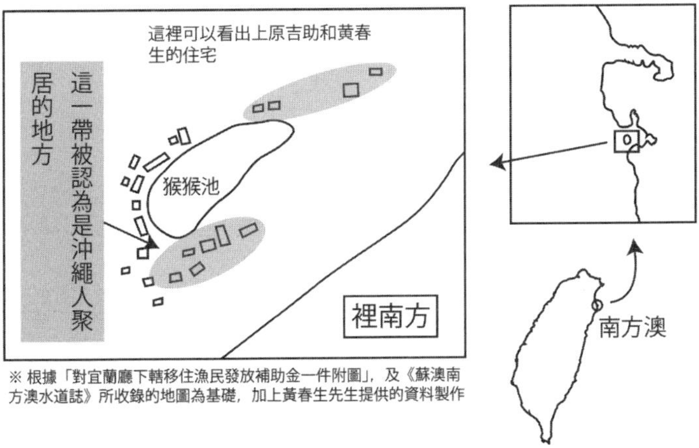


※ 根據「對宜蘭廳下轄移住漁民發放補助金一件附圖」，及《蘇澳南方澳水道誌》所收錄的地圖為基礎，加上黃春生先生提供的資料製作

被認為是沖繩人居住的地點

25「沖繩漁夫」，收錄於『台湾水産雑誌』58号（一九二〇年十月）頁四十。
26 國史館台灣文獻館藏。

「裡南方」和「池」的字樣。透過此文件，我們可以得知，這些來自沖繩等地的申請者所要借貸的，是位在裡南方中央的池子南側、三千兩百平方公尺的土地。

在這份申請書提出後四年，台北州於一九二六年（大正十五年）發行的《蘇澳漁港》中，刊載了一張以「裡南方墺」為題的照片。照片裡的景象應該就是裡南方；從中，可以清楚看到民宅沿池林立的樣子。從照片中海洋的位置來考量，它應該是從池子西半邊一帶進行攝影的。這和吉助與春生在提及池子的同時，對裡南方狀況的描述相當一致。在〈官有土地使用許可文件〉中，包括沖繩出身八人在內的那十位漁民，他們所申請使用的土地，應該也包含在其中吧！

照片中可以確認的建築物約有二十間。從北側沿南側前行，家戶的排列顯得有些鬆散，

〈官有土地使用許可文件〉申請者的本籍地

| | |
|---|---|
| 安里1 | 沖繩縣島尻郡知念村字久高 |
| 安里2 | 沖繩縣島尻郡知念村字久高 |
| 宮城 | 沖繩縣島尻郡知念村（以下無法判讀） |
| 池村 | 沖繩縣宮古郡平良村字西里 |
| 內間1 | 沖繩縣島尻郡知念村字久高 |
| 石川 | 沖繩縣中頭郡與那城村字平安座 |
| 是枝 | 鹿兒島縣鹿兒島郡 |
| 比嘉 | 沖繩縣國頭郡名護村字安和 |
| 內間2 | 沖繩縣島尻郡知念村字久高 |
| 緒方 | 熊本縣天草郡 |

原資料藏於國史館台灣文獻館。
住所皆為「蘇澳郡蘇澳庄蘇澳字南方澳」。
按名簿登記順序記載。

其間似乎也有可以稱為「廣場」的狹小空間。

在《蘇澳南方澳水道誌》收錄的「蘇澳南方澳水道一般圖」中，裡南方的位置處標示著「裡南方澳」，從中可以看見池子周圍林立著家屋的模樣。果然，靠南側的屋舍之間，空間比較寬敞；從吉助和春生的訪談來推測，沖繩來的人們建起的家園，應該就位在這一帶吧！

## Hajichi

接著，我們繼續聽聽吉助說明裡南方的狀況吧。

> 琉球（女人）留有Hajichi，台灣女人（中略）則穿著類似現在女性的高跟鞋般，把腳綁緊到三分之一的鞋子……（中略）因為會這樣做的人，都有一定的年紀，所以……（後略）

在吉助的訪談中，描述了兩種現在已經不存在的習俗。其中之一就是「Hajichi」。Hajichi指的是沖繩女性刺在手上的刺青。吉助有一位糸滿出身的同學，他的祖母手上就有這樣的刺青。據說，那是位講起話來一點都不客氣的老人家。「那可真是一位威嚴的老婆婆啊！」吉助現在倒是可以悠然回憶，但是當他在裡南方的時候，可是被那位婆婆「對自己孩子大吼大叫的說話方式」嚇到連連發抖呢！

春生在提及住在裡南方的台灣原住民時，也說：「那族人和沖繩人一樣，也有刺青。」[27]為了謹慎起見，我小心地再向春生確認一次：「那時候，沖繩人有刺青嗎？」春生答道：「有的。我就親眼見過那位（刺青的）老婆婆。」換言之，春生也目睹了婆婆的Hajichi。

另一項過往習俗則是纏足，[28]從「類似女性的高跟鞋」這點便可清楚得知。纏足是漢族的習慣，從女性年幼時期起，便將腳趾頭緊縛在一起，使它停止成長，從而讓腳保持小巧玲瓏。台灣在一九〇五年（明治三十八年）時，有半數以上的女性都有纏足，[29]於是解放纏足、提倡「天然足」

曾是裡南方所在的場所，現在已經整建為漁港。（2007年8月30日，攝於台灣宜蘭縣蘇澳鎮。）

的運動遂為之展開；一九一五年（大正四年），台灣總督府正式明令禁止纏足。[30]此後，纏足女性所占的比例日益減少，但是那些上了年紀、腳趾無法恢復原狀的女性，則依然保持纏足。

吉助所目擊的「這樣做的人」，應該就是推動天然足運動中，依然保持纏足、留下纏足形跡的女性吧！吉助會幫這位女性醃黃瓜，和她相當親近。

接著，吉助又說：

> 那時候，原住民和高砂族也會帶著山藥、水果之類的東西，來這裡以物易物。

這裡提到的「原住民」和「高砂族」，都是對台灣原住民的稱呼。

正如前面所提及，一八七三年（明治六年）造訪蘇澳南方的樺山資紀，在他的日記上留下了關於蘇澳南方地區原住民的記載；而在日本開始殖民統治台灣之後，原住民也繼續出現在紀錄中。

---

27 以臉部刺青為特徵，令人想到的應該是泰雅族。從分布領域來看，在南方澳也有可能出現泰雅族。參照台灣原住民數位博物館的網頁。http://www.dmtip.gov.tw/Index.aspx（二〇一一年五月二十三日瀏覽）。

28 關於纏足，請參照洪郁如《近代台灣女性史　日本殖民統治與「新女性」的誕生》（二〇〇一年／勁草書房）頁二十三—七十二；台灣女性史入門編纂委員會編《台灣女性史入門》（二〇〇八年／人文書院）頁一一八—一一九。

29 洪郁如『近代台湾女性史　日本の植民統治と『新女性』の誕生』頁二十五。

30 洪郁如『近代台湾女性史　日本の植民統治と『新女性』の誕生』頁三十。

人類學者伊能嘉矩（一八六七～一九二五）於一八九六年（明治二十九年）造訪蘇澳南方，提出一份〈宜蘭地區現有平埔蕃之實查〉的報告。「平埔」指的是「平埔族」，意指融入漢族生活的原住民。在伊能的報告中，曾提及「位在南風澳海岸處的猴猴社」這樣一個平埔族的村落；[31]「南風澳」即是「南方澳」的音轉。

但吉助卻解釋說，「接近我們的是阿美族」。若是今日走訪台灣東部的花蓮市，還可以看到阿美族以舞蹈迎賓的樣子。阿美族至今依然保有其獨特的文化，和已融入漢族生活的平埔族大不相同。

吉助和春生都屬於蘇澳南方漁港建設完成後誕生的一世代。正如春生所述，「（原住民）在日本前來築港的時候，[32]就遷徙到遠方去了」，一九二一年（大正十年）蘇澳南方開始築港的時候，原住民便已離開裡南方了。

## Mikagan（沖繩蛙鏡）

吉助在裡南方的老家，不只經營雜貨店，同時也從事農業。據說他們有種植冬瓜、也有養豬。吉助的雙親會被親近的台灣人邀請去參加婚禮，同時也會出席葬禮。「該怎麼說呢，畢竟是開店嘛！台灣那邊的人嘛，就像是這～～～麼多哪！」吉助用雙手比了個滿滿捧起的動作，告訴我們台灣人不停出沒家中雜貨店的景象。簡言之，因為做生意的緣故，他們家和台灣人有著相當深厚的往來交誼。

孩子們經常一起到裡南方中央的猴猴池遊玩：

> 如果是普通情況下，真的沒辦法下水，就連腳都踏不進去。結果大家都弄得渾身髒兮兮，簡直像掉到廁所裡一樣。這種時候，你就得潛下去才行。眼睛睜不開怎麼辦？那就要用琉球獨特的樹木做成的眼鏡才行囉！反正周圍的討海人，有很多這樣的眼鏡可用嘛！

就這樣，吉助他們勇敢踏進了鯽魚和鰻魚棲息的池子中。那是個沒有下水道設備的時代，不管是生活排水、還是人畜的糞尿，全都被排入猴猴池中；他們要潛入的就是這樣一個地方。這時，「討海人」也就是漁民使用的水中眼鏡，就派上了用場。「用琉球獨特樹木[33]做成的（眼鏡）」，指的大概就是「Mikagan」（沖繩蛙鏡）吧！國分直一描述沖繩出身的漁民在裡南方捕魚的景象時，曾說他們「只穿一條內褲、帶著眼鏡」裸潛入水，[34]同時還附上了一幅「眼鏡」

---

31 伊能嘉矩原著・森口雄稔編著『伊能嘉矩の台湾踏査日記』（一九九二年／台灣風物雜誌社）頁二八四。亦可參照柳本通彥『明治の冒険科学者』（二〇〇五年／新潮新書）中與伊能嘉矩有關的部分。

32 台北州內務部勧業課『蘇澳の漁港』（一九二六年）頁三十九。

33 譯註：Mikagan乃是使用銀毛樹做成，這種樹只在沖繩一帶產出。

34 国分直一『海辺民族雜記（一）—蘇澳郡南方澳』頁六。

的圖樣；[35]一看便可確定那就是Mikagan。

正次對裡南方也有很深的記憶：

在那邊，沖繩的人可多著哪！大家都會講沖繩話，也有泡盛可喝，還養了山羊呢！

雖然台灣人也吃山羊，不過泡盛和山羊（沖繩方言稱為ヒージャー）的組合，說到底該算是沖繩獨有的風味吧？好比說，一九二〇年（大正九年）的報導〈蘇澳漁夫〉中，就描述了住在蘇澳的沖繩海人喝泡盛的模樣。

每當捕魚閒暇的時候，正次總會前往裡南方；沖繩以外府縣出身的船員，也會和他一同前去。

船員們在不用出海的時候，都會到那邊（裡南方）去買山羊，然後做成羊肉湯。（中略）店家會幫我們做好肉湯；我們也會買羊內臟，然後請店家幫我們切好調理。（後略）

在裡南方，隔開沖繩人居住地與海岸的，只有一片稀疏的防風林，稍微走上幾步就是海邊。他們就在這裡處理羊、做羊肉湯；至於鍋子，用的當然是四枚鍋。[36]其他府縣的船員都說這種料理「超臭的」，但正次則回應說：「就是要臭才好啊！」

## 料亭與電影院

在蘇澳南方同樣也有著吸引漁民和船員目光的料亭，而在裡南方也有一家。那家店的名字叫作「濱之屋」，據正次所言，這家店的經營者與負責接客的女性，全部都是沖繩出身。春生也記得「濱之屋」，據他所言，那是一家「紅磚打造、相當大的兩層樓（建物）」。

不過，正次常被資深船員和船主拉去光顧的並非「濱之屋」，而是位在港口附近的料亭。漁港完成九年後的一九三二年（昭和七年），蘇澳南方共有兩百九十八戶人家、合計一千零九十人生活於此，[37]若在旗魚季最盛的冬季漁場期間，則還會有更多人往來出入。因此，在港的周圍也有許多供漁民和船員遊樂的場所。

有電影院、彈子房，也有居酒屋——那時候叫作「一杯屋」，紅色燈籠的一杯屋。「一杯屋高知」、「一杯屋土佐」之類的。

35 国分直一『海辺民族雜記（一）—蘇澳郡南方澳』頁七。
36 譯註：一種沖繩傳統的圓底大鍋，據說要用四片鐵板才能做成，因此得名。
37 台湾警察協会編集主任篠原哲次郎編纂『昭和七年版台湾市街庄便覧』（一九三二年／台湾日日新報社）頁六十四。

在那裡，通常都喝些什麼酒呢？

各式各樣都有喔！有日本清酒，也有台灣的老酒（紹興酒）。日本人都是喝日本酒。我雖然不喝酒，不過和朋友一起喝一杯的時候（中略），總是會點杯「非啤酒」，也就是不含酒精的啤酒。我都會一邊喝，一邊叫著「喂、大姐，拿天婦羅來！」，然後配著天婦羅下酒唷！

蘇澳南方在漁港完成一年八個月後，也就是一九二五年（大正十四年）的二月二十七日，首次舉辦了「活動寫真」，亦即電影的上映。據說當時「約五百人入場，呈現南方澳開發以來未曾有之盛況，同時亦是此地舉行戲劇等活動之先驅。」[38]

在這之後，在蘇澳南方也開設了電影院；據證詞指出，在裡面工作的是沖繩出身的年輕女性。[39]一位住在蘇澳南方、一九三〇年（昭和五年）生的男性，在他接受訪談的公開內容中提到了這件事情。這位男性是在電影院裡，負責販賣輕食、飲料兼照顧客人鞋履的跑腿小弟，據他的說法，在同一個職場裡，「還有三位十七八歲、出身沖繩的女性」。

電影院內部是採和風裝潢，這三位女性就負責提供客人座墊與菸灰缸。儘管負責的工作領域各不相同，不過因為身處同一職場，所以他們見面的機會似乎相當頻繁。據男性的訪談指出，她們三個總是充滿活力，而且非常大膽俏皮。

在蘇澳南方，扣除裡南方的「濱之屋」外，至少還有三家料亭。正次和春生都記得，這三家店的名稱分別是「キノエ」（kinoe）、「アリアケ」（ariake）、「ヤヨイ」（yayoi）。至於它們的漢字究竟該怎麼寫、平假名和片假名的正確拼音又是如何，因為記憶已經相當模糊，所以不得而知。「在ヤヨイ有三名八重山的女性」、「在アリアケ有兩、三名宮古的人在工作」；正次一邊描述料亭的樣子，一邊向我們說明它們和沖繩出身者之間的關係。據他所言，負責招待客人的不只是沖繩出身的女性，也有本土出身的女性在其中。

蘇澳南方捕旗魚最盛的冬季漁期，也是料亭生意最鼎盛的時期：

到了冬天啊，（中略），不是會有一大堆船過來嗎？從基隆，還有四面八方的船隻都集結過來。料亭在那時候也幾乎都是天天客滿唷！

二〇〇八年十一月，我在春生的帶領下，前往過去料亭曾經存在的地點。在被稱為南安里的地區，有一條橫貫東西的南安路，料亭就位在那條路的沿線。那是一條住家與住商混合建物林立的道路，並沒有什麼值得一提的特徵；放眼望去，盡是台灣隨處可拾的光景。不時通過身

38「南方澳漁港と娯樂機関」，收錄於『台湾水産雑誌』110号（一九二五年三月）頁五十七。
39 吳小枚《海海人生：南方澳媳婦的漁港見聞手記》（二〇〇九年／宜蘭縣立蘭陽博物館）頁二二二—二二三。

旁的摩托車，發出震耳欲聾的引擎聲。若隱若現的船具店，散發著港口小鎮的風情，不過當中夾雜的雜貨店，又給人一種濃濃的生活感。

試著對照蘇澳南方建港後所拍攝、殖民地時期的照片後，我發現這一帶還保有不少從前留下來的建築物。據春生說，附近就是彈子房和電影院；魚市場也在咫尺之處。

蘇澳南方建港之後，人潮最初聚集的地區是漁港北側，也就是現在的南安里周邊。隨著人潮聚集，商業也隨之興起。

而若將蘇澳南方的街區分成「表」和「裡」，現在的南安里地區，明顯是屬於靠「裡」的一邊，實在很難讓人聯想起當年殖民地時代、船員和漁民頻繁出入料亭的熱烈光景。

現在的蘇澳南方共分為六個行政區，二〇一二年四月底時的人口數，合計有八千五百三十六人。[40]登上標高超過百公尺的展望台「南方澳觀景台」遠眺，每一寸狹窄土地都被徹底利用的蘇澳南方，其整體景觀盡收眼底。由於周圍是群山圍繞的地形，所以建築物彷彿在爬坡一般，一邊清出空間一邊不斷增長。大致而言，它是以一九二一～一九二三（大正十～十二年）年興築的漁港為核心，朝著南側和西側一點一滴逐漸擴展而成。

城鎮聚落的中心，是一座名為「南天宮」的廟宇。這座廟宇奉祀的是以航海安全之神而聞名的「媽祖」，參拜者絡繹不絕。南天宮建立於一九五二年（昭和二十七年）；[41]因此，人潮以南天宮為中心流動的景象，並非始於日本殖民時代，而是戰後的產物。

南天宮面對著堤岸的最深處；在往北側延伸的堤岸沿途，林立著販賣海產的土特產店與海鮮料理店，在它們的前端則是魚市場。觀光客搭乘的大巴士停車場，也位在附近。

曾經料亭林立的南安路，就位在這人潮鼎盛的鬧區僅僅一街之隔處；兩相環顧，那種寂靜的感覺更顯濃烈了。

## 分店

這是正次被前輩船員帶去料亭時所發生的。當時，前輩對正次這樣說：

這邊的女人三天兩頭就會換一遍喔！她們都是從台北來的女人喔！

如前所述，「キノエ」、「アリアケ」、「ヤヨイ」、「濱之屋」這些蘇澳南方料亭的名字，至今依然留在幾位老人的記憶當中；而前輩向正次說明的，則是在這裡接客的女性，為何每過一定時間就會換上新面孔的理由。

除了「濱之屋」以外，三間料亭當中的一、兩間，據說是從台北市內的花街——萬華過來

40 蘇澳南方（南方澳）現在的行政區，共分為南安、南正、南成、南寧、南建、南興等幾個「里」。「里」是最小的行政單位，里長由民選選出。

41 吳麗玲《南方澳漁業聚落的形成與社區整合》（一九九四年／國立台灣師範大學地理研究所碩士論文）頁一五七。

開設的分店；店內接客的女性似乎也是從萬華的本店派遣到蘇澳南方這裡，然後定期輪換的。

> 蘇澳南方這個地方，每當十一月到二月（旗魚季期間），就會湧進一大批人。從基隆、從花蓮港，大批大批的人湧進來哪！於是，我聽人家說，看準了這個商機，（連萬華的料亭都從台北）來這邊開分店了哪！

正次說話的語氣雖然是徹頭徹尾的存疑，不過他所講的或許確有其事。

萬華是位在台北市西區的花街，至今仍然以花街柳巷著稱。現在的台北市有「萬華區」這個行政區，不過在日本殖民統治時期，萬華則是一個地名，包含了西門、新起、老松、若松、八甲、新富、有明、龍山寺、入船、元園等町。[42]台北年輕人雲集、在觀光指南上也赫赫有名的西門，其地名正是從日治時代的「西門町」，一直流傳至今。

萬華的龍山寺也相當有名，只要是來台灣旅行的人，大概都會去看看。龍山寺始建於十八世紀，[43]至今參拜的人潮依然絡繹不絕。虔誠祈求的信徒不分男女老幼，在廟裡常常可以看到年輕人，手裡拿著獨特的細長線香在祈禱，或是丟擲稱為「筊杯」的半月形道具，詢問神的意旨。

這就是現在的萬華嶄露的面貌。在這裡，過去曾經存在著前往蘇澳南方開設分店的料亭。

蘇澳南方的船員和漁民，偶爾也會湧向萬華。通常這樣做的時候，都是一些比較特殊的場合，例如漁獲豐收賺了大錢，或者是冬季漁期結束、船員即將各自返鄉之際，前往台北舉行「餞別宴」之類的。

在萬華訂位的方法，其實相當簡單：

只要在這邊（蘇澳南方）的分店，告訴這邊的店長說，「我們什麼時候要在你們的本店舉行宴會」，然後（店長）就會透過電話聯絡，幫我們打點好一切。

前往萬華的時候，同一艘船上的船員都會一起去。通常都是七、八人一團，不過，若是舉行餞別宴，因為船主會帶著所有船員一起前往，所以遇到有兩、三艘船的船主時，則會多達二十人左右。

正如本書八十五至八十六頁所指出，蘇澳地區的交通於一九二四年（大正十三年）以蘇澳為終點的鐵道——宜蘭線開通後，便利性大幅提高。在正次初次抵達蘇澳南方的一九三〇年代後期，蘇澳南方與台北、基隆方面聯繫的交通方式幾乎已經完全確立，正次也回想說：「交通

42 湯熙勇《台北市地名與路街沿革史》（二〇〇二年／台北市文獻委員會）頁一三四－一三五。
43 王惠君・二村悟『図説　台湾都市物語』（二〇一〇年／河出書房新社）頁八十。

工具大體而言相當便利」。

閱覽台灣總督府交通局鐵道部於一九三六年（昭和十一年）二月發行的「列車時刻表」，[44]從蘇澳每天有五班火車前往基隆、兩班前往台北；午後一點半發車的列車，大約在五點二十五分可抵達台北，正好是最適合前往萬華宴飲的時間。至於車票，三等車廂的票價是兩圓。

現在，搭乘鐵路從蘇澳到台北，通常只需要兩個小時多一點。所需時間和七十年前正次寄居蘇澳南方時相比，幾乎整整縮短了一半。沿著台灣東北海岸、小心蜿蜒而行的宜蘭線，其基本路線和當時並沒什麼改變；鐵道於迫在眼前的山與海之間，宛如穿針引線般，沿著狹窄的空間奔馳。沿途可以看到龜山島的身影；當年那些從蘇澳南方前往台北的船員，一定也是這樣看著這隻烏龜而行的吧！

不只如此，現在的公路也相當發達。全長十二點九公里的雪山隧道於二〇〇七年正式開通後，台北和宜蘭縣的距離一口氣縮短了許多；從宜蘭第二大都市羅東前往台北，搭乘巴士只需要一小時二十分左右。由於羅東到蘇澳不管搭火車或是巴士，都只要三十分鐘不到，所以如果轉乘順利的話，從蘇澳到台北所需的時間，甚至比單純使用鐵道還來得迅速。

蘇澳南方和台北聯繫的風景，確實改變了。

---

44 日本鉄道旅行地図帳編集部編『満州朝鮮復刻時刻表　附台湾・樺太復刻時刻表』（二〇〇九年復刻版／新潮社）。

時至深夜依然人氣鼎沸的鬧區——西門町。（2010年10月28日，於台北西門捷運站前。）

## 【大屋婆婆】
## 喜歡照顧人、個性開朗，與那國出身者仰賴的對象

「提起這位，沒有人不知道的啦！」

關於這位人士在蘇澳南方的事蹟，幾乎是無人不知、無人不曉。她的本名叫「大屋尾奈仁」，人稱「大屋婆婆」，是位出身與那國島祖納的女性。本書採訪了從與那國渡海前往蘇澳南方的人們、追尋他們的足跡，不過「大屋婆婆」卻是一位比這些人都更早登陸蘇澳南方的人物。

祖納出身的佐久川（舊姓吉元）芳子（一九二八年生）雖然不曾親身見過尾奈仁女士，但她還記得自己在與那國島時，曾經被人如此勸告過：「若是去蘇澳的話，最好去拜訪這位婆婆。」

芳子在一九四二年（昭和十七年）從與那國國民學校高等科畢業之後，便立刻渡海前往台灣。從基隆踏上台灣土地的芳子，在台北就讀打字員學校之後，在基隆郵局得到了一個職位，

可是就在這時，從島上傳來了「母親病危」的消息，於是芳子便搭乘火車前往蘇澳，並打算從蘇澳南方搭船回到與那國島。

這時候，她想起了在與那國島曾經聽過的那句勸告：「去拜訪那位婆婆吧！」芳子事後回想起來：「不管與那國島的人有什麼問題想商量、或是有什麼需要照顧的地方，似乎都會去找她幫忙。」

結果，芳子並沒有去拜託這位「大屋婆婆」，便逕自回到了島上；但是，從這個小小的回憶中可以清楚得知，「若要渡海前往台灣，最好去拜託住在蘇澳南方的『大屋婆婆』」，這樣的風評在當時的與那國島，可說是廣為流傳。

祖納出身的松川政良（一九一八年生）也說：「那位婆婆啊，沒有人不知道的啦！在很多事情上，都可以看到她幫忙打點的影子哪！」出身久部良、追隨著身為漁民的兄長們，往返於與那國和蘇澳南方之間的金城靜子（一九二四年生）也有這樣的回憶：「（大屋婆婆）是位很喜歡照顧人、個性也很開朗的人。」

在眾多與那國島出身、曾經有過蘇澳南方生活經驗的人記憶中，尾奈仁女士正是一位值得仰賴的人物。

尾奈仁女士曾經留下一張照片。

那是在一棟微微斑駁的建築物前拍攝的照片；她所坐的椅子是不是有靠背，從照片上已經無從判別。雖然攝影的場所和日期都不明確，不過從頭上盤著日本髮型這點來看，可以認定是她在歷經台灣生活後所拍下的照片。在照片裡，臉型修長的尾奈仁女士斜坐著，目光一動不動地凝視著鏡頭的方向。

當我看到這張照片時，總覺得她將手藏起來的姿勢有種違和感，直到有人提醒我說：「她該不會手上有刺青（hajichi）吧？」我才恍然大悟。我試著向保管這張照片的媳婦大屋（舊姓上里）富子（一九三一年生）詢問，得知尾奈仁女士確實在手背上，有著沖繩女性專有的刺青。

盤著日本髮型的大屋尾奈仁女士。

## 明治時期渡台的可能性

尾奈仁女士留下了一些資料。其中一份是由台北州蘇澳郡蘇澳庄發給的〈家庭物品購買帳〉，這是一九四二年（昭和十七年）的文件。其他還有日期為一九四一年五月二十六日的〈船舶買賣相關契約書〉、徵兵保險相關的證書、三張照片、信封，以及便箋等等。我們就試著從這些資料，來探尋尾奈仁女士究竟在蘇澳南方過著怎樣的生活。

尾奈仁女士生於一八八七年（明治二十年）十月二十日，不過這是在戶籍上登記的資料，至於留下的信封上，所寫的則是「大屋尾奈仁，明治二十年四月十日生」。尾奈仁出生於與那國島的祖納，是父親宜佐與母親舞津的長女；她的出生年月日事實上比戶籍紀錄還要早上半年多。

在這之後，雖然有關她渡海的來龍去脈都不清楚，不過若她是在二十歲渡台的話，那就是一九〇七年（明治四十年）的事。就像本書介紹過的眾多人物一樣，在與那國島，不到二十歲便渡海前往殖民地台灣的情況並不罕見；因此，尾奈仁女士也有可能更早便來到了台灣。如同本書一二〇頁的考證所示，蘇澳南方在一九一〇年前後，很有可能已經有沖繩的漁民定居於此，不過尾奈仁二十歲的年代，則又比這個時間稍微往前一點。

尾奈仁女士在將近五十歲的一九三五年左右，回到了與那國島。她這趟返鄉，是為了迎接弟弟大屋那比（一八九四年生）與妻子久夜的次男——長弘（一九二九年生）。她認長弘為養子，帶著他一起回到了蘇澳南方。

> 她還有一艘叫作「大吉丸」的船；這位婆婆，真可說是家喻戶曉呢！

如此這般回顧的，是久部良出身的大城正次（一九二三年生）。正次有在蘇澳南方搭乘突棒船的經驗，據說也曾拜訪過「大屋婆婆」的住所一兩次。「那位婆婆的家是一棟長屋；（中略）位在三間房子的正中央。」住在左右兩邊的，據說分別是宮古人與高知人。在來自本土與沖繩各地的人們所構成的蘇澳南方裡，尾奈仁徹徹底底地融入其中，在那裡扎下了深深的根。

尾奈仁之所以能擁有船隻，大概也是靠她在當地這種穩健的基礎吧。據說她一共擁有三艘船，可說是相當善於經營的能手。

一九四一年五月的「船舶買賣相關契約書」，是尾奈仁擁有「第二大吉丸」（總噸位十八點四三噸）這艘四十馬力漁船的證明。根據這份契約，尾奈仁女士將第二大吉丸以七千五百圓的價格，賣給了一名姓「林」的花蓮台灣人。

## 帶米粉給島上的妹妹

提起尾奈仁女士的善於照顧人，富子告訴了我們這樣一段插曲：據說，尾奈仁女士經常會寄送一些台灣的物品，給留在與那國島上的妹妹們。「她會從台灣寄一些像是筍絲或是米粉之類，在與那國島找不到的東西過去。」據說，富子的姊姊們在渡海前往台灣時，也都有先拜託尾奈仁女士，然後才從島上出發。

富子還記得尾奈仁女士曾經講過一句話：「楊楊米的織紋是彎曲的、還是直的？」雖然她並沒有刻意強調這句話的含義，但富子卻把它當成是「要教導子子孫孫正正當當做人」的教誨，珍而重之地銘記在心。這大概就是尾奈仁女士那種認真正派、厭惡欺詐個性的最佳印證吧！

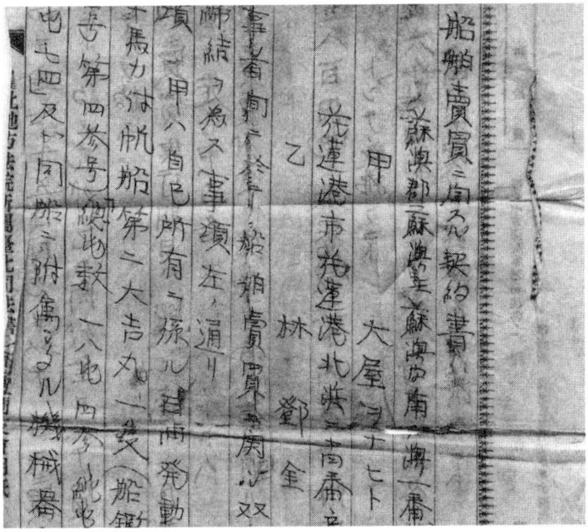
船舶賣買ニ關スル契約書
蘇澳郡蘇澳庄蘇澳字南方澳一番
甲　大屋
花蓮港市花蓮港北濱
乙　林　鄧　金
事者間ニ於テ船舶賣買
締結スル事項左ノ通リ
一　甲ハ自己所有ニ係ル帆船發動
機附帆船第二大吉丸一隻
番號第四拾號
四及ビ同船ニ附屬スル機械

大屋尾奈仁在出售第二大吉丸時所簽下的契約書。

# 第三章 新港

## Kanataru

我第一次聽到這個地方的名字，是在二〇〇九年二月。那時，我去拜訪住在與那國島久部良的安里藤子（一九二九年生），進行有關殖民地台灣生活的訪談。藤子在說明父親用助（一八九五年生）的經歷之餘，也說了這樣一段話：

> 從新港到台東廳的路上，有一個叫作「kanataru」的地方；在那邊居住的都是以潛水為業的沖繩人，人數還相當的多。我們的父親和兄弟輩，似乎都在那邊一起潛水，或者撈取鮑魚、或者潛水抓蝦，然後拿到台東廳去賣錢呢——他們都是用走路的，走到那邊去賣。

「Kanataru」這地方，究竟是在哪裡呢？「新港往台東廳的路上」，以藤子的話為線索，我試著進一步去探尋。

所謂「新港」，指的是位在台東縣成功鎮的漁港——新港。至於「台東廳」，乃是當時的行政區域之一，其領域大致和現在的台東縣重合；不過藤子所講的「台東廳」，指的應該是它的中心都市，也就是台東市吧。新港過去也是從屬於台東廳，和台東市之間以今天的幹道來計算，距離大約是五十公里左右。

新港和台東之間的「kanataru」。在地圖上描摹之後，我發現了一個地名；那個地名用漢字來寫，是寫成「金樽」兩字。[1]那是一個位在台東縣東河鄉的漁村；若是從蘇澳南方南下，距離大約是兩百公里左右。

二〇一〇年十月，筆者初次造訪了金樽。

## 台灣東部的漁村

喀啦喀啦喀啦喀啦。

堅硬物品相互碰撞、不停轉動的聲音傳來。

喀啦喀啦喀啦喀啦。

每當兇猛的海浪前仆後繼拍打著海岸時，布滿潮間帶的小石子便會隨之不停轉動。放眼望去不見漁船，只聽見彷彿震動般的海鳴。

當年度的十四號颱風，正從台灣東方七百公里左右的海上通過。中心氣壓九百四十毫巴、中心附近最大風速四十公尺的颱風掀起的風浪，直逼這個金樽小鎮。在防波堤守護下的漁港一

1 譯註：日語的「金」可以發成「tana」，「樽」則可以發成「taru」的音；所以「金樽」的日語發音就是「kanataru」。

片風平浪靜，但即使如此，繫泊在港內的二十來艘漁船，還是不住地輕輕搖晃。船上可以見到正在修補東西的漁民身影，而人影則顯得稀稀落落。

筆者從台東出發，搭乘省道巴士前往金樽。用助他們在金樽捕了蝦子和鮑魚後，一路走到台東去販賣，筆者則是反過來，利用巴士沿路探尋他們的歸途。當巴士臨近金樽聚落前的瞭望台時，司機扭過頭，對著乘客席大喊：「金樽到囉！」筆者在搭巴士之前，曾向司機確認過「這班巴士是不是有停金樽」，並且得到了親切的說明。不過，筆者造訪的目的並非只是要遠眺，而是要在金樽這個漁村裡實際漫步。司機、還有一起搭車的幾個乘客，看著不打算從瞭望台站下車的筆者，全都露出不可思議的眼光。一位看出筆者是日本人的婆婆，用日語出聲對我說：「你是從日本來的吧？這裡的風景很漂亮喔！」一個外國人特地來到金樽聚落，還不搭計程車，而選擇省道巴士——這實在是令人無法想像吧！

台灣的東海岸，是以山麓高聳直

金樽漁港咫尺之處，便是連綿的群山。台灣東部充滿了這種山麓直插入海的地形。（2011年2月24日，攝於台灣台東縣河東鄉金樽。）

逼眼前、氣勢磅礴直入海面的地形為特色。金樽漁港也不例外，在瀕臨港口的另一面，便是群山聳立的地形。這個沿著海岸略微伸展開來的聚落裡，大約有二十來戶人家。這裡沒有商店，只有把日用品堆積在貨台上的卡車，扮演著移動商店的角色。儘管如此，這裡還是設有相當於日本海上保安部、保安署的金樽漁港安檢所，負責檢查出入的船隻。

在聚落裡開展的，是宛若被海遮蔽了身影般的水田。藤子在說明自己從用助那裡聽來的事情時，曾經告訴我：「高砂族（台灣的原住民）在這裡有種稻」；那麼，過去原住民在這裡栽培稻米時，又是怎樣的一幅景象呢？

用助的姐姐阿龜，據說和原住民間能夠彼此閒談溝通。對於此事，藤子的說明

正在休憩中的金樽漁民；由於颱風海面波浪太大，無法出海捕魚。（2010年10月27日，於台東縣河東鄉金樽。）

是這樣的：

伯母也很會講蕃社的語言，好比說「Tatihato/Tatihato/Butin」；這句話的意思是「好多的魚」。「Tatihato」是「很多」，「Butin」則是「魚」的意思。

「蕃社」，是當時人們對於「原住民居住地」的指稱；居住在金樽的原住民是阿美族人。

當我試著調查阿美族的用語，發現「魚」確實是讀作「Butin」。至於表現「很多」這個意思的詞則有好幾個，其中有一個讀作「Adihai」。「To」則是連接詞的一種。[2]藤子口中的「Tatihato/Butin」這個發音，其實是阿美族的「Adihai/to/Butin」這個用語透過記憶呈現出來的模樣。

我漫步在金樽漁港的邊緣；在一棟像是倉庫、門口大大敞開的建物前，有兩個男人正坐在椅子上，隔著桌子談天說地。

看見筆者稍微停下腳步的模樣，他們兩人也沒多問來意，便拉過椅子邀我坐下。那兩個男人，一位是六十來歲的張先生，另一位則是五十來歲的劉先生，兩人都是漁夫，因為沒出海，所以就在這裡喝酒。筆者也拿出免洗紙杯，盛了一杯他們倒來的酒。那是當作烹飪材料的米酒。時間不過早上九點半而已。

配著滷豬腳當小菜，我一點點地喝著料理酒，同時試著問道：「我聽說，在金樽這裡似乎有沖繩人居住是嗎？」不過兩人卻都搖頭表示「不知道」。桌下有一隻貓咪溫馴地端坐著，正在等待兩人拋下的骨頭。

之後，筆者又繼續試著提及有關日本和沖繩的話題，但他們最多也只是說句「七、八十歲的原住民還會說些日本話，光復後（戰後）的人就不說了」，跟筆者的問題幾乎搭不太上線。對這兩人而言，打一開始日本就是日本，至於在日本當中還有什麼沖繩，這種細微的區分完全不在他們的考慮中吧！其實，說起來我自己也差不多，要不是我想知道從八重山往台灣的人們、以及從台灣回到八重山的人們之間的種種細節，我想對我來說，台灣也只會是台灣，至於其間的某個細微之處又是如何，我大概也是不會去想的吧！我會來到金樽，幾乎只是偶然；若不是我認識藤子、且有機會對她進行訪談，甚至連「kanataru」這個詞會不會在我耳邊響起，都是件十分令人懷疑的事情。

就這樣，這場料理酒宴會在懶洋洋的氛圍中畫下了句點。

身處十九世紀末期的用助，究竟是在怎樣的情況下抵達金樽的呢？

現在的金樽，是個沒有自家的汽車或摩托車，交通就很不便利的地方。首先，光是從沖繩抵達台東就得花上整整一天，而金樽更是得從台東搭乘巴士或計程車，再走上一個小時的路程。

2 蔡新明編《阿美族語隨身詞本》（二〇〇七年／高雄市原住民語言教育研究學會）；呂金福等編《阿美母語教材》（一九九七年／台北市政府原住民事務委員會）頁五十六—六十二。在此再次承蒙中興大學台灣文學與跨國文化研究所的朱惠足副教授提供協助。

既然如此，用助是在怎樣的情況下，得知金樽這個地方的呢？

如今要解明這個疑問，幾乎已經是不可能的事；不過，呈現當時沖繩漁民在台東落腳情況的資料，倒還有殘留一些。

一九二〇年（大正九年）三月的《台灣水產雜誌》第五十一號裡，有一篇〈琉球部落の發展〉的報導，其內容如下：

與那國町的訪問團為了締結姊妹市二十五週年紀念而前來花蓮市；迎接他們的，是當地的阿美族人。（2007年10月4日，攝於台灣花蓮市，花蓮火車站前。）

（前略）擁有廣大海域卻欠缺魚類的台東，從去年開始須下補助金，鼓勵進行延繩捕鯛魚業，今年更鼓勵在當地築屋定居，除此之外也施行米飯的廉價供給；在這些條件的吸引下，移居的琉球漁民已經形成了一整個聚落。在這種情況下，儘管是缺乏魚類的地方，今年還是能夠以百匁[3]二十三錢的價格提供鮪魚肉塊；世界上恐怕再也找不到魚價這麼便宜的地方了吧！不過，就算這樣，琉球漁民也還有足夠的餘錢可以存下來，好比說去年，他們一個人就寄了一千幾百圓回老家；據說有某個拿到補助金的人為了光榮返鄉大吹大擂，還從村長那裡拿到了一紙感謝狀……[4]

村長頒發感謝狀一事，或許是有點誇大不實；不過，若是從台東寄回來的錢到了沖繩家人手上，那麼在附近的鄰居或親戚之間，一定會傳開來吧！如此一來，就算出現「到台灣就可以填飽肚子」的風評，也一點都不奇怪了。

《台灣水產雜誌》於一九二二年（大正十一年）十二月發行的第八十四號上，也有一篇提及沖繩移居漁民的文章〈台東廳下的沖繩漁民〉，[5]其內容如下：

長久以來，台東廳下的鮮魚一直都靠基隆和高雄方面供給；光靠生蕃以及本島人那種幼稚的捕魚法，要提供足量的漁獲根本是天方夜譚。不過，這陣子有琉球漁民移居過來；他們駕著獨木舟，一天航海可以收獲百斤左右的漁獲，讓台東廳民的餐桌一下子豐富了起來。目前一共有六艘這樣的漁船在從事捕魚中。

3　譯註：日本度量單位，一匁=三點七五克。
4　「琉球部落の發展」，收錄於『台湾水産雜誌』51号（一九二〇年三月）頁二十四。
5　「台東庁下と沖縄漁民」，收錄於『台湾水産雜誌』84号（一九二二年十二月）頁四十二。

「生蕃以及本島人」，指的是台灣的原住民以及當地的漢人。來到台東廳的沖繩漁民駕駛的雖然是「獨木舟」，也就是小舢板，不過單憑他們手上這些小船，一天就能捕獲「百斤（六十公斤）」的魚，並將牠們販賣給台東的居民。

這篇報導刊載的時候，用助正值二十七歲。雖然我們無法詳細追尋用助的足跡，但從台東這一地區與沖繩漁民間充分的連結看來，假設用助就在這些沖繩漁民的行列當中，這樣的想像也絕非天馬行空。

根據藤子從雙親那裡聽來的說法，用助為了探尋擁有削鰹節技巧的專業人士而前往與那國，結果在那裡認識了曾在高雄削過鰹節的比嘉豐（一九〇七年生）。阿豐之後成為用助的妻子，在一九二九年（昭和四年）生下了第一個孩子，也就是長女——藤子。藤子出生的地點正是金樽；她並非在與那國誕生、之後才移居台灣，而是在台灣土生土長。

之後，用助一家定居在新港。

根據相當於台灣政府水產廳的行政院農業委員會漁業署於二〇一一年所做的水產統計，新港的漁獲量在這年是四〇二〇噸。[6]若光從數字來看，不過是蘇澳南方的大約六%，十分平凡無奇；但若實際造訪此地，便會看見漁船陸陸續續卸下漁獲，充滿活力的場景，也可以看見船首甲板向前凸出的突棒船身姿。碼頭上的情形，讓人不禁想起俄國民間故事「拔蘿蔔」的場景：就像繪本裡連狗和貓都一起幫忙拔出大蘿蔔的插畫一樣，一群人緊緊靠在一起，在岸上用力地拉著繩子，而在繩子前端不停掙扎的是一隻雙髻鯊。令造訪與那國島的潛水者賞心悅目、大飽眼福的雙髻鯊，在這裡卻成了獵物。看樣子，台灣東海岸和與那國雖然一水相連，但之間的文化差異倒是十分明顯。

捕撈上岸的旗魚與鯊魚排排並列，等待標價。參觀漁港的人們，就在這些橫躺在地的魚兒間四處走動著；當中也不乏盤商的身影。在漁港的一角，有個重重冰鎮起來的東西：那是隻軀體有如巨石一般、躺在地上的巨大冷凍旗魚，重量高達三百七十六公斤。儘管上顎已經被切下，但仍然能夠清楚感受到牠的巨大。

在港邊的攤位上也可以吃到旗魚。我試著吃了「旗魚丸」，也就是用旗魚肉做成的丸子；一串只要三十元（約八十五圓），相當便宜。它的肉質豐滿，咬起來很有嚼勁，吃進肚子更讓人覺得愉悅不已。

二〇一一年二月二十四日，筆者走訪新港時的光景，正如以上所述。

安里家過去生活在新港的時候，除了用助夫妻和長女藤子以外，還有一個女兒、一個兒子，是個五人組成的家庭。他們原本還認養了一個台東出生的台灣男孩子做養子，不過在一歲時就夭折了。除此之外，還有一名原住民男孩跟另一名女孩，在他們家裡擔任幫傭的工作。

---

6「9.重要漁港別漁業生產量及漁船筏數」，行政院農業委員會漁業署編《中華民國100年台閩地區漁業統計年報》（二〇一二年／行政院農業委員會漁業署）網頁，http://www.fa.gov.tw/cht/PublicationsFishYear/index.aspx（二〇一二年十二月六日瀏覽）。

用助的哥哥用善與弟弟用德也都住在新港；那位阿美族語言說得很流利的姊姊阿龜，也是落戶在這裡。這些來自久高島的兄弟姊妹裡，用助和用德擁有突棒船「長福丸」、用善和阿龜的丈夫則擁有「長生丸」，幾人都是以捕獵旗魚為生。

## 全靠沖繩漁民移入

新港漁港落成，是在一九三二年（昭和九年）的十月九日。[7]當時藤子正值三歲，不過從比她年幼兩歲的妹妹依然是出生在金樽來看，包含藤子在內的安里家究竟是在漁港落成前還是落成後搬到新港，這點已無從確認了。

持續對新港進行調查的日本女子大學人類社會學系助教西村一之，針對新港漁港的

突棒船正在返回新港漁港。（2011年2月24日，於台灣台東縣成功鎮。）

建設背景舉出了以下幾點：1.以蘇澳為據點的旗魚突棒漁業延伸至新港海域等台東沿岸；2.新港在被建設為漁港之前，已經是基隆和蘇澳漁船的臨時停泊港。[8]和與那國漁民有著深切關聯的旗魚突棒漁業，以及作為其據點的蘇澳南方之繁盛，都是新港被建設為漁港的主要原因。

在新港漁港，碼頭就是孩子們的遊樂場；藤子和妹妹總會一起從碼頭上飛躍入海，濺起大片大片的水花。除此之外，藤子也會和同學們一起游泳；當她回顧起當時的模樣時，還記得那些同學的名字叫「小清」、「阿琴」還有「阿淺」。藤子在進入台東高等女學校就學後，被選拔為長距離游泳的選手；這樣想起來，應該是在新港碼頭的經歷，讓她獲益良多吧！

就在新港漁港完成九年前的一九二三年（大正十二年），《台灣水產雜誌》第八十八號上，刊載了一則記述新港與沖繩漁民之間關係的報導：「台東廳轄下的新港應使用沖繩漁夫經營鰹魚業，並以此為準備進行整理開發。」[9]

同年發行的該雜誌另一號中，也可以讀到另一篇記載沖繩漁民與台灣之間關係的報導。[10]在這篇〈東部水產的開發全靠沖繩漁民移入了〉的文章中，「某位有力人士」說了以下這番話：

---

7 新港郡『新港郡要覧（昭和十三年版）』（一九三九年）頁四十六。

8 西村一之「植民統治期台湾における日本人漁民の移動と技術」，收錄於植野弘子・三尾裕子編『台湾における〈植民地〉経験』（二〇一一年／風響社）頁一一九。

9「宮崎県漁夫を牽制せよ」，收錄於『台湾水産雑誌』88号（一九二三年四月）頁五十一。

10「東部水産の開發には沖繩漁民を入れよ」，收錄於『台湾水産雑誌』86号（一九二三年二月）頁二十五。

當本島這邊給予大量的便利與優遇後，在整個東部地方的發展中，我們可以期待東部的處女漁業，透過他們（沖繩漁民）之手，達到立竿見影的開拓效果。總而言之，今後若是想針對東部漁業進行開發，一切都必須仰仗沖繩漁民的移入以及積極活躍才行。

勞動成果獲得台東廳認證的沖繩漁民，被視為是構築台灣東部經濟基礎的一大潛力股。配合新港漁港的落成，台灣總督府與台東廳自一九三二年（昭和七年）起，便開始招募前往新港的移民；到了一九三八年（昭和十三年）底，一共有來自和歌山、千葉、熊本、沖繩、德島、大分、神奈川等七縣共計四十五戶移民，其中沖繩占了三戶。[11]

只是，按照曾經執筆、編輯成功鎮誌的王河盛[12]（一九三〇年生）所述，「不只是官方，自由移民也都陸陸續續從沖繩移入本地。」[13]這裡的「官方」，指的便是台灣總督府與台東廳實施的官方移民募集；至於不仰賴這項計畫，自行移民到新港的沖繩人，則為數頗多。

河盛摘錄終戰當時居住在新港的日本人戶籍資料，自己製作了一份《停戰時日本漁業移民名冊》。在這份A4大小、總計二十四張的表上，一共有三百三十七人，其中沖繩出身者就占了兩百零一人，超過全體的半數。這和「官方」移民僅僅三戶的數量相比，簡直是天差地遠。

這兩百零一人當中，也包括了藤子和用助一家，上面也清楚記載了用助是出身自久高島。另一方面，在這兩百零一人當中，與那國出身者共有八十二名，占全體總人數的二十一・

八％；這意味著包含與那國本身出身、以及和與那國有牽繫的「與那國相關者」，其規模超過了二十一．八％。

從這裡我們可以得知，在戰前的新港有眾多沖繩人定居於此，尤其和與那國有關係的人更是特別多；這不禁令人深切感到，新港確實是個和與那國緣分深厚的地方。

## 內地人

藤子在一九三六年（昭和十一年）四月進入新港尋常高等小學校就讀，但入學後不久便生了一場大病，「病得相當嚴重，連頭髮都掉了一大半」，因此整整花了七年才畢業。在這期間，隨著一九四一年（昭和十六年）四月的學制改動，學校的名稱也有所改變，當她在一九四三年（昭和十八年）畢業時，已經變成了新港國民學校初等科的學生。

根據《新港郡要覽（昭和十三年版）》的資料顯示，藤子在九歲時，便已進入新港尋常小學校尋常科就讀。同時這份資料也指出，該校當時擁有男女合計一百零九人的學生，其中「本

11 西村一之「植民統治期台湾における日本人漁民の移動と技術」頁一二〇—一二一。
12 王河聖為成功鎮公所主任祕書，參與過《成功鎮志．歷史篇》、《成功鎮志．經濟篇》之編纂工作。
13 西村一之「台湾先住民アミの出稼ぎにみる植民地経験」，收錄於五十嵐真子．三尾裕子編『戦後台湾における〈日本〉』（二〇〇六年／風響社）頁一六六有同樣的說法。

島人」共有十一人。[14]

台灣總督府在稱呼上，將住在台灣的漢族稱為「本島人」、原住民稱為「蕃人」或「高砂族」，至於來自沖繩與日本本土的人，則統稱為「內地人」，在學校也一樣有著這樣的區別。藤子因為出身沖繩，所以被區分為「內地人」，並就讀尋常高等小學校；本島人的子弟原則上都是就讀所謂的「公學校」，只有少數人得以和內地人同樣就讀尋常高等小學校。

編纂《停戰時日本漁業移民名冊》的王河盛出生於一九三〇年（昭和五年）一月，[15]和藤子是同一時期進入學校就讀，不過他所就讀的學校和藤子不同，是新港公學校。

河盛開玩笑地說：「我是公學校畢業的。雖然和日本人不同學校，不過鎮上這麼小，說不定我在哪裡，也曾經和她（藤子）見過面呢！」在殖民地台灣，即使身處同樣地域、在同一時期入學，要同窗共讀依舊不是那麼簡單的事。

## 畢業旅行

對於構成本書的核心——蘇澳南方的種種，藤子並不是相當了解。她對台灣的印象，除了出生的金樽、成長的新港以外，就

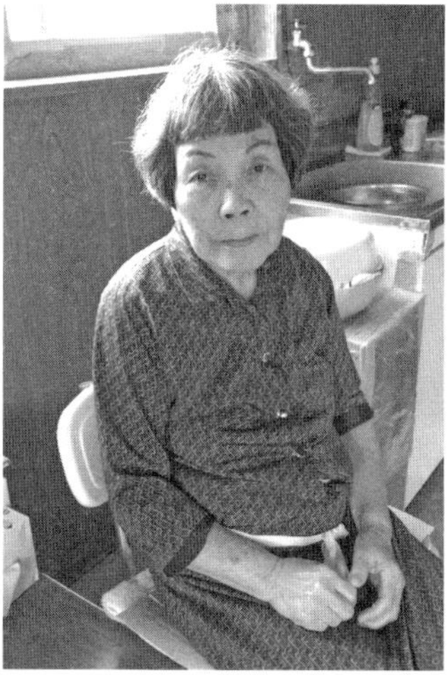

出生在金樽、在新港長大的安里藤子。（2009年2月17日，攝於與那國町久部良自宅。）

是台北、嘉義、花蓮港，亦即畢業旅行走訪的地方。那是一九四〇年（昭和十五年）、藤子就讀新港尋常高等小學校尋常科四年級時的事。

若是以新港為出發點，順時針繞台灣一圈的話，陸續會經過高雄、台南、嘉義、台北、基隆，花蓮港，這就是藤子在台灣體驗到的畢業旅行。

在日本殖民統治台灣的時期，鐵路尚未環全島一周；儘管現在已經有環島一周的路網，但鐵軌依然沒有延伸到新港，想要前往設有火車站、同時也是縣政府所在地的台東，非得仰賴汽車不可。

那麼，若是從台東出發，照路線行經藤子在畢業旅行中走訪的場所，大概需要花上多少時間呢？根據調查，就算最快也得花上十六個半小時。這是早上六點左右出發，日以繼夜換乘八班火車，最後在將近晚上十一點回來的強行軍式行程表。[16]若是以旅行方式行進，考慮到參訪地點相應的停留時間，那麼大概會是趟四天三夜的旅程吧！以小學生的畢業旅行來說，可算是相當豪華了。

藤子在這趟旅行中接觸了許多事物，好比說在高雄港，她「第一次見到外國人」；大概是有西方人走在港灣，被她目睹了吧。對於台南，她所留下的記憶則是「熱蘭遮城」。那是十七

14 新港郡『新港郡要覧（昭和十三年版）』頁十五。
15 據王先生自己所言，他實際上是出生於一九二九年十一月，不過在戶籍上則是登記為一九三〇年一月出生。
16 台灣鐵路管理局時刻表網頁資料（二〇一一年五月二十六日瀏覽）。

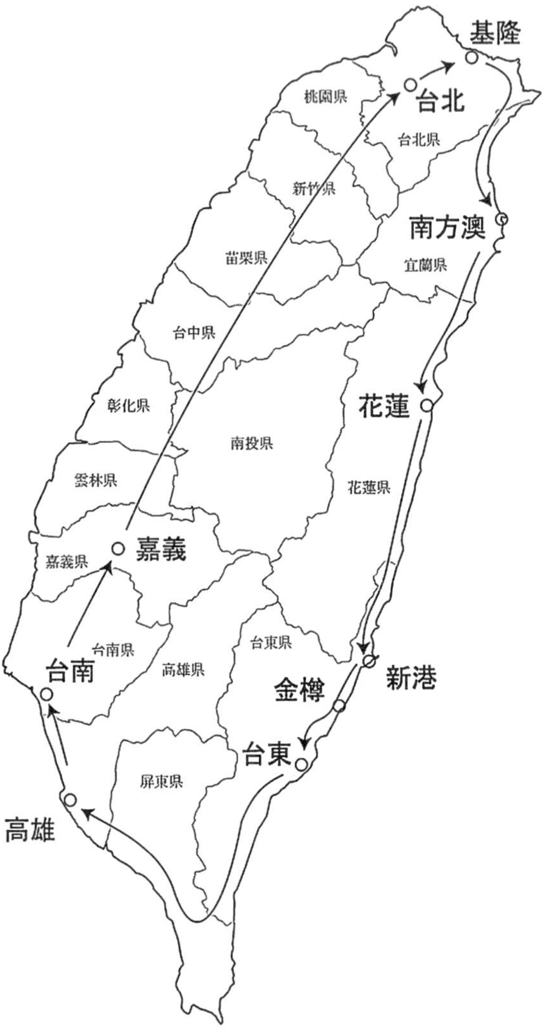


**新港尋常高等小學校尋常科的畢業旅行路線圖（1940年）**
**※根據安里藤子訪談繪製**

新港尋常高等小學校尋常科的畢業旅行路線圖（一九四〇年）

世紀前半，侵略台灣的荷蘭人所築的城堡，[17]在現今的觀光指南上，應該是寫成「安平古堡」。

在旅途的尾聲，藤子一行前往花蓮港。藤子提到自己「搭著巴士經過有斷崖的地方」，她所指的應該就是蘇花公路吧！因為這條公路連結蘇澳和花蓮，所以稱之為「蘇花」。在一九四〇年（昭和十五年）發行、由台北州自動車協會編纂的《台灣地誌》中，如此描述這條道路：「以蘇澳為起點，蜿蜒穿越在僅次於世界絕壁『喜馬拉雅』的大斷崖山腹之間，綿延三十一里直至花蓮港的臨海道路。」[18]說到沿途窗外的景象，則是「景觀壯闊絕倫，其變化之豐富，不只是本國，即至世界亦無與倫比。」[19]

這條路線現在依然以國道九號線「蘇花公路」的名義使用著，不過在二〇一〇年十月一場重創蘇澳的豪雨中，卻發生了觀光巴士墜崖的嚴重事故。

藤子在一九四三年（昭和十八年）三月從新港國民學校畢業後，旋即進入台東廳立台東高等女學校（台東高女）就讀。她是那所學校第四期的新生；事實上，該校是直到一九四四年（昭和十九年）才首次有學生畢業的新校，創立時間是在太平洋戰爭爆發的前一年。不過，即使如此，它的設立還是比八重山唯一的女子高等教育機構——八重山高等女學校早了整整兩年。

---

17 王惠君・二村悟『図説　台湾都市物語』頁一一二一。
18 台北州自動車協会編『台湾地誌』頁二十六。
19 台北州自動車協会編『台湾地誌』頁二十六。

隨著戰爭結束、台灣脫離日本殖民統治，台東高女這個名稱僅使用了六年便遭廢棄；但它作為女子高校的角色卻被繼承下來，現在被稱為國立台東女子高級中學（台東女中）。

藤子的入學考試是口試。內容包括了看一張樂譜，然後答出正確的曲名。藤子的答案是「『君之代』，日本的國歌」。其他還有實技考察，例如現場表演遞剪刀的方式，透過將把手一端遞給對方的小習慣，展現出考生良好的家教。

家裡從事的事業也是詢問的重點。藤子回答：「我的父親是漁夫，平日搭乘突棒船捕魚為業。」不過對方卻馬上反問：「什麼是突棒船？」藤子於是解釋道：「就是站在船的前端手持長長的魚叉，一看見旗魚就刺下去，簡單說就是一種刺魚的工作。」

然而好不容易考進了台東高女，藤子卻幾乎沒有念到什麼書。這樣的經驗，在戰時就學的人當中並不罕見。

（我們在學校裡面，）總是這樣那樣地戴著斗笠在割草。不是會有敵軍飛機打過來嗎？那是我二年級時候的事；那飛機飛得可低了，還「啪～啪啪」地，用機槍不停掃射唷！被它這樣一掃，蕃人、高砂人就倒下去了；我看到了他們死掉的樣子，是親眼目擊喔。

藤子就讀「二年級」，是一九四四年四月以降的事。藤子生活在學校附設的宿舍裡，但那間宿舍也遭到了機槍掃射，據說也有學生因此身亡。在這之後宿舍便被接收，藤子沒有辦法，只好借住在一位醫師朋友的家裡。

就在戰爭期間的一九四四年一月，在以擁有石柱的聚落遺跡著稱的台東卑南遺址，展開了發掘調查。根據調查報告描述，[20]台東光是同年一月上旬，就遭到整整三天的空襲，調查人員因此不得不放慢發掘的腳步，「在防空壕中待命」。

舉例來說，在這份發掘日誌中，一月九日上就記載著以下景況：「一早就開始空襲；我們趁著爆炸暫歇之際，從防空壕裡出來進行表土的清除作業。上午十一點左右，台東機場附近遭炸彈攻擊，大地震動。」報告中也如此陳述：「我們是處在空襲、以及美軍不知何時會登陸的不安狀態之下」，清楚顯現了在戰時狀況下，學術研究受到的嚴峻限制。事實上，美軍是在一九四四年十月三日選擇放棄攻取台灣而直接登陸沖繩，[21]因此在調查進行的這個時間點，美軍尚有直接攻擊台灣的可能性。

20 金関丈夫・国分直一「台湾東海岸卑南遺跡発掘報告」，收錄於『台湾考古誌』（一九七九年／法政大学出版）。最初刊載於農林省水産講習所編『農林省水産講習所研究報告　人文科学篇第3号』（一九五七年）。在『台湾考古誌』頁一〇二－一〇四、一二八皆提及台東遭受空襲。

21 關於美軍改變作戰計畫的經過，請參閱大田昌秀『総史　沖縄戦』（一九八二年／岩波書店）頁二十四－二十九。

## 【台東】從台北出發的閒適小旅行／東西南北的第三順位

久聞台東市以水果豐饒著稱，實際在市內走上一圈，才知這樣的讚譽確實名不虛傳。筆者在二〇一〇年十月走訪台東時，雖然已過了水果盛產期，不過在以水果店林立聞名的正氣路上，還是可以看見釋迦、火龍果、木瓜等水果並排陳列的景象；不只如此，柑橘類也堆得像小山一樣高。正氣路被暱稱為「水果街」，不是沒有道理的。

至二〇一二年四月底為止，台灣的總人口數是兩千三百二十四萬五千零十八人。按地域別區分，二〇一〇年十二月升格的新北市人數最多，有三百九十二萬一千五百八十人，緊追在後的是高雄市兩百七十七萬四千六百四十九人、台中市兩百六十七萬三百九十五人。接下陸續登場的是在「台」字後面，加上「東西南北」方位的兩個城市：台北市兩百六十五萬八千六百八十五人排行第四，五位則是台南市的一百八十七萬八千零七十七人。以上五個城市，就占了台灣總人口數的將近六成。

台北是台灣的首都，而台南則是以台灣的古都而聞名。金樽出身的安里藤子（一九二九年生）在新港尋常高等小學校的畢業旅行（參照本書一六三至一六五頁）中參訪的「熱蘭遮城」（安平古堡）即是位在台南、由十七世紀荷蘭人所築的城壘。即使不考慮人口規模，「北」與「南」也已經充分表明了它們的地位所在。

相較之下，「東」與「西」就顯得低調多了。台西，是位在雲林縣的地方自治單位「台西鄉」；所謂的「鄉」，和日本的「町」或「村」相當，二〇一二年四月的人口是兩萬五千四百七十四人。在日本，知道這個村鎮存在的人也是極為稀少。

另一方面，台東的人口數則是十萬八千一百零三人。作為參照，和台東並列台灣東部地區核心城市的花蓮市，人口是十萬八千六百二十三人；[22]其規模和西海岸及南部、北部各城市相比，可說是天壤之別。這個數字也反映了台灣在經濟上「西高東低」的傾向。

台東以水果豐饒而聞名；在被稱為「水果街」的台東市正氣路水果店裡，擺滿種類數量繁多的水果。（2010年10月26日）

22 人口資料取自台灣行政院內政部戶政司網頁（二〇一二年五月二十四日瀏覽）。

## 往台東之旅

若要從台北前往台東，搭飛機是最方便的了，所需時間只要五十分鐘到一小時。[23]除了航空之外，也可以搭乘火車前往。雖然就算搭速度最快的自強號，也需要四小時四十分，[24]可說是段漫長的旅程；不過沿途可以透過車窗，將嬌柔的農村景色與美麗的山巒盡收眼底，還可以小憩一下打發時間，也算是不錯的選擇。

不過，當您經過池上車站的時候，請務必睜開眼睛；然後，當火車停下腳步的時候，請務必抓準時機跳下月台，買個當地特產的火車便當。池上車站位在台東縣池上鄉，距離台東站約有四十到五十分鐘車程。在這裡把便當風捲殘雲、一掃而空，真是再適合不過了。

快到池上站的時候，車內便會有鎖定池上便當的人開始準備動身下車，請留意一下他們的動作。等到火車滑進月台的時候，月台上賣便當的小姐便會開始高聲呼喊，那聲音即使在車

從台北飛來的航班降落在台東機場。台東和花蓮並列，都是台灣東部的主要城市。（2010年10月27日）

內，也能聽得一清二楚。

二〇一一年二月，筆者購買池上便當的時候，正是鄰近中午時分。當我踏上池上站月台一看，在叫賣小姐的身邊，前面下車的人已經排成一條不小的人龍。那些客人就像在爭搶似地，朝著便當將手伸得長長的，而叫賣小姐也不甘示弱，用熟練的姿勢不斷制止他們。畢竟雖然待賣的便當堆積如山，但如果讓客人毫無秩序隨意亂拿，那可就得不償失了。客人非得早點買完便當，回到列車上去不可，因此不管是賣便當的小姐還是客人，都顯得相當著急。

若您順利買到池上便當，坐回座位上的話，您可以選擇馬上大快朵頤，也可以先欣賞一下包裝紙上的懷舊設計。一個便當七十元（約日幣兩百圓），雖然比車內販賣的便當要貴十元，不過它的風味，可是獨一無二使用了名產「池上米」唷！

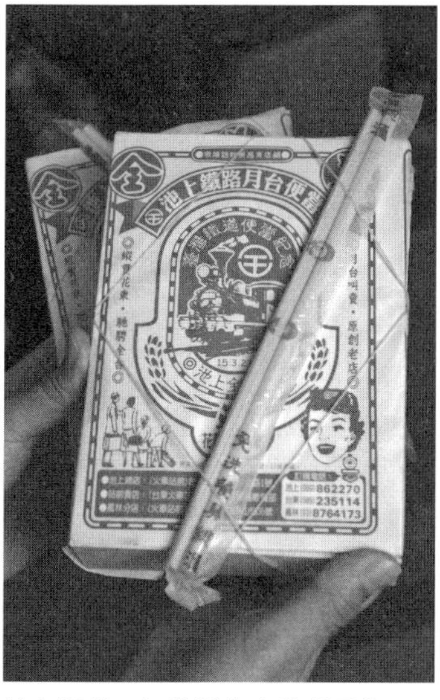


池上便當。包裝紙上寫的「月台」，即是platform的意思。（2011年2月24日，於往台東的特快車「自強號」內攝影。）

23 台東航空站網頁資料（二〇一二年五月二十四日瀏覽）。
24 台灣鐵路管理局網頁資料（二〇一二年五月二十四日瀏覽）。

# 第四章 基隆

## 砂金

「看到了嗎？在這裡、就在這裡唷！」雖然是不提醒就不會注意到的量，不過當親手淘出的砂金呈現在自己眼前時，我的臉上還是忍不住露出了微笑。

在體驗區淘出的砂金。在「黃」和「G」字樣左邊小小散落的就是砂金。（2011年2月23日，攝於台灣新北市瑞芳區，黃金博物園區。）

二〇一一年二月，我在台灣體會了淘金的滋味。

首先用一個圓型、淺底，煎餅大小的容器，掬起一把沙。接著將它泡在水裡面，連著容器一起緩慢搖晃，當洗去多餘的砂礫之後，剩下的就會是比重較重的黃金。

在台灣北部瑞芳車站前搭上公車，到了以描述「二二八事件」[1]的電影《悲情城市》[2]（侯孝賢導演，一九八九年）舞台而聞名的九份時，幾乎所有乘客都下了車，只剩下驟然變輕的車體，往更深的地方駛去。經過一段崎嶇蜿蜒的道路，大約三十分鐘後，便會到達終點——主題公園「黃金博物園區」的入口。這裡是將日本殖民台灣時期開發的金礦區——金瓜石，加以公園化後開放的場所。曾經被稱為「我國首屈一指的礦山」的金瓜石，[3]如今已經停止了採掘，搖身一變成為遊覽勝地。在這裡可以親身體驗淘砂金，費用是一人新台幣一百元，換算成日幣大約是三百圓。在這裡也能參觀過去挖掘金礦的坑道，還可以親手觸摸重達兩百二十公斤的金塊。[4]

黃金博物園區裡還留有輕便鐵道（台車軌道）的一部分；過去，這條軌道曾經從金瓜石經過瑞芳，和基隆之間相互連結。[5]

台灣的電影導演王童在一九九二年，曾經拍攝過一部描寫金瓜石的台灣礦工、以及環繞著黃金的人們之間種種悲哀的作品《無言的山丘》。在這部電影中，有來自琉球的少女「富美子」以及「福祉課的金城先生」，同時也描述了金礦經營幹部生活的住家、以及礦

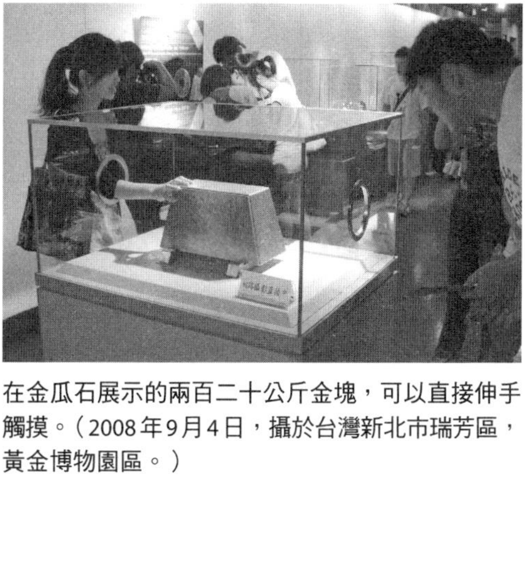

在金瓜石展示的兩百二十公斤金塊，可以直接伸手觸摸。（2008年9月4日，攝於台灣新北市瑞芳區，黃金博物園區。）

1 發生在日本統治下居住於台灣的本省人、與台灣脫離日本殖民支配後，隨國民政府從中國大陸前來的外省人之間的事件。犧牲者依看法不同，有數千人到數萬人之說。一九九五年，時任總統的李登輝，承認事件當時政府確有過失。和沖繩有關係的人士，至少有四人在此事件中犧牲。也有人為了逃離鎮壓，從台灣逃往沖繩。可參照吳密察原著監修・横澤泰夫訳『台湾史小事典』（二〇〇七年／中国書店）頁二二九；又吉盛清『台湾2・28事件60年沖縄（琉球）関係調査報告書』（二〇〇七年）頁二一；松田良孝『八重山の台湾人』（二〇〇四年／南山舎）頁一二三。

2 藤井省三『中国映画——百年を描く、百年を読む』（二〇〇二年／岩波書店）頁一九九。

3 基隆市双葉尋常小学校編『郷土読本　我が基隆』（一九三四年）頁一一八。

4 『黄金博物園区日本語ガイドブック　金色の光の下の山城』（二〇〇五年／台北県立黄金博物館）頁四十六。

5 『黄金博物園区日本語ガイドブック　金色の光の下の山城』頁十二。

工們尋歡作樂的夜晚九份的模樣。

金瓜石與九份是位在海拔兩百至三百公尺左右的高處，從與那國前往台灣的船隻，也能清楚看到那閃耀的燈火。

筆者在與那國島進行訪談時，就遇到了一位曾經在近距離航行的船上，望見過金瓜石燈火閃爍模樣的人物。

吉元（現姓佐久川）芳子。當她從與那國國民學校高等科畢業後，便立刻渡海前來台灣。（2008年11月9日，攝於與那國町祖納自宅。）

一九四二年（昭和十七年）三月，剛從與那國國民學校高等科畢業的佐久川（舊姓吉元）芳子（一九二八年生），在搭乘從與那國前往基隆的漁音丸時，忽然望見左側有個閃閃發亮的地方。當時她想著「真是漂亮呢」，同船的人告訴她：「那是金瓜石唷」。

當時的教育制度以一九四一年（昭和十六年）為界，之前的尋常小學校變更為國民學校、「尋常科」也改稱為「初等科」；不過不管是尋常科或是初等科，和現在小學相同的六年級學制這點都沒有改變。芳子在一九四〇年（昭和十五年）三月從與那國尋常高等小學校尋常科畢業後，便升上高等科；當她上高等科二年級時，學校的名稱改為與那國國民學校。

儘管從尋常科畢業後，可以選擇進入四年制的高等女學校，不過芳子選擇了高等科。高等科畢業相當於現在的中學二年級生，而高等女學校畢業則是相當於現在的高一。[6]

升上高等科之後，接下來可以選擇進入師範學校就讀。以沖繩的情況來說，女學生會進入沖繩師範學校女子部。

期望繼續就學的芳子估量著，「若是讀師範的話可以領取公費，就不需要花大錢了」，心想這樣應該不至於造成雙親的負擔，但有一次，母親阿苗私下對她說：「如果我再年輕一點的話，就算去當人家家裡的女傭，也會把妳送進學校去，只是……」於是她便放棄了這個念頭。或許是因為高等科的老師認為芳子應該進入師範就讀，而芳子也意識到這點，所以阿苗才會悄悄對她這樣說吧！阿苗四十歲才生下芳子，當芳子從高等科畢業時，已經過了五十歲的年紀；故此，就算她想為女兒籌足學費，也實在是力不從心。

與那國島的孩子想前往沖繩本島就學，果然還是需要一筆不小的金錢；前往台灣就學也一樣，問題就在那「一文錢」上面。芳子那一期共有六十來位畢業生，不過前往沖繩本島就學的，據說只有十位左右。

就在這樣的原委下，芳子前往了台灣。

聽芳子闡述她的體驗時，我清楚感受到她的高潔性格與優秀的謀生能力。她從不饒舌多

6 ひめゆり平和祈念資料館資料委員会執筆・監修『ひめゆり平和祈念資料館　ガイドブック』（二〇〇四年／財団法人沖縄県女師・一高女ひめゆり同窓会）頁十二。

言，對於訪談這件事甚至可說很不習慣，但卻用緩慢而穩健的語調，淡淡地陳述了自己這一路走來的經歷。

我在畢業三天後，就立刻前往台灣。

當她一畢業，便立刻跳上了漁音丸。那是一艘聯絡與那國與基隆之間的船。若是走訪與那國民族資料館（主管是池間苗），還可以看見當時照亮著往台灣方向的海域、屬於漁音丸的航海燈。

漁音丸從與那國出發，大概要花上十個小時左右才能到達基隆。金瓜石與基隆之間的距離約是十公里，所以若是看見金瓜石的燈火，那就代表距離目的地已經不遠了。芳子的哥哥政吉、姊姊隆子都住在基隆；芳子寄居在政吉夫婦家裡，一邊接受隆子的建議，一邊開始了在台灣的新生活。

## 基隆郵局前

基隆港的縱深大約是四公里，它的最深處便是基隆郵局前的碼頭。漁音丸便是在這裡停泊靠岸。

和芳子同樣出身與那國島祖納、比她年長十歲的松川政良（一九一八年生），在台北市田寫真館落腳打工的時候，便經常拿著老闆給的零用錢前往基隆遊玩；據他所言，他前往基隆的目的是：

> 在（基隆）郵局前有著從與那國來的運輸船，它停泊的位子正好就位在基隆的郵局前面。在那裡，熟人們都會一起聚在船停泊的地方唷！

政良所說的「運輸船」，也包括漁音丸在內；基隆郵局前的碼頭，成了這些從與那國前往台灣的人們熟稔的聚會場所。芳子也是搭乘漁音丸在基隆郵局前登陸。她就在不曾想到自己之後竟會在這間郵局工作的情況下，踏出了新生活的第一步。

芳子首先造訪了在基隆煤礦公司工作的哥哥。在那裡順利落腳後，她又在基隆工作的姊姊隆子安排下，進入了裁縫學校「福迫洋裁所」學習。可是芳子心想「這樣依靠人家是不行的」，於是開始自己找起了工作。「我想找份坐辦公桌的工作」，雖這麼說，但芳子卻找了份公車車掌的工作。就這樣，她一邊賺取學費，一邊試著提升自己的謀生技能。

> 因為沒有學歷，所以沒有錢。

若是擔任公車車掌，從鞋子到制服，全身的行頭都是無償供給，所以只要通過錄取考試，就算沒有什麼錢也可以好好工作。芳子口中的「沒有學歷」，指的是自己因為家庭因素放棄就讀師範這件事。不過她並不討厭讀書，國民學校高等科的老師也勸她進師範就讀；特別是在算數方面，她相當拿手，因此在計算車資上，也表現得非常稱職。

於是，芳子一邊擔任車掌，下班或者不用值勤的時候，就到福迫洋裁所學習縫紉，如此開始了她的基隆生活。

## 社寮島

成為車掌的芳子，繞遍了基隆的大街小巷；在服務的過程中，也會遇到來自與那國等地的沖繩人。芳子在車上，也曾遇過操著與那國島方言的dounantou（與那國人）。

> 說到基隆這一帶與那國人最多的地方，那就是社寮町了！那是一個港灣，在那裡幾乎都是與那國人。到那裡走一趟，到處都能聽到與那國的方言；若是再稍微走遠一點，還能聽到宮古的方言喔。在那邊蓋著長屋對吧？到處滿滿的都是長屋。

在基隆的北部，有一座用橋聯繫的離島，那座島的名字過去叫作社寮島，島上的聚落則稱為社寮町。現在，這座島已經改名為「和平島」，橋的名稱也改為「和平橋」。在基隆市的核心地區，台灣島與和平島之間僅僅一衣帶水之隔，其間漁船頻繁往來的情景，令人不禁想起運河。

和平島現今依舊是以漁民群聚的島而著稱，靠近台灣島的南岸，漁船與船塢成排並立；走近就能清楚聞到機油的焦臭味。在和平橋旁邊的「和平觀光魚市」，可以買到剛從海裡打撈上來、放在水箱裡的新鮮海產，然後拿到旁邊的海產店裡，直接做成料理。不只是觀光客，在這裡也可以見到台灣人光顧的身影。

與那國的漁民，早在日本開始統治台灣的一八九五年（明治二十八年）時，就已經出現在社寮島上。在一份一九三三年（昭和八年）、描述基隆漁業開端的資料中，有著以下的一段文字：

> 內地明治二十八年八月，與那國的漁師倉原敬造氏，帶著兩艘漁船返回基隆。他是首位以燈塔到社寮島附近為漁場的人，在當地相當活躍，不過在三十年因為生病，所以就離開了基隆。[7]

7 入江文太郎『基隆風土記』（一九三三年／入江曉風）頁一四六。

上面寫的不是「沖繩的漁師」或者「琉球的漁師」，而是「與那國的漁師」。雖然我們無從得知寫這篇文章的人，是在某種程度上意識到與那國，還是只是下意識地想要寫得比較詳盡一點，不過拜他所賜，我們得以知曉，在十九世紀末的基隆，有位帶著兩艘漁船、並在整整兩年間落腳於此地進行漁撈業的dounantou。

在這之後，社寮島陸續有沖繩出身的漁民落腳定居，到了一九一五年（大正四年）的時候，已經有大約兩百名沖繩出身者聚居於此。[8]在一九三〇年（昭和五年）時，這裡已經形成了一個有七十四戶沖繩出身者居住的聚落。[9]

在一九二九年（昭和四年）由基隆市公所發行的《基隆市》中，「社寮島」被列入當地的名勝古蹟之一，同時在介紹中也提到沖繩漁民：

> 作為琉球漁夫與本島人混合居住而形成的聚落，當地與基隆市內截然不同，自成一片天地。[10]

「本島人」，指的是漢族的台灣人。

同書更進一步提到，沖繩漁民獨特的駕船技術、潛水捕魚，以及對魚類的處理方式，都是「其他地方十分難得一見的景象」；不只如此，「吹著涼風、聽著蛇味線演奏，更是獨添一番風味。」[11]由此得知，沖繩漁民似乎也將三線引進了台灣。

關於社寮島的沖繩出身者所展開的組織性漁業，從以下留存的資料也可窺見一斑：

位在基隆社寮島的琉球人聚落，全村五十餘戶兩百多人，皆是以競逐漁獲維持生計。他們搭乘著小舟、裸著身體出沒在波濤洶湧的島嶼周圍，潛入深深的水底，靈巧地捕捉生鮮魚貝。（中略）他們投擲魚叉、刺穿水中游魚的美技，可說已經到了出神入化的地步。另一方面，村中的女性每到夏天，就會擔負起海女的任務，終日泡在海中採取石花菜；她們的工作技巧，比起男性絲毫不遜色。這個原始的漁村，近來似乎也有省於時勢，一躍而形成組織性的漁業。他們透過全村的協議，將整個村莊統合為一個漁會，並向基隆郡公所提出設立申請；在他們的計畫中，除了獲得村莊近海的漁業權以外，還要購入一艘發動機漁船，並建構起捕拾雜魚以及石花菜的聯合獨占事業。由於該村都是出外打拚的人所組成，因此村民不只相當團結，組織能力也很優秀；村民所積累的公積金也有相當數量，這次的漁會創立費似乎也已經轉入相關帳戶，故此，基隆市勸業課對於漁會的創立，也投入

8 朱德蘭「基隆社寮島の沖繩人集落」，收錄於上里賢一．高良倉吉．平良妙子編『東アジアの文化と琉球．沖繩―琉球／沖繩．日本．中国．越南』（二〇一〇年／彩流社）頁五十八。
9 朱德蘭「基隆社寮島の沖繩人集落」，收錄於上里賢一．高良倉吉．平良妙子編『東アジアの文化と琉球．沖繩―琉球／沖繩．日本．中国．越南』頁六十八。
10 加藤守道『基隆市』（一九二九年／基隆市）頁二十七。
11 加藤守道『基隆市』頁二十九。

了很大的力氣。12

芳子搭乘公車造訪的社寮島，就是這樣一個沖繩漁民生氣蓬勃的地方。

在靠近市中心的地區，也有與那國出身的女性，在來自本土的家庭中擔任幫傭的工作。這些擔任幫傭的與那國女性，往往會將工作交接給新抵達台灣的同鄉女子，然後轉任別的工作，或是返回與那國家鄉。這種與那國同鄉之間的接棒傳承，可說是為後進開闢了一條康莊大道。

在這些女傭當中，據說也有人在戰爭結束、日本對台灣的殖民統治告一段落後，隨著服侍的日本人一起離開台灣，渡海前往本土。

## 島嶼方言

由於「八重山語」在基隆曾經被納為地方語言之一，因此在這裡略加介紹。在一本一九三二年（昭和七年）於台灣發行的「語彙集」中，蒐羅了基隆及其周邊區域使用的方言，並和所謂台灣話進行比較。被納入其中的包括了台灣話、北台灣的三種方言、台灣東部的兩種原住民語言，再來就是「八重山語」。基隆是個多語言的空間，而其中我們可以發現，講「八重山語」的人已經形成了一個絕對無法忽視的團體。

在這本書中，這七種語言被列出六十四個單詞（例如從一到十的數數），針對它們的表現方式，各自以片假名加以標記，再和日本語進行對照。負責「八重山語」部分的，是曾任八重山測候所長的岩崎卓爾。[13]

讓我們試著想像一下吧。

當時來到基隆打拚的八重山人們，即使一般日常生活都是使用標準語，但在八重山同鄉之間交談的時候，還是會使用島上的方言吧！聽到這種方言的台灣人，不免會思索「這是什麼語言啊？」這種情況還不只一次，而是兩次、三次，甚至是隨處皆可聽聞，以致於需要特別出版書籍來介紹它……

這樣一想，來台灣打拚的與那國人在工作告終後小憩一番，用島上方言彼此交談的景象，彷彿便歷歷浮現眼前。或許，他們也會在船隻靠港的時候，大吼大叫地用島上的方言彼此交流吧！

## 朝向打字員之路邁進

芳子在基隆市內擔任半年車掌之後，便搬到了台北落腳。利用這六個月存下來的錢當成生

12「社寮島の漁業組合」，收錄於『台湾水産雜誌』111号（一九二五年四月）頁五十八。
13 石坂荘作『おらが基隆港』（一九三二年／台湾日日新報社）頁一〇三－一〇九。

活基金，芳子的目標，是進入打字員養成所學習。她投靠了住在台北市老松町的親戚，從那邊動身就學。

養成所不需要考試就可以入學，訓練的時間是半年；只要在規定的時間內打完一篇規定的文章，就能夠順利畢業。畢業生會按照在養成所的成績，各自分配到相應的職場，並在那裡開始從事屬於自己的工作。

芳子服務的地方是「台灣日日新報」的祕書課。在這所暱稱「台日」、殖民地台灣最大的報社裡，祕書課的工作「相當艱難，而且幾位前輩也都很嚴格」；不過，薪水倒是不差。芳子離開與那國島時，立定志向想做的「坐辦公桌的工作」，到這時總算是如願以償了。

「台日」的地址位在台北市榮町四丁目。順道一提，雖然和芳子服務於「台日」的時期有所差異，不過松川政良曾任學徒的市田寫真館，距離那裡只有兩百公尺左右。

「台日」和市田寫真館，都是位在台北稱為「城內」的地區。根據一九四〇年（昭和十五年）的統計，台北市的人口共有三十二萬六千四百零七人；[14]而位在台北市最中心的，就是南北約一百二十公尺、東西約一百公尺的「城內」。台北原本四面有著城牆環繞，後來日本殖民統治時期城牆遭到拆除，但是「城內」這個稱呼卻留了下來，成為包括台灣總督府等機構在內的台灣中心點。

總而言之，芳子所處的狀況是這樣的：

在三十萬人口的都市——台北市擔任打字員，配屬在台灣最大報社的祕書課，並在台灣的中心點「城內」，過著ＯＬ的生活……

如果芳子留在與那國島，就無法擁有這樣的地位；從這點來看，這應該算是不錯的向上提升吧！

在這之後過了一陣子，芳子又回到了基隆。她先暫時在金瓜石的金山找到一份打字員的工作，不過旋即又參加了基隆郵局的甄選考試，並順利在那裡就職。過去搭乘漁音丸登岸時，曾經聳立在眼前的基隆郵局，如今成了芳子的新職場。

在基隆郵局裡，經常可以看見與那國人的身影。在窗口負責匯兌業務的芳子，不只常常看見他們的模樣，也常會聽見他們的說話聲：

每次聽到與那國的方言，我就會從匯兌的窗口往櫃檯方向看去。這時，他們（與那國出身的人）就會拿著包裹，對我說：「喂，芳子，這個就交給妳啦！」他們常會這樣拿東西來唷。

其他與那國出身的人，總會像這樣把需要轉交的包裹託付給在郵局工作的芳子。畢竟是同

14「2戶口　1昭和15年国勢調查世帯及人口」，收錄於台北州総務部総務課『台北州統計書』（一九四二年／台北州総務部総務課）頁九。台灣大學圖書館網頁台灣日治時期統計資料庫（二〇一二年五月二十一日瀏覽）。

鄉的請託，也沒理由拒絕吧！芳子雖然有過在台灣最大的都市——台北擔任ＯＬ的生活經驗，但卻不會眼高於頂、裝模作樣；不，更精確一點說，她其實應該沒有裝模作樣的餘裕才對。據她所述，她當時曾經發出這樣質樸的驚歎：

> 當我看見方糖的時候，因為我是鄉下人，什麼都不懂，所以只好請教人家：「放進裡面的是什麼東西啊？」因為是鄉下人，所以第一次真的看到計程車的時候，我也嚇了一跳呢！

那是她被基隆郵局課長的女兒帶著前往咖啡廳時的事。咖啡杯旁附著一隻湯匙，上面有著一塊白色、四方形的東西。

「這是什麼啊？」

芳子開口問道，於是課長的女兒回答說：

「這是方糖，放進（咖啡）裡面喝的唷。」

> 因為是鄉下人，果然不開口問就什麼都不懂。我對這樣的事情，並不會太引以為恥。不管怎樣都該問；如果不懂又不問，那才是一生的恥辱呢！

在郵局吃午飯的時候，也發生了不可思議的事：

台灣的每個人，吃的都是冒著煙、溫熱的便當。我看了以後，就想說：「好奇怪喔，難道大家的太太都趕著時間，將熱便當送到先生手上嗎？」

芳子所說的「煙」，指的其實是「蒸汽」，意思是指熱氣騰騰的便當。男職員的妻子們都會把剛做好的午餐放進便當盒裡，特地送到公司給老公嗎？芳子忍不住感到疑問。直到某一天，芳子走到地下室靠近鍋爐的地方，看見附近滿滿地掛著便當盒，這才明白，原來台灣職員似乎會用鍋爐的熱度為便當保溫。

台灣人不喜歡吃冷的東西。他們會把便當掛在這裡（鍋爐附近），等到中午再拿來吃。就這樣，一起吃飯的人，每個人手上拿著的，都是冒著煙的便當盒。

就這樣，芳子邊為台灣人同事的行為感到驚奇邊工作著。下班之後還有餘暇的話，她也會去出租公寓附近台灣人開的洋服店裡打工。靠著在福迫洋裁所學來的經驗，芳子踏實地過著每一天。

基隆一向雨水很多，用芳子的話來說就是「每天都在下雨」。事實上，不用她特別強調，基隆的地理環境本來就是「論到世界有數的降雨地點，大家一定會點頭稱是」這麼一回事。[15]不過，這裡的建築物在一樓部分設有步道，而以二樓的部分代替屋簷遮風擋雨；走在這種「亭仔腳」[16]下，就算不撐傘，上班通勤也不會有困擾。

## 警報

芳子在基隆登陸，是一九四二年（昭和十七年）三月的事。之後，她擔任車掌在基隆待了半年，在台北市內的打字員養成所又待了半年；接著，她在「台灣日日新報」工作了一陣子，回到基隆展開第二階段的生活，應該是一九四三年（昭和十八）三月以降的事情了。

在本書一〇二頁曾經提及，一九四三年三月十九日，在基隆海域彭佳嶼北方，貨客船「高千穗丸」（總噸位八千一百五十四噸）遭到了美軍魚雷所擊沉。[17]

基隆本身是一座軍港。以本書屢屢引用、由基隆市公所發行的《基隆市》（一九二九年）為例，上面刊載的照片，每張都附有「經基隆要塞司令部許可」的字樣。簡單說，要將介紹基隆的照片刊載在書上，都必須經過軍方的認可才行。從車站和碼頭的腳夫風貌、水源地、市營住宅，一直到魚市場，每一張上面都標示著「經許可」的字樣。就在這要塞都市基隆的眼下，八千噸級的貨客船竟然遭到魚雷擊沉，此事的意義絕不能等閒視之。不只如此，高千穗丸直到事件發生的前年為止，都是供陸軍使用的船隻。[18]

芳子就在高千穗丸被擊沉的前後時期回到了基隆。沒過多久，台灣在這年的十一月首次遭受攻擊，新竹的機場與鐵路設施被盟軍所爆破。[19]緊接著，盟軍對台灣正式展開攻擊，先是一九四四年（昭和十九年）十月的「台灣沖空戰」（台灣沖航空戰），然後又有一九四五年（昭和二十年）五月的台灣全島大空襲。[20]在台灣的對面，以先島為中心的沖繩各地自一九四四年夏天以降，便開始正式進行居民的疏散，[21]基隆也成為了這些疏散居民的登陸地點。

同時，動員台灣人民參與戰爭的計畫，也陸陸續續浮上檯面。

台灣的志願兵制度是始於一九四二年（昭和十七年）；首先是陸軍，接著海軍在一九四三年（昭和十八年）也加入行列。志願年齡定為陸軍十七歲以上、海軍十六歲以上。一九四五年也開始了徵兵制，同年一月舉行徵兵檢查，在受檢的四萬五千七百二十六人中，共有甲種四千六百四十七人、乙種一萬八千零三十三人合格。[22]

15 加藤守道『基隆市』頁三。
16 台湾総督府『台湾語大辞典　下巻』（一九三二年，国書刊行会の復刻版〔一九八三年〕）頁二九三。
17 岡田俊雄『大阪商船株式会社80年史』頁七五六。
18 岡田俊雄『大阪商船株式会社80年史』頁二七八。
19 李筱峰《台灣史100件大事（上）》（一九九九年／玉山社）頁一八〇。
20 李筱峰《台灣史100件大事（上）》頁一八〇—一八一。
21 參閱松田良孝『台湾疎開　「琉球難民」の1年11カ月』（二〇一〇年／南山舎）。
22 田中宏「日本の植民地支配下における国籍関係の経緯」，收錄於『愛知県立大学外国語学部紀要第9号　地域研究・関連諸科学編』（一九七四年）頁八八—九一；台湾総督府『台湾統治概要』（一九四五年）頁七一—七三。

日本殖民統治台灣五十年，在這最後的一年裡，台灣人民負起了徵兵的義務；可是，作為基本權利的參政權，卻直到終戰為止都未曾實施。[23]日本殖民統治台灣的時候，台灣和與那國之間並不存在所謂的國境線；但是，環繞著權利與義務，兩者之間卻拉起了一條肉眼看不見的界線。

芳子工作的基隆郵局，每當空襲警報響起的時候，職員就會跑向南側微微隆起的小山丘，躲進在事先挖好的防空壕。

芳子下班之後，也沒有回到自己在義重町六丁目的出租公寓，而是和附近的居民一起躲進防空壕，直到黎明到來。當芳子躲進防空壕的時候，附近攜家帶眷的人已經把裡面塞得滿滿，根本沒有進去的空間；不得已，她只好在入口的階梯處歇息，忍受著進進出出的腳步不停踩踏。有時她乾脆不去防空壕、躲進公寓的壁櫥裡睡大覺，這時「隣組」[24]的幹部就會過來，指示她到防空壕去。

不只是基隆郵局，包括基隆市公會堂、憲兵隊，還有芳子住的公寓，都遭到了重創。某次猛烈的空襲時，工作中的芳子來不及前往小山丘避難，只好衝進郵局附近的一個防空壕暫避。那是個在地面上挖了洞，再覆上一層遮蔽物的簡陋防空洞。爆炸的衝擊使附近運河濺起大片水花，宛若傾盆大雨般直灌入防空洞內。芳子的全身都濕透了；就在防空洞入口附近，郵局的警衛血流如注，橫屍在地。

河川的水都飛起來了；炸彈落下來，掀起好大的風暴哪！那真是可怕到極點了，我到現在都忘不了。那個時候，公會堂被炸了、憲兵隊被炸了、郵局被炸了，還有我的公寓，所有一切全都被炸掉了。除了我身上穿的衣服，什麼也沒剩了哪！

就這樣，芳子離開了基隆。在一位認識的護士介紹下，她在台北的陸軍部隊找到了一份文職人員的工作，並在那裡迎接了終戰到來。

芳子在台灣生活的時期，正是太平洋戰爭爆發的時期。她既有擔任打字員、以OL為生的經驗，也有對加在咖啡裡的方糖大感驚奇的過去。這些經驗與「戰時」組合起來，難免給人一種不協調的印象，但那或許是因為生在後代的我們（比方說筆者），已經知道終戰將近，所以才會有這樣的感覺吧！

身處漩渦之中，反倒難以掌握事態的整體面貌。或許，世事變遷正是如此；當我們稍稍感受到某種預兆之際，便已經以毫不停歇的速度，轉瞬間奔流而逝了吧！

23 田中宏「日本の植民地支配下における国籍関係の経緯」，收錄於『愛知県立大学外国語学部紀要第9号　地域研究・関連諸科学編』頁七二—八二。

24 譯註：日本在戰時實施的地方組織制度，通常是以五家或十家為一單位，單位內的家庭有貢獻物資、居民動員、配給物料、共同參與防空活動等各項義務。

## 【宜蘭・羅東】支撐蘇澳南方日常生活的地方都市／至今依然殘留的日本時代足跡

### 卡拉ＯＫ裡的演歌

《哀愁的街上飄著霧》
《柳瀨布魯斯》
《單戀酒》
《愛你入骨》
《船歌》

其他還有很多歌曲，可惜我的取材筆記本在中途弄糊了，以致無法一一記述。

當我去蘇澳南方取材時，曾經被那些應我之邀接受採訪的人帶著，一同前去卡拉ＯＫ。那是二〇〇八年十一月的事。在那短暫的時間中，筆者好好體會了一段蘇澳南方人的週末生活。

那次我走訪蘇澳南方時，正如平常一樣去拜訪了住在當地的黃春生先生（一九二九年生）。當時，春生的朋友黃炳鑫（一九二七年生）、侯昭源（一九三〇年生）也一同出席，接受筆者有關日本時代蘇澳南方的訪談。

當談話暫告一段落時，已是將近中午時分。

這時，他們三位用台灣話開始談起些什麼。筆者雖然不能很清楚理解他們談話的內容，但可以察覺他們是在商量有關吃飯的事。「時間」這個詞我明白，意思就是日語的「時間」；除此之外還有另一個一再出現的詞，「呷飯」。「呷飯」，[25]就是台灣話裡面的「吃飯」；因為我和住在八重山的台灣裔人們接觸時，也常聽到他們說這個字眼，所以也就自然而然記下來了。

雖然昭源似乎想要推辭，不過卻被另外兩人給留住了；結果，筆者就跟他們三人一起搭上了車。我們的目的地是羅東，一個同樣位於宜蘭縣內、蘇澳南方西北約二十公里處的城鎮。

——究竟會踏進怎樣的店呢？訪問台灣的時候，每次遇到台灣人帶我去吃飯，總讓人十分期待。這次我們走進的是涮涮鍋店。它採取的是自助式的吃法，在桌上放著一個每人一份的小鍋子，客人則是從櫃檯自己取用喜歡的配菜與想要的分量，回到自己的鍋內烹煮食用。

我們在午後十二點半左右走進店裡，一看，幾乎座無虛席。這天是星期六，店內找不到四

---

25 漢字寫作「食飯」或者是「吃飯」，發音是「chiah-png」。樋口靖『台湾語会話　第二版』（一九九二年／東方書店）頁二八七、二九五。

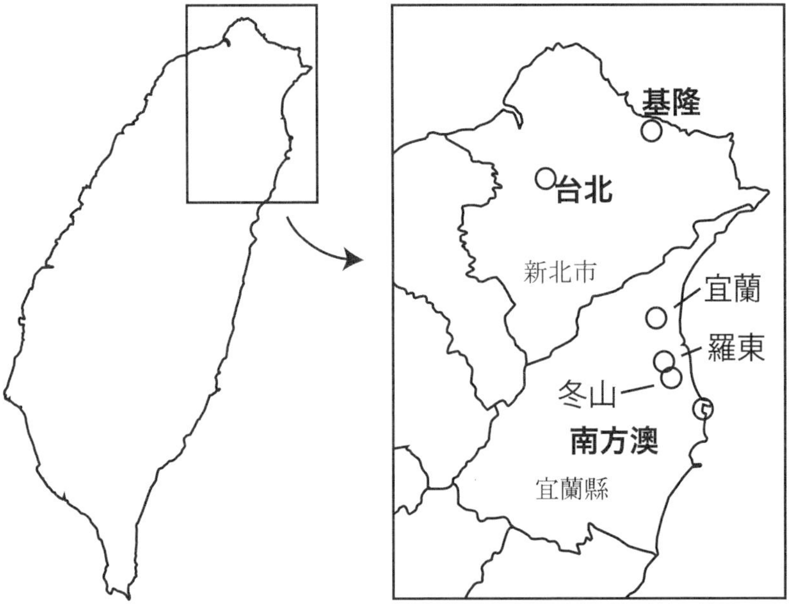


東北角

個人一桌的桌子，於是我們只好暫時走出店外，在附近的公園消磨時間。

吃完飯後，我們再度動身前往隔壁的冬山鄉，走進一家位在國道路旁的小店。

店內燈光有點昏暗，同時並排著成套的沙發；宛若舞池般的天花板上，小小的燈泡散發著閃閃光芒。再加上像是小型電視的螢幕，以及面向螢幕準備好的麥克風，這是一家卡拉ＯＫ店。

據說在用演歌教人日語的炳鑫點了《哀愁的街上飄著霧》，春生則是演唱了《柳瀨布魯斯》。估算麥克風一時還轉不到我這裡，於是我不禁發出了感言：「演歌就像口香糖一樣，愈嚼愈有味啊！」接著昭源唱了首《單戀酒》，好好展露了據說得過宜蘭縣卡拉ＯＫ大賽冠軍的好歌喉。

這三位都有過日本殖民時代的經歷，不

台灣宜蘭縣冬山鄉的卡拉OK店「長青聯誼會」裡，日本的演歌陸陸續續被點播出來。（2008年11月15日）

過唱的歌則都是戰後的曲子。炳鑫主持了一個用日本歌學日語的協會，在十年間大約指導了四百首歌曲。「我在家裡裝了日本的ＢＳ（衛星放送），每到星期天都會聽日本歌曲，如果有好歌，就會把它蒐集起來」；透過這種方法，他將現在日本正流行的歌曲集合起來，教給參加協會的人們。當有會員過世的時候，他們也會一起合唱美空雲雀的歌，來送對方最後一程。

麥克風又繼續輪轉；《愛你入骨》和《船歌》也登場了。我們就這樣一邊喝著紅露酒和啤酒，度過了兩小時；他們三位看起來全都顯得精神奕奕。

當我們走出店門時，外面已是一片暮色低垂。

## 偶爾會去那邊玩玩

當與那國出身的人們談起日本殖民時代的蘇澳南方生活時，也會不時提起羅東和宜蘭。

> 從南方到蘇澳、羅東、一直到宜蘭，這些地方我都去過了唷。我哥哥生病的時候，就住在宜蘭醫院裡。

久部良出身的金城靜子（一九二四年生），她住在蘇澳南方的哥哥，曾經因為罹患骨膜炎而住進宜蘭醫院。另一方面，她也會去宜蘭購物：

我會去那邊買洋服布料之類的東西，然後偶爾就順便玩一玩。那邊好買的東西可多了呢！

當我向久部良出身的大城正次（一九二三年生）詢問他是否曾經前往羅東和宜蘭時，他也回答說：「有喔；船隻休息的時候我會去，畢竟那邊有很多好玩的東西嘛。說起宜蘭啊，就是有點那個那個的嘛！那邊有州立醫院、有很多建築物，很熱鬧呢！搭火車的話，大概一小時就可以到了。」從蘇澳南方的港口搭巴士抵達蘇澳火車站，再從那裡搭火車，就可以前往羅東和宜蘭。如果覺得在蘇澳等火車太耗時間，也可以直接搭巴士過去。

祖納出身的松川政良（一九一八年生）也說：「大體上，我都是去蘇澳、宜蘭和基隆。如果要玩上兩三天的話，那就（中略）會去基隆。」作為假日休閒的場所，他對基隆的記憶相當清晰，不過宜蘭也存在他的記憶之中。

## 官民痕跡的修復

二〇一一年二月，我奔走於羅東和宜蘭之間。

在台灣，將日本時代留下的遺跡加以再生，並於現代重新活用的例子並不在少數。如果說羅東是將象徵經濟的設施加以活用的話，那宜蘭就是將官方建築賦予新生命。

負責宜蘭地方行政的宜蘭廳長官過去曾經使用的官舍，現在被當作「宜蘭設治紀念館」並對外開放。支付環境清潔費三十元（約日幣八十五圓）後走進裡面，首先映入眼簾的，是庭院裡一棵需要抬頭仰望的高大樟樹。建築物的內部，是在玄關必須脫鞋步入其中的和風構造，這點也是忠實呈現了當時的面貌。在和室內設置的展示板上，可以清楚了解宜蘭的歷史。

至於經濟的羅東，則是以林業城鎮而繁榮。在羅東往內陸約四十公里處延展開來的太平山，向來以台灣三大林產地之一而為人稱道；[26]因此，作為森林鐵道的起點，羅東擔負著輸出台灣扁柏的機能。本書先前曾經提及正次用在台灣存下的錢，訂了扁柏寄回久部良蓋房子，而扁柏的產地之一，正是羅東。

羅東林業文化園區是由台灣政府的林務局所整飭，[27]以當時的木材場及森林鐵道的竹林站為中心，向一般民眾公開展示。裡面設有和林業相關的博物設施，以及美術展示區等，入場免費。

森林鐵道的一部分還殘留著，往昔拉著滿載木材貨車的蒸汽火車頭，現在被安置在軌道上，看起來似乎依然可以驅動。筆者前去拜訪時，儘管正值小雨連綿，但步行在綠意盎然的園內，反而令人覺得心曠神怡。走進蒸氣火車頭後面拉著的客車車廂，在咖啡廳裡買上一杯熱咖啡後，可以看見有對情侶正在拍攝結婚照。只見新娘和新郎盡可能地將臉貼近，兩人專心一意地擺著姿勢；至於要怎樣活用這場雨，就全看攝影師的本事了，我在心裡這樣思索著。在這群攝影者的背後，舊木材場裡的廣闊水池正大大盪漾開來；在它的彼端，有輛列車急馳而過。

將用來運輸台灣扁柏等木材的森林鐵道加以修復，並對一般民眾公開的羅東林業文化園區。（2011年2月25日，攝於台灣宜蘭縣羅東鎮。）

26 仲摩照久編『日本地理風俗大系第15巻　台湾』（一九三一年／新光社）頁二四五。

27 請參閱行政院農業委員會林務局羅東林區管理處網頁。

# 第五章 終戰

## 小舢舨

在蘇澳南方擔任旗魚突棒船「喜久吉丸」船長的大城正次（一九二三年生），[1]在一九四三年（昭和十八年）十一月，因為徵兵檢查而前往石垣島。他搭乘喜久吉丸從蘇澳南方來到與那國後，便將喜久吉丸託付給其他船員，獨自一人在與那國下了船。

這時，正次在蘇澳南方獲得相當好的成績，也大有機會能夠一舉奪下優勝錦標旗。優勝旗是為了表彰漁獲量優異的漁船而設立的制度（參照八十八頁）；只是，正次並沒有得到優勝旗。正次稱那面旗為「突刺旗」，關於這件事，他是這樣說的：「當我成功（獲得好成績）的時候，戰爭已經開始了，所以旗子也沒得頒了。對，那時候戰爭已經開始了，大概是（昭和）十六、十七年吧。」

那時候，正次發出了抗議之聲：「為了拿到優勝旗，我可是賭上了男兒的氣魄，怎麼可以說不頒就不頒？今年不頒的理由到底是什麼？」儘管他為了想拿優勝旗而竭盡全力，並因此露出滿臉憾恨的樣子，但主辦單位一句勸諭，就讓他毫無反駁的餘地：「現在是戰時；旗子是絹做的，實在太奢侈了，所以你就忍耐一點吧！」

就在這樣的時代之流中，正次開始朝著戰地前進。

正次回到與那國島的那一天，正值海面波濤洶湧之際。

他乘坐一艘名叫日和丸的船，搭便船從與那國島前往西表島的白濱。當他到達白濱之後，便到處找尋前往石垣的船隻，但一時之間卻遍尋不著。經過好一陣子後，他得知有些糸滿的漁民，正用小舢舨裝載著「海人草」，[2]準備前往石垣，於是便搭上他們的船。漁民們從白濱出發，但因為暴風雨的關係只好中途折返，在那裡渡過一宿。他們在地上鋪滿了草，將小舢舨豎起來抵擋風雨，然後一群人擠在一起席地而睡。第二天，在渾身溼透的情況下，正次終於抵達了石垣島。

這件事甚至登上了《海南時報》的版面。一九四三年（昭和十八年）十一月二十三日，在該報的二版上，可以看見一則標題為「自願接受海軍考驗／一舟穿越洶湧大海」的報導。這則報導褒揚了在惡劣天候中冒險抵達石垣的正次的行動，並以下面這段話作為總結：

以成為舉世無雙的帝國海軍為志願的青年，真真切切發揮了他的氣魄與熱忱，廣受各方的激賞。[3]

1 根據《台灣水產雜誌》238號（一九三五年一月）第三十五頁與239號（一九三五年二月）第四十一頁，我們可以確定，在一九三四年（昭和九年）的時候，南方澳存在著第一和第二兩艘喜久吉丸。
2 譯註：海人草是紅藻的一種，具有驅除蛔蟲的功效。
3『海南時報』一九四三年十一月二十三日第二版。

這篇報導也被貼在正次住宿的石垣島旅館裡，令正次一時間成為眾人喝采的焦點。徵兵檢查的時候，小舢舨這件事也成為話題：

「你是從西表來的對吧？」

「是的。」

「那，你是從那邊划過來的嗎？」

「不，我不是自己划過來的，只是搭人家的便船罷了。」

「不管怎樣，你能及時趕到真是太好了。萬一趕不及，人家找憲兵隊來處理，那可就麻煩大了哪！總之，能夠趕得上真是太好了。」

回顧起這段對話時，正次說道：「大概因為那時候是軍國主義，所以才會受到褒揚吧！」

一九四三年（昭和十八年）這一年，發生了一起對與那國——不，大概可說是對整個沖繩都相當重要的事件。這年，與那國出身的陸軍中尉（戰死後追升為大尉）大舛松市（一九一七～一九四三）在瓜達康納爾島戰死，同年十月被授予軍人最高名譽的個人軍功獎狀，並開始掀起一股彰顯「大舛精神」的風潮。[4]

同年十月八日的《海南時報》二版，刊登了這樣一則報導：

（大舛中尉）在瓜達康納爾島上，以極少數的兵力面對十來倍的敵人，奮戰力鬥，即使身受重傷仍昂然不屈，極力確保了我軍陣地；儘管在最後和敵人的白刃戰中，大舛中尉不幸壯烈戰死，但對於他的赫赫武勳，先前軍司令官已經授予了個人軍功狀……

在這篇報導之後，十月二十三日在大舛的母校——與那國國民學校，召開了「大舛大尉顯彰米英擊滅與那國村大會」。為了全力表彰「大舛精神」，大舛的日記等也頻繁地登上報紙。用以激勵戰時民心士氣的「大舛精神」。搭著一葉扁舟前往徵兵檢查的正次，那段「因為是軍國主義，所以才會受到褒揚」的回憶，也正是這個時代背景下的產物吧！

## 台籍日本兵

安里藤子（一九二九年生）就讀的台東廳立高等女學校（台東高女），這時又變成了什麼樣子呢？藤子在一九四三年（昭和十八年）三月從新港（現在的台東縣成功鎮）的新港國民學校畢業後，便進入台東高女就讀。在那裡，她一邊過著寄宿生活一邊上學，但到了一九四四年（昭和十九年），學校的宿舍被軍隊徵用，藤子不得已只好借住友人家裡落腳。

筆者在南投遇到了一位曾經在這時期的台東高女待過的台灣人。儘管只是短短三天，不過他卻是一位以舊日本軍士兵身分，待過台東高女的人物。

4　沖繩大百科事典刊行事務局編『沖繩大百科事典　上卷』（一九八三年／沖縄タイムス社）頁四一〇—四一一。

住在台灣中部南投市的林啟三，出生於一九二五年（大正十四年）一月。就在剛滿二十歲的一九四五那年（昭和二十年），他被徵召為日本兵，成為在台灣僅僅實施八個月的徵兵制度下，服兵役的其中一人。

由於南投是八重山等沖繩人在戰時的疏散場所之一，所以我在二〇〇六年展開調查，並訪問了南投。我和啟三也是在那時候認識的。啟三當時已經八十餘歲，卻還能夠自己握著方向盤，載我前往各個相關地點。戰後，他在南投縣政府工作，現在退休下來，持續從事和南投特產——茶葉有關的工作。

二〇一一年七月，我再次試著撥電話給啟三；那清晰而沉穩的語調依舊如昔、不曾改變。我的腦海裡不禁浮現他

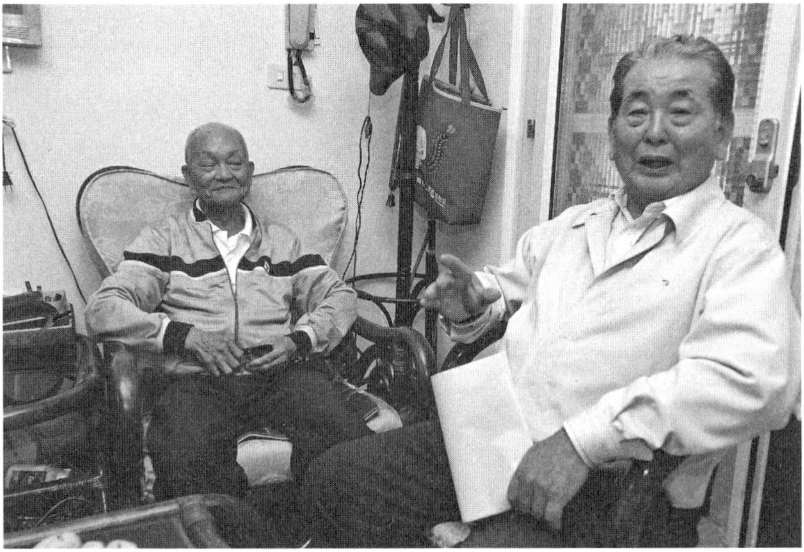

曾經在以台灣人為對象的徵兵制下服兵役的林啟三（右）。（2006年5月24日，攝於台灣南投縣南投市。）

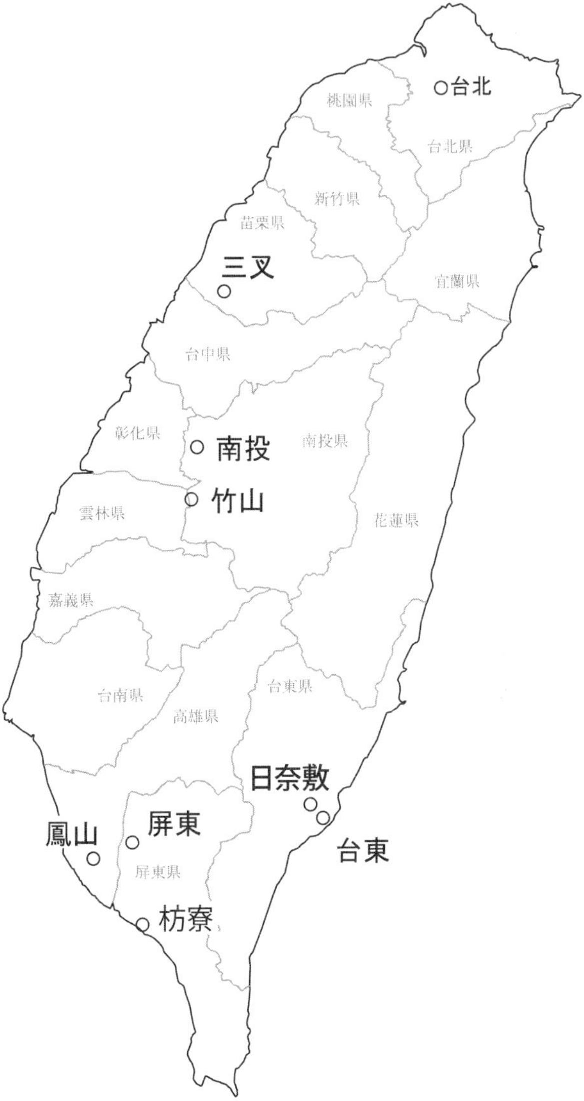
台北
桃園県
台北県
新竹県
苗栗県
三叉
宜蘭県
台中県
彰化県
南投
南投県
竹山
雲林県
花蓮県
嘉義県
台南県
高雄県
台東県
日奈敷
屏東
鳳山
台東
屏東県
枋寮

台灣全圖

在自己家裡拿出茶和芒果招待我時，那張輪廓柔和的臉龐。

「因為我的體格比較小，所以是服乙一種（第一乙種）役。」啟三像是對自己的體格有點不好意思地說著，但在那個一被徵兵馬上就要成為戰力的時期，他可是能夠從枋寮（今屏東縣枋寮鄉）到台東，連續幾天行軍一百公里以上、體力超群的人呢！

出生在台中州竹山郡竹山街（現在的南投縣竹山鎮）的啟三，從為台灣人子弟開設的公學校畢業後，便進入台灣南部的高雄州立屏東農業學校農業科（屏東科技大學的前身）就讀。該校原本是五年制，但因處於戰時，所以教育課程被縮短到三個月，於一九四三年（昭和十八年）十二月畢業。新年過後，他在從事紅茶等農產品製造、販賣的三井農林株式會社就職，並在三叉（現在的苗栗縣三義鄉）工作。

一年後他被徵召，於一九四五年（昭和二十年）二月一日在鳳山（現高雄市鳳山區）入伍。台灣在一九四四年（昭和十九年）十月的台灣空戰（台灣沖航空戰）後，開始遭到盟軍正式的攻擊；一九四五年五月，更是遭受全島規模的大空襲。啟三就是在這個時期被徵召入伍。

入伍後不久，啟三便搭著卡車前往枋寮，從那裡展開了行軍。他完全不知道自己的目的地在哪裡；他在手記上寫著：「士兵什麼都不用知道，只要照著命令行動就行了。」之後過了幾天，他抵達了台東高女，那時大概是一九四五年二月上旬左右。他在手記上這樣介紹：

抵達台東。在台東女學校的運動場上，敢一七八七部隊各中隊負責人事的准尉與下士官，對各中隊的適合兵員進行了選考，只將必要的兵員一起集結帶走。

他們在台東高女停留了三天，在這段期間中決定各自部隊的配屬。據啟三所述，他被分配到「步兵砲中隊」。和他一起集結的兵員「放眼望去，體格都相當良好。剩下的兵，則全都被分到了步槍隊。」

在這之後，他們前往台東西北不到十公里處的日奈敷（現在的台東縣卑南鄉）駐屯地，進行了大約兩週的訓練，那裡主要教導的是基本動作與行進，以及步槍的操作方法。接下來，他們又移往西海岸，搭乘往台北近郊的列車北上。在那裡，他們展開了以戰車為假想目標的奇襲作戰訓練：

那是讓士兵拿著裝有汽油的酒瓶，來到攻至近處的敵戰車履帶前進行投擲、讓它燃起火燄的戰法。現在回想起來，實在是很幼稚的游擊戰法。

由於美軍並沒有進攻台灣，而是轉向沖繩，因此啟三並沒有實際踏上戰場，便在一九四五年八月十五日迎接了終戰到來。啟三在九月二日獲得了新軍服、軍靴、米、砂糖的配給，並在翌日獲得歸鄉許可。

大家一齊從駐屯地走向台北車站，一轉眼便走到了車站。在那裡，軍用列車將所有人，各自送到離故鄉最近的車站。（中略）我在傍晚時分回到家裡，父母和親戚的臉上，全都寫滿了前所未見的喜悅。

在他的手記裡，率直地記下了自己當時的心情：「從名為軍隊的地獄回到婆娑世界，那種喜悅，實是筆舌難以道盡。」[5]

## 賣掉突棒船

在蘇澳南方的突棒船「播生丸」上，和兩位兄長一起追逐旗魚的松川政良（一九一八年生），渡海返回了與那國。原因是沒辦法取得捕魚所需的足夠燃料。

石油變得很缺乏，必須用配給的。以前原本很自由，要買幾桶就買幾桶，但到了這個時候，一個月頂多配給個一桶兩桶。這樣子下去根本沒辦法做生意、也沒辦法過生活，所以我就回老家去了，船也賣掉了。

沒有燃料，突棒船也只是浮在海面上的空殼罷了。不只如此，戰爭同樣逼近了蘇澳南方；

這座港口也遭到了直接攻擊。對於蘇澳南方遭到攻擊的情形，政良描述道：

照明彈之類的東西一直砸下來；炸彈也落在水產會社，開了一個大大的洞唷！就在南方的水產會社旁邊唷！

關於戰時的蘇澳南方，我在宮古的伊良部島也曾聽聞過相關的證言。佐良濱（前里添）土生土長的池原力三（一九三〇年生），在一九四四年（昭和十九年）被疏散到蘇澳南方。他有一位年長四歲的堂姊正好在裡南方的造船所工作，於是他便去那裡依親。

就在疏散後不久，蘇澳南方也開始遭到攻擊。某天，駐紮在蘇澳的日軍擊墜了一架盟軍飛機，之後發生了這樣的事：

這一天，（盟軍的）空襲完完全全停止了。第二天，敵軍編隊飛來，在頭上盤旋了一圈之後便繞回去；接著又一天，就是劈哩啪啦一陣猛轟了。

盟軍沒有馬上反擊，而是編隊飛行展現一下威勢之後，再加以猛攻，完完全全一派游刃有

5 林啓三『我が人生は光に恵まれ嵐に堪えて』（一九九七年／私家版）。

餘的模樣。

當時也有流言說，美軍會在包括蘇澳南方在內的宜蘭地區登陸。蘇澳土生土長的黃炳鑫（一九二七年生）就這樣說：

> 假使美軍在宜蘭登陸的話，我大概已經死在那個時候了。那時候，格魯曼[6]自由自在地奪取了制空權；那些飛機，還不停不停地掃射呢！所以說啊，幸好美軍最後沒有登陸，總算是讓我撿回了一條命，要是他們登陸的話，就像我剛剛說的一樣，現在的我恐怕不知道在哪裡了呢！

政良三兄弟把播生丸賣給了台灣人，然後便遷離了蘇澳南方。當他們回到與那國後一看，島上已經駐紮了海軍和陸軍的部隊。

海軍於一九四二年（昭和十七年），在島上的最高峰宇良部岳（標高兩百三十一點四公尺）設立了屬於沖繩方面根據地隊的監視哨。[7]他們稱這個哨站為「與那國監視站」，負責的任務是用新型的電波探測器找出敵機和潛艦，並迅速向上級報告。他們和位在沖繩本島的沖繩方面根據地隊司令部間，會透過無線通訊的方式進行聯繫。[8]

至於陸軍則是在一九四四年（昭和十九年），派遣獨立步兵第二九八大隊的小隊三十人，於祖納西方設置了守備隊本部。

與那國島初次遭到空襲是在一九四四年（昭和十九年）十月十三日，造成久部良共一百零六戶被燒毀的慘劇。[9]第二年一月，災禍降臨到了松川家的頭上；搭船出海的政善與其他船員一同遭到空襲，從此下落不明。[10]

回憶起當時的情況，政良說：「發田的船在戰爭中，被炸彈給炸掉了哪！」「發田」指的就是本書前面曾經提及、宮崎縣出身的發田貞彥（一八九五至一九七一）。（參照六十九至七十頁）發田以在久部良大規模推廣鰹節製造而聞名，他的名字原本應該念作「Hotta」，不過與那國人則都將它記成了「Hatsuta」；政良在提到這段事時，說的也是「Hatsuta的船」。

政善為什麼會出去捕魚呢？據政良的說法，政善是因為「去從事戰爭的警戒任務，結果被炸彈擊中而喪命」。政善的長男吉雄（一九三五年生）則說：「我聽人家說，父親是因為捕魚技術優秀，結果被宇良部的軍隊下令出海去捕魚才……」。

在這之後，與那國島也屢屢遭到攻擊。出身久部良、父親靜一郎（一九〇四年生）在當

6 譯註：指美軍艦載戰鬥機F6F地獄貓。
7 大田静男『八重山の戦争』（一九九六年／南山舎）頁一六八。
8 宮島敏朗「離島派遣残滓工作員として——与那国島で訓導となる」，收錄於石垣市史編集室『市民の戦時・戦後体験記録　第Ⅱ集』（一九八四年／石垣市）頁一四三。
9 大田静男『八重山の戦争』頁三〇六。
10 據松川吉雄所言，那是發生在一九四五年一月三日的事。前面引用的『八重山の戦争』第三〇八頁所刊載的年表中寫到，「在與那國出海捕魚的鰹魚船遭到空襲，二十七名船員全部下落不明」，其日期則是標註為「一九四五年一月四日」。

地經營鰹節工廠的長濱一男（一九三一年生）就做出了這樣的證言：「我們家也遭到了轟炸；鰹節工廠之類的地方雖然還在，不過全都被炸爛了哪！」

居民開始躲到洞窟裡避難，但隨著瘧疾肆虐，陸陸續續出現了許多犧牲者。松川兄弟的妹妹阿滿（一九二五年生），也在這種狀況下失去了性命。

清晨的久部良漁港。（2009年7月5日）

## 特工

即使在迫近終戰的時分，依然有人往來於與那國和蘇澳南方之間。

出身陸軍中野學校，以從事情報蒐集與游擊戰的「離島派遣殘置工作員」身分，被派往與那國島的宮島敏朗，就是這些人當中的一位。

宮島和另一位特工一起，在一九四五年（昭和二十年）三月二十日登上與那國島；在那裡，他受到與那國國民學校教員的迎接，並前往該校任職。他隱瞞自己身為離島派遣殘置工作員的身分，以「柿沼秀男」的假名，在學校裡擔任訓導的工作。[11]

關於與那國島是否適宜游擊戰這點，宮島在回憶中，針對島的大小與山岳高度等，提出了懷疑的看法：「（島上的）密林並不深廣，也沒有適合進行長期游擊戰的地勢。就算能夠成功進行一、兩次破壞行動，我認為也有在一兩天之內便被發現的危險。」

只是，隨著沖繩本島的戰況惡化，在島內進行游擊戰的體系，還是非得建構起來不可。作為這一體系的一環，宮島渡海來台，「向台灣軍籌措武器、彈藥、被服以及糧食等。」

宮島是在一九四五年的五月十二日晚上從祖納出港。他在十三日清晨抵達蘇澳南方後，原本要再往基隆航行，但考慮白天可能受到攻擊，所以一直到當天下午六點，才終於從蘇澳南方出港。他在當天晚上十一點抵達基隆，並在十四日搭乘列車前往台北，在當天中午到達台灣軍司令部。

為了不讓與那國國民學校得知自己作為離島派遣殘置工作員的身分，宮島決定以治療當時他確實罹患的皮膚病為由，渡海前往台灣；在獲得校長發給的證明之後，他便動身前往蘇澳南方。

11 与那国小学校百周年記念誌編集委員会編『与那国小学校百周年記念誌』（一九八五年／与那国小学校百周年事業協賛会）頁二一三有同樣的描述。

在台灣，他一邊入院治療，一邊設法從台灣軍蒐集情報，並籌措游擊戰必須的武器。當皮膚病治癒後，他便搭乘一艘裝滿裝備、糧食和醫藥品的三十噸運輸船從基隆出港，經過蘇澳南方回到了與那國。他回到祖納的時間，據說是七月七日清晨。

戰爭，最後在沒有進行與那國島游擊戰的情況畫下了句點；宮島接獲終戰的消息，也是來自台灣。「（八月）十七日有一艘從台灣過來的船，船員拿了一份報紙給我，我看了上面的報導，才頭一遭知道終戰的大詔，以及日本已經無條件投降的事。」[12]

12 關於宮島的行跡，請參閱〈離島派遣殘置工作員——我在與那國島擔任訓導的日子〉；收錄於《市民的戰時・戰後體驗記錄　第2集》，頁一三七—一五六。

# 第六章　戰後生活

## 黑市

終戰那年年底，大城正次（一九二三年生）人在大阪梅田。

去到大阪站、梅田站，只要一擺開攤位，一大群的買家馬上就聚集上來了哪！拿出來賣的東西，比方說雞蛋啊，都是幾個一千三百圓、一千五百圓的在賣呢！那可是先搶先贏的！

他在黑市裡販賣雞蛋。一箱一千三、一千五的雞蛋，就像流水一樣飛快地賣出去；想要的人真的就是「先搶先贏」，賣光只是時間問題而已。

大阪的黑市，據說是從終戰那年九月，以留在內地的陸海軍復員軍人為對象，兜售麵包與蒸地瓜開始的。[1] 在提及梅田黑市的《從商業看梅田半世紀——黑市、地下街、高樓大廈》中，曾介紹一段這樣的證詞：「那裡什麼都賣呢！大家都拿著手頭上有的物品，草蓆一鋪、包袱一攤，然後就隨地叫賣起來了。不管是貴重的東西、還是便宜的東西，全都是這樣在賣唷！那個時節，就連食物都只是草草配給而已，所以啊，大家都『嘩——』地蜂湧過來了哪！」[2]

正次在一九四三年（昭和十八年）十一月被徵召入伍，配屬在海軍，最後在北海道的小樽迎接終戰。

正次所搭乘的驅逐艦，任務是護衛裝載著煤炭與鹽的船隻，前往庫頁島和阿留申群島一帶。原本他們是要組成船團，來到北海道的目標地點後，再往更北的地方前進；但按照計畫表，他們必須等待另一艘船到來才能出航，所以便在小樽暫時待命。

回顧起當時的景象，正次說：

那時候，有一艘裝著鹽的船還沒來，於是我們便在那裡等它來。「等它一來，我們就出港」，命令是這樣說的。結果，那艘船還沒來，我們就聽到了艦內廣播：「全體艦員零時整，在上甲板整隊。」

按照指示在甲板整隊的水兵們，聽到的是天皇的玉音放送。動搖的情緒頓時像波瀾一樣，在艦上的水兵間蔓延開來，長官不得不大聲喝止：「不許騷動！」過了一陣子之後，船上的大砲被搬上了陸地；彈藥被拔掉信管、運到外海，並將它們拋棄在那兒。在這之後，驅逐艦回航到富山縣的伏木，水兵就在那裡解散了。

在艦上，另一名出身沖繩、叫作「仲宗根」的水兵，和正次談起了將來的安生之計。

---

1 神戸市編『神戸市史　第3集　社会文化編』（一九六五年／神戸市）頁四十九。
2 田中鋳三『商いからみた梅田半世紀――ヤミ市・地下街・高層ビル』（一九九〇年／ブレーンセンター）頁五十八。

正次說：「該怎麼辦呢？我們根本無處可去，要怎麼辦才好呢？」於是仲宗根提議：「就去鹿兒島吧！那邊應該有收容所才對。」就這樣，兩人決定從伏木前往鹿兒島。這時，另一位出身鹿兒島、叫作「大澤」的水兵聽說了這件事，便親切地對正次說：「喂，大城，我老家在鄉下務農，那邊的地瓜多得很，就來我家一趟吧！」由於正次實在很不喜歡那種戰敗回鄉的自卑感，因此對大澤的邀請顯得意興闌珊，但經不起大澤的熱情勸說：「就來一趟嘛，十天一個月也好啊！」最後終於接受了他的邀請。

來到「大澤」的老家後，正次縮著身子，打了個招呼。「畢竟我身為敗兵、輸了戰爭、沒有為國家派上用場，又是戰敗回鄉……」不過，「大澤」卻是一副滿不在意的樣子，對家人介紹：「這個人住在沖繩，一時半刻無家可歸，所以我就把他帶到這裡來囉！」於是正次又再次低頭致意：「請多多指教。在前往鹿兒島收容所前，就拜託各位多多關照了！」

終戰後，美軍在一九四五年（昭和二十年）九月三日，首次進駐鹿兒島。[3]他們駐紮的地點，是舊日本海軍鹿屋航空基地的所在地——鹿屋。根據《鹿兒島縣史》所載，「在鹿兒島與沖繩之間，就像是搭起了一條不斷滾動的輸送帶般，大量運輸機不停往來，進駐兵也持續增加。」[4]美軍從沖繩，將兵員不斷送進這座過去曾是對沖繩特攻基地的鹿屋航空基地。鹿兒島市內也從十月五日到三十日，陸續展開了進駐行動。[5]就在這種毫不間斷的推進下，十月下旬，鹿兒島已經正式準備好，成為接收遣返日人的港口。[6]同月二十九日，一艘從北大東島出發、搭載著復員軍人的船隻駛入了港口，之後來自菲律賓的船隻也陸續進港。這些遣返船上也載運了不少沖繩出身的人。「過沒多久，由於為數眾多的沖繩縣人在等待往沖繩的運輸船出發前，均必須滯留在鹿兒島港，所以收容所的增設就成了必要之事。十一月七日（中略）開放學校校舍的一部分，作為收容所使用。」[7]

正次雖然只打算讓大澤家照顧到進收容所為止，但是一直到終戰過了三個月，供遣返者使用的收容所都還是處於不足狀態，以致於正次始終無法排進去。「已經麻煩人家太久了哪！」正次這樣想著，於是不等排進收容所，便告別了這種令人難為情的吃閒飯生活。

據說在鹿屋航空基地，有些在那裡迎接終戰的沖繩士兵；到了那邊，不管是房舍、食物、還是工作，都能得到充分照料。打聽到這個消息後，正次便試著動身前往鹿屋。

那裡原本是特攻基地唷。在那邊有沖繩出身的人、也有（特攻）隊員轉讓的房舍、從他們手上還可以弄到不少糧食，若是要找工作的話，也有鋪路的工作可以做。於是我就去了。

就這樣，正次踏出了往大阪．梅田的第一步。

3　田良吉伝刊行同志会編集部編著『永田良吉伝』（一九六一年／南日本新聞社）頁四四七—四五〇。
4　鹿児島県『鹿児島県史　第5巻下』（一九六七年／鹿児島県）頁一逾八一—一四八三。
5　鹿児島県『鹿児島県史　第5巻下』頁一四八三—一四八四。
6　鹿児島引揚援護局編『局史』（一九四七年）頁一—二。
7　鹿児島引揚援護局編『局史』頁二。

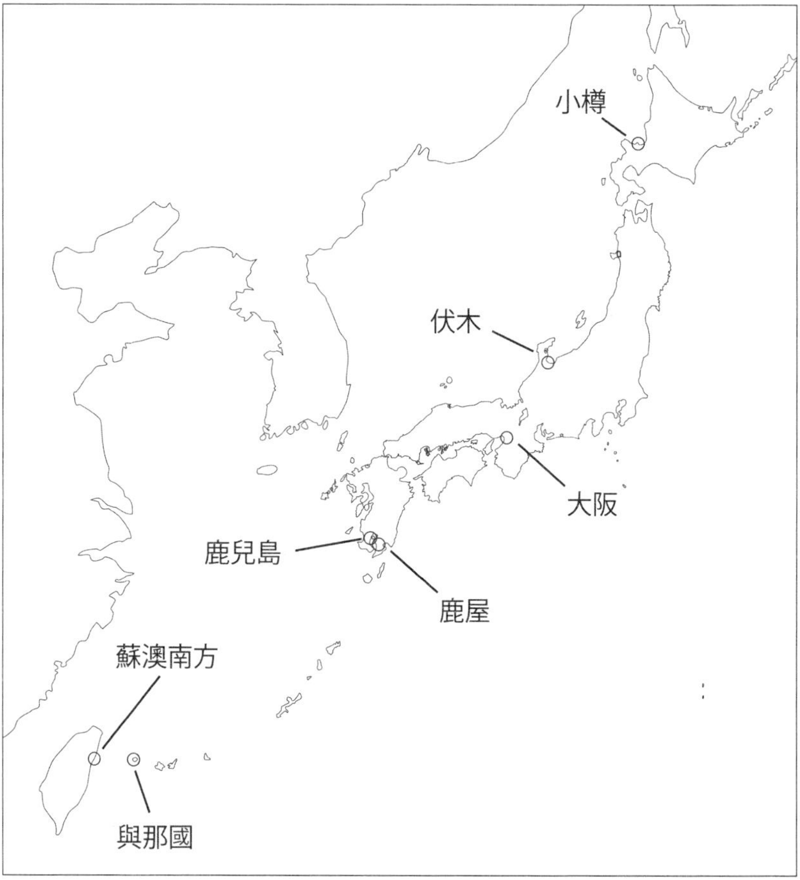


大城正次的終戰之旅

## 弄到一輛馬車

正次在鹿屋，認識了「高良」、「金城」、「宮城」等幾位沖繩出身的人；這五個出身沖繩的人形成了一個小團體，彼此相依為命。

面對這些夥伴，正次提議說：「反正現在也找不到工作，不如就買一輛馬車吧！」正次在離開伏木的時候，領了一筆一千五百圓的交通費，現在還剩下一千圓左右；於是他便提案，由五個人各出一千圓，一起購買一輛馬車。

「金城」擔任這個小團體的會計，負責保管資金。他們去郊外找尋馬車，經過兩三天後，首先找到了馬；「對方養了兩匹馬，願意讓出其中一匹」，於是就這樣將馬給弄到手。只是在找尋讓馬來拖的車方面，他們卻一再碰壁，最後找到了一輛中古馬車，並靠自己的力量將它修理妥當。

找到馬和馬車之後，下一步是找牛。

「在正月前從鄉下買牛，運到福岡或鹿兒島吧！」這也是在戰後世事劇變中，堅強活下去的正次所想出的點子。他們將買來的牛以電宰的方式宰殺，切下肉來，在汽油桶裡用熱水川燙過，然後將它們分成以斤（六百克）為單位的小分量，裝載到馬車上。

就這樣，五個人搭著馬車來到櫻島港，卸下裝載的牛肉；接著，其中三人搭上前往鹿兒島的船，剩下的兩人則駕著馬車回鹿屋。擔著肉渡海前往鹿兒島的，是正次與會計「金城」，還有另一名夥伴。

我們扛著裝（牛肉）的箱子，在（黑市）裡把箱子倒過來，接著將肉攤開來賣。每一塊肉都切成一斤左右，至於一斤賣多少嘛……嗯，大概是八百到九百圓吧？那賣的速度之快，簡直就像在飛一樣。

儘管是黑市交易、又是偷殺牛，但因當時糧食匱乏，所以也沒人多置一詞。事實上，研究描述當時情境的資料便可以發現，黑市交易其實是相當普遍的事情。

鹿兒島在終戰之後不久便陷入糧食缺乏的狀態，於是在鹿兒島站和西鹿兒島站（現在的鹿兒島中央站）前出現了黑市。在描述戰後九州的《激動二十年》中有一段記述，讓人不禁聯想起正次的身影：「在那些商販當中，有穿著軍服、看起來像是復員軍人的青年，也有背負著幼子的婦人，形形色色不一而足。」[8]動物性蛋白質的缺乏尤其嚴重：「或因為漁船被軍方徵用而沉沒、或失去漁網、或油料不足等種種原因，無法打撈鮮魚；一直到十月中旬，鹿兒島市才有第一批鮮魚進貨。」[9]於是，「黑市商人以兩倍、三倍的高價，提供肉類給私下想購買的家庭。牛、馬、豬的私宰也四處橫行，肉品透過無視公定價格的掮客之手，不斷地流出去。」[10]這也和正次他們的行動如出一轍。

雖然政府也有進行黑市的取締，但是「只要警察一出現在黑市，商人馬上就像蒼蠅一樣一哄而散；但警察前腳一走，他們馬上就又重新開起店來。」[11]這樣的情形一直持續著。

在鹿兒島黑市裡販賣切塊牛肉的正次他們，離開的時候也不是空手而歸；這次他們看中了酒和化妝品，作為下一次黑市生意的目標。他們弄來瓶子，回到鹿兒島把酒裝進去，然後再到近郊地區四處兜售。那是個酒非常難以入手，只能拿乙醇當作酒來賣的時代。和牛肉一樣，這些商品也飛快地賣了出去。

正次問會計金城：「我們賺多少了？」「大概一萬五千圓左右吧！」金城答道。每個人各出資一千，合計五千圓的第一次黑市生意，經過幾次買賣後，足足生出了兩倍的利益。

回到鹿屋之後，他們又以美軍為對象做起了生意。小團體中的一人，是出生在夏威夷的沖繩第二代；據他說，他的父母從沖繩渡海前往夏威夷，在當地經營超市，但因為教育的緣故，又把孩子送回了沖繩。正次他們弄來成批的夾克，上面繡著富士山和舞妓之類日本傳統圖案的刺繡，然後將這些夾克兜售給美軍；至於販賣時要用到的英語，就交給那位夏威夷回來的沖繩第二代負責。

8 柳本見一『激動二十年』（一九六五年／每日新聞西部本社）頁八十二。
9 柳本見一『激動二十年』頁八十三。
10 柳本見一『激動二十年』頁八十三。
11 柳本見一『激動二十年』頁八十二。

就是這樣，就是交換啦！軍隊啊，因為戰爭的緣故，手頭有很多香菸，不過戰爭已經結束了，軍隊也沒那麼多人了；於是他們就拿著五十盒一箱的香菸，來跟我們進行交換。

為了準備進攻日本，美軍就連香菸也大量儲備而多到過剩。於是，美軍便不時拿著一箱箱的香菸，來和正次等人物物交換手頭上的夾克。

就這樣，正次等人手頭有了大量的香菸。這次他們打算把菸運到大阪。就算在買車票時，香菸也能發揮良好的效果：

因為車票相當不好買，所以在問「喂，往大阪的車票還有得買嗎？」的時候，要是順手塞給站務員一包菸，站務員就會說：「有得買唷，不過今天已經賣完了，大概明天後天就有票了唷！」就是這樣，連車票也可以兩張、三張地弄到手啦！

來到大阪之後，一行人終於踏入了梅田的黑市。當他們一攤開雞蛋，「一大群的買家馬上就聚集上來了」。

然而，生意並沒有就此結束。

我們從大阪那邊，買了化妝品回來唷。鄉下地方都沒什麼化妝品對吧？鹿屋有很多女人在做生意，可是也都沒賣化妝品哪！我們不只買化妝品，還買了高跟鞋呢！把這些帶到鹿屋去賣的話，那邊的女人啦、女商販啦，全都會跑過來買的啦！

鹿屋、鹿兒島、鹿屋、大阪、鹿屋。正次他們就這樣一次次變換物品與場所，反覆不斷地做著黑市生意。原本手頭上的五千圓，這時候已經翻了十倍，變成五萬圓。

正次從鹿兒島被遣返回鄉，是一九四六年（昭和二十一年）二月的事。經由石垣島，他回到了與那國。

根據「鹿兒島引揚援護局」的《局史》所述，「除奄美大島與本島以外，自願返回沖繩各島的人士，自昭和二十年十一月以降，陸陸續續被送還各地。」[12]這項返鄉作業一直持續到一九四六年（昭和二十一年）三月十七日[13]（在這之後約歷經了五個月的中斷期間，於同年八月十五日重新開始）。[14]一九四六年（昭和二十一年），從鹿兒島被送回除奄美與沖繩本島外各島的人數分別如下：一月，一千三百七十六人；二月，一千三百二十五人；三月，一百零四人；[15]正次也包含在這些人當中。

12 鹿兒島引揚援護局編『局史』頁九。
13 鹿兒島引揚援護局編『局史』頁九。
14 鹿兒島引揚援護局編『局史』頁十六。
15 鹿兒島引揚援護局編『局史』頁十五。

因為有黑市交易存下的五萬圓，正次不等遣返船到來，便向夥伴們提出了一個建議：「我們來買一艘船，偷偷和沖繩進行走私貿易吧！」

不過，夥伴們卻一致表示反對：

「這麼危險的事，還是不要做啦！」

「萬一做下去的話，我們搞不好會被美軍抓起來殺掉的；絕對不行啦！」

「我們可是要去有軍隊的（戰地）；沖繩那邊，可到處都是美軍唷！在那邊被抓住的話，搞不好會被判死刑也不一定唷！不能去啦，大城，這件事就算了吧！」

面臨異口同聲的反對，正次不得已只好放棄了這個念頭。就這樣，這個五人團體在鹿屋解散了，而正次則是留在鹿兒島，等待遣返的時刻到來。至於賺來的五萬圓，留在鹿屋的人稍微多分了一些，馬上要返鄉的正次，則是拿到了七千圓出頭。

神戶市內的JR元町站前。在三宮、元町、神戶這幾個地區發達的黑市中，不只日本人，中國、台灣、朝鮮人也都加入了做生意的行列。（2010年8月26日）

## 留用

安里藤子（一九二九年生）在戰後的一段時間中，依然留在台灣。

一九四五年（昭和二十年）十月二十五日，台灣的舊日本軍受降儀式在台北的台北市公會堂（現在的中山堂）舉行，同年十一月一日開始進行接收。[16]

藤子就讀的台東高等女學校被改名為「台灣省立台東女子中學」而留存了下來，[17]但是卻產生了翻天覆地的變化：

> 不是終戰了嗎？從那以後就變成北京了。說到北京嘛，女學校的通用語也變成了北京語，就是所謂「beichunhoa」唷。不只如此，學校裡也不唱「君之代」了唷。

藤子所說的「beichunhoa」，從發音來判斷，應該就是「北京話」的意思吧。

在這次的訪談中，藤子也提到「早上的朝會也是一樣」，開始唱起了並非日本語的歌詞。

16 吳密察原著監修．橫澤泰夫訳『台湾史小事典』頁二二五—二二六。
17 目前改稱為「國立台東女子高級中學」，可參照國立台東女子高級中學網頁（二〇一一年八月十七日瀏覽）。

台東女子中學的朝會，變成了歌頌「中華民國國家」；唱完歌之後，會敲響銅鑼和太鼓，然後學生們就順著鑼鼓的節拍，一邊行進一邊回到教室。授課也全都是使用北京語。

然後，因為這所學校裡的北京語我們完全不懂，所以不禁想著：「算了，別去學校了吧！」然後，就這樣，大家幾乎都離開了。

因為無法理解北京語的授課內容，所以藤子和其他日本同學便離開了學校。

藤子回到了家人居住的新港，不過並沒有馬上被遣返。父親用助與父親的長兄用善被留置在台灣，戰後依然以漁夫的身分，繼續在新港工作。這項措施被稱為「留用」。[18]中華民國政府統治台灣以後，為了防止社會制度中斷，於是將從日本統治時代便居住於台灣的一部分日本人留置下來，繼續從事和戰前同樣的工作。[19]

用助和弟弟用德一同擁有突棒船「長福丸」，用善則和姊夫擁有「長生丸」；他們從戰前就在新港捕獵旗魚，戰後依然繼續在新港從事漁業。

藤子一家一直到一九四七年（昭和二十二年）三月，才從台灣被遣返回鄉。

我們在新港搭上一艘叫作鳳林號的船，大家一起遣送回鄉。石垣的人、沖繩本島的人、與那國的人、宮古的人，各式各樣的人全都擠在船上，就是這樣一幅景象唷！整個船塞得滿滿、滿滿的唷！

藤子雙親的本籍，父親用助是久高島、母親阿豐則是平安座，因此在該遣返何處上，也有不同的選擇；不過因為阿豐的雙親正居住在與那國島上，所以藤子一家五口最後決定選擇與那國，作為落腳之地。

鳳林號在途中暫時停泊在花蓮港。似乎是沿著台灣的東海岸一路北上。藤子在花蓮港暫時下了船，燙了個頭髮、又買了一些地瓜做的點心，才從容有餘地繼續遣返的旅程。

只是，回到與那國島，真正的困苦才開始：

在那裡只有地瓜可以吃。外公外婆挖了地瓜，然後親自挑著它們過來，在他們的頭上，還騎著一隻猴子。看到這種景象，我心裡想說什麼呢？「好想回新港！」我和妹妹幾

18 在河原功監修、編輯《台灣遣返、留用記錄　第8卷》（一九九八年／ゆまに書房）中，刊載了獲得留用者的名簿，用助和用善的名字出現在第一百五十頁。

19 終戰後的一段時間中，除了留用人士外，仍有其他沖繩出身者居住在新港從事漁業。住在宮古島市平良西原的仲間龜子（一九二二年生），在台灣南部的疏散地迎接終戰之後，便隨著曾是舊日本軍軍人的丈夫三郎（一九一五年生），以及兩個孩子一同前往新港。三郎在那裡，一面在一艘伊良部島佐良濱出身的漁民所搭乘的突棒船上工作，一面等待著遣返。在新港的宮古出身者組成了一個團體，三郎身為該團體的負責人，擔負起決定遣返順序等事務的責任。為此，仲間家一直到最後，才搭乘著從新港往宮古的遣返船離開台灣。龜子說，「大概是（終戰）半年才遣返回國」，所以時期應該是一九四六年的春天。另一方面，這個在新港成立的宮古出身者組織，龜子稱之為「沖繩縣人會」。

乎都要哭出來了，只是一直說著「我討厭這裡！」

藤子姊妹出生在台灣，在新港過著有兩名原住民幫傭的生活，唸的是女學校。現在，她們從這樣的臺灣新港，被遣送到外祖父母居住的與那國，過著只有地瓜可吃的生活。降臨在藤子姊妹身上的那些因終戰所帶來的際遇變化，實在是太過劇烈了。

## 蘇澳南方的縣人會

二〇一一年五月，筆者在與那國島進行採訪。當時，我得知有首在歌詞中描述突棒船捕旗魚模樣的歌謠，於是便在久部良四處漫遊，看能不能找到聽過這首歌的人。

據說，上原魚板店的上原露子（一九三五年生）會唱這首歌。雖然我到的時候已經是接近晚餐時間，但當我提出「想聽您唱這首歌」這個天外飛來的請求時，露子還是答應了。

今天吹著北風
是突棒船的好天氣
船上的鈴鐺
鏘鏘鳴響的時候

Torikaze omokaze
唷荷　唷荷
投出的魚叉
啪嚓一聲跳起來

從突棒船上投出的魚叉命中目標後，啪嚓一聲刺進旗魚的身體裡。北風最適合突棒船捕魚這點，也表現了突棒船的漁期是在冬季這件事。至於歌中的「torikaze」，指的是船隻左轉的術語「取り舵」，「omokaze」，則是往右轉的「面舵」。

住在久部良的糸數敏秀（一九三七年生）也記得這首歌，並仔細地將歌詞教給了我。根據敏秀的版本，在露子版的「鏘鏘鳴響的時候」後面，還有一節「船上的船長抱著魚叉」。

筆者是從日本女子大學人間社會學部助教西村一之先生那裡，得知有這樣一首歌。據西村掌握的資訊顯示，在台灣東部的台東縣成功鎮（新港），也有唱著類似歌謠的人，而且這首歌也被放在網路上。[20]

露子和敏秀教我的歌，與成功鎮上傳唱的歌並非完全一致。只是，筆者在這裡並不打算追

---

20 http://tw.myblog.yahoo.com/sidneychu-wahaha/article?mid=1885&prev=1959&next=1809&l=f&fid=20（二〇一二年十一月二十五日瀏覽）連結已失效。

求正確的解答。在台灣東部和與那國間的狹窄海域，曾經盛極一時的突棒船旗魚捕獵，隨著歌謠被記憶下來，這件事才是重要的。記憶的形式愈是變化多端，這首歌也就傳唱得愈加廣泛；我所感受到的，就是這樣的一種啟示。

就在我在久部良聽完突棒船之歌的下個月，我在糸滿市和與那國出身的西濱門敏子見了面。據說敏子的丈夫德次郎（一九一八年生）也知道這首歌：

當他不出海的時候，就會帶著一群朋友，一邊喝酒一邊唱這首歌唷。

德次郎雖然已經不在人世，不過當我前往台灣蘇澳南方取材的時候，也曾經聽過黃春生（一九二九年生）提及「Tokujirou」[21]這個名字。當我詢問春生，戰後還留在台灣的沖繩出身者發生了什麼事時，春生說了以下這樣一番話：

沖繩華僑推出了他們自己的會長。會長是我的朋友；蘇澳這邊的會長，是與那國的安里tokujirou。

若是說起「沖繩華僑」，照理說指的應該是「住在沖繩的中國人」，不過春生的意思是指住在外國的沖繩出身者。戰後，在台灣的沖繩出身者組織了自己的聯誼會，在蘇澳這裡是由

「安里tokujirou」這號人物來統整其成。

「安里tokujirou」和西濱門德次郎。究竟是同時有兩個沖繩出身的「德次郎」出現在蘇澳南方呢，還是因為某些事情，使得他把姓氏改成「安里」或是「西濱門」呢？在八重山朝日新聞編纂的《八重山人名錄》裡，有介紹到「西濱德次郎」這號人物。[22]根據這份資料，西濱德次郎在戰後，於台灣「組織了縣人會，成為Rannyou三郡的會長」。「Rannyou」即「蘭陽」，為宜蘭、羅東、蘇澳等地區的統稱。由此我們可以得知，在蘭陽這裡擔任沖繩縣人會會長的，是「西濱德次郎」這個人。

又根據同書，德次郎從與那國尋常高等小學校畢業後，就渡海前往台灣，搭乘突棒船捕魚。當他在久留米、舊滿洲（中國東北部）服過兩次兵役後，在一九四四年（昭和十九年）再度被徵召，一直到終戰。戰後，他「迅速地搭乘漁船，在台灣方面重操舊業」。同時，他也活躍於所謂的「地下貿易」當中。

從在舊滿洲服兵役這點來看，我們可以認定「西濱德次郎」與「西濱門德次郎」就是同一個人。

據敏子所言，德次郎出生在與那國，父親是濱比嘉出身，母親則是那霸出身。

---

21 譯註：日語發音的「德次郎」。
22 八重山朝日新聞『八重山人名録』（一九六六年）頁一四一。

德次郎和敏子結婚是在戰後，那時德次郎已經從台灣被遣返回來，在久部良擁有一艘突棒船「漁德丸」。這艘漁德丸也曾經上過報紙新聞；在《南琉時報》一九五一年（昭和二十六年）一月二十日的二版，可以發現一則標題為「漁德丸／平安漂流至台灣」的報導：

與那國船籍的漁船「漁德丸」在十天前於與那國近海捕魚途中，因海上暴風雨而行蹤不明。經過十天搜尋，直到本日依然未發現其蹤影，眼下正在持續搜查中，其安危令人十分擔心不過就在昨日，船主西濱德次郎通知本社表示，該船似乎是漂流到了台灣台東廳的新港，乘員自船長以下七人也都平安無事……

手上拿著西濱門德次郎年輕時候照片的敏子；據說那是他在1938年被派遣到舊滿洲（中國東北）時所拍攝的。（2011年4月25日，攝於糸滿市西崎自宅。）

雖然只是一則簡短的報導，不過從字裡行間，還是可以體會得出台灣東海岸和與那國之間，長久培養起來的那種人事物交流。

就在台灣，德次郎和當地的女性有了小孩。

這是身為妻子的敏子告訴我的。「您對這種事情不會在意嗎？」當筆者試著這樣確認時，敏子說：「完全不會唷！」然後便全然若無其事似地繼續說下去：

關於他過去的種種，我早就聽聞過了。雖然他在那邊和台灣人生了孩子，但我從來沒有見過。（中略）他啊，就是這樣一個有點好色的人，身邊總是有好幾個女人；哎，我大概是最後的一個吧！

從這點看來，德次郎似乎相當有女人緣。

雖不知從哪裡學來的，不過德次郎也會拉小提琴和手風琴。儘管如此，他卻因為孩子討厭上學而感到很生氣，把小提琴連同三線一起砸爛丟掉了。雖然他的理由是孩子沉迷於音樂，導致學業荒廢，不過敏子卻哈哈笑著說：「真要說起來的話，還是因為他自己（德次郎）的緣故吧！」看樣子，德次郎也有教自己的孩子使用樂器。

除此之外，他的個性也相當強烈。

他的脾氣可大著囉！不只脾氣大，體格也相當魁梧唷。不過，說起脾氣大這點，男人不都是這樣，三杯黃湯下肚，就什麼都不顧了嗎？

喝了點酒後，敏子對德次郎的回憶也愈發鮮明。據說，德次郎曾經用「台灣的麥克阿瑟」作比喻，形容他在蘇澳南方縣人會結帳時，見到某位台灣方面大人物的事情：

「麥克阿瑟啊，如果不是我們自己，可是遇不到的哪！」他這樣說著。他說的「我們自己」，指的是縣人會。「我們遇到的那個人，真的是很了不起的大人物喔！」他既然這樣說，我也就跟著應道「好厲害唷」；不過，實際上也是聽聽就算了。

在戰後的蘇澳南方，依然留有人數多到足以組織縣人會的沖繩出身者。在這當中不只是德次郎，也包含了其他與那國出身的人們。以蘇澳南方和與那國之間的連結線為主軸，這塊領域即使在戰後，依然隨著與那國人的往來而持續相連。

## 遣返港

太平洋戰爭的終結，在台灣和沖繩之間畫上了一條國境線。

美軍在一九四五年（昭和二十年）四月一日登上沖繩本島後，便依據美國海軍軍政府布告第一號「告美軍占領下西南諸島暨其近海居民」[23]，宣布在沖繩實施軍政，此即所謂的「尼米茲布告」。不過，終戰後的八重山，在不屬於美軍統治、也不及於沖繩縣行政管轄的情況下，於一九四五年（昭和二十年）十二月十五日，由當地住民組成了自治組織「八重山自治會」。[24]

在這之後八天，亦即一九四五年（昭和二十年）十二月二十三日，美軍進駐石垣島。從這天起，八重山也開啟了美軍的軍政統治。[25]就這樣，包含奄美群島在內的西南諸島，全都落入了美軍的軍政之下。

儘管八重山位於美軍軍政統治之內，而台灣位於其外，不過人們還是透過自己安排好的船隻，持續往來於兩地之間，代表性的港口之一，就是蘇澳南方。曾經扮演著連結與那國等八重山人民與殖民地台灣間出入口的蘇澳南方，在戰爭結束、台灣已不再是日本殖民地的情況下，

23 全文請見月刊沖縄社編『アメリカの沖縄統治関係法規総覧（I）』（一九八三年／月刊沖縄社）頁三四九。
24 大田静男『八重山戦後史』（一九八五年／ひるぎ社）頁五十四—五十九。
25 大田静男『八重山戦後史』頁六十—六十四。

則是作為從台灣返回八重山的據點，繼續發揮其功能。

例如祖納出身的玉城喜美代（一九〇六～二〇〇六），就有過這樣的經歷。喜美代在一九四八年（昭和二十三年）舉行的與那國町議會議員選舉（名額二十二人）中，是首次誕生的三位女性町議員之一。

喜美代二十三歲的時候渡台，在做了一陣子女傭之後，在台灣取得看護師和助產師的資格。戰爭期間，她曾經以從軍看護師的身分前往新加坡赴任，最後在台灣迎接終戰。

喜美代從蘇澳南方遣返回與那國，是在一九四六年（昭和二十一年）的二月二十日。

> 我們啊，從蘇澳搭著一艘汽船，就這樣踏上了歸途。我們不只是從蘇澳直抵與那國，而且是大半夜出發唷；為什麼這樣，我完全不能理解。它是一艘（船體）有點大的船。出發後不久，船身便開始猛烈搖晃，所有女生都嚇得哭了起來。還能折返嗎？已經折返不了了吧！不管怎樣，好歹是拖著一條命搭上這艘船，那麼就算死在這裡，也是命中注定吧！反正搭都搭上了，不是嗎？

這艘從蘇澳南方出發的遣返船，在波濤洶湧的海上飽受顛簸之苦，總算平安抵達與那國。「就算死在這裡，也是命中注定」，雖然一貫爽朗的喜美代這麼說，但實際上在一九四五年（昭和二十年）十一月，確實有一艘從基隆出港、載運返回先島人士的遣返船「榮丸」在途中沉沒，史稱「榮丸事件」；[26]這起遣返船的遇難事件，引發了一陣不小的騷動。

除了從台灣駛往八重山的船之外，為了迎接留在台灣的人而從八重山出發的船隻，也同樣行駛在這條航路上。

為了支援在太平洋戰爭末期因為疏散渡海來到台灣而滯留在當地的人們，石垣町（當時）的町長翁長信全，在終戰後的一九四五年（昭和二十年）十二月七日抵達了台灣。類似的情況也發生在宮古，為了輸送留在台灣的宮古人而出動的疏散者返鄉船團，一共六艘船於一九四六年（昭和二十一年）一月八日，從宮古朝著台灣出航。

26 琉球政府『沖縄県史10　沖縄戦記録2（復刻版）』（一九八九／国書刊行会）頁四〇三－四〇九；松田良孝『台湾疎開「琉球難民」の1年11カ月』頁一六七－一八五。

# 第七章 重返台灣

## 前往戰後的基隆

大城正次（一九二三年生）從鹿兒島經過石垣，回到了家鄉與那國。老家所在的久部良，還殘留著燒夷彈焚燒過的痕跡。久部良在一九四四年（昭和十九年）十月十三日遭受美軍空襲，[1]整個聚落大半被焚燒殆盡；年關交替之後，在四月二十、[2]六月十二日[3]兩天，又再度受到了攻擊。

正次的雙親，廁身在一間遠離村鎮的避難小屋裡：

回到家裡一看，我家嘛……已經變成了一間粗陋的小屋啦！從山上隨便砍些木頭，再把土挖開，就是這樣蓋起來的房子啦！

遣返回鄉的正次，從雙親那裡得知姊姊文子和妹妹清子不幸身亡的消息。在她們過世之前，雙親曾經催促她們「一起去避難」，但她們卻選擇留在鎮上的防空壕內，結果就這樣身故了。就在這間粗陋的避難小屋裡，正次接到了哥哥正得從台灣傳來的音訊：「馬上前來台灣」。

與那國和台灣之間，隨著終戰劃上了一條國境線。台灣被劃入中華民國的版圖，與那國則為美軍統治，兩者之間應當無法自由往來才對。

儘管如此，正得卻說：「反正你在與那國也沒有工作，要是來這裡的話，還可以像從前一樣搭突棒船捕魚唷！」召喚著正次前來台灣。就這樣，正次接受正得的邀請，再次渡海前往台灣；從美軍軍政下的領域，一躍來到中華民國的領域。

正次的目的地，是他所熟悉的老地方——蘇澳南方。一九三七年（昭和十二年），當他從與那國高等小學校久部良分教場高等科中輟、第一次渡海來台時，就是前往蘇澳南方，投奔在那裡的正得。

只是，這次搭乘突棒船的據點並不是蘇澳南方。根據正得的說明，他們這次變成要在基隆工作。

正次和正得、還有認識的幾名船員一起，從蘇澳車站搭上了火車。和那些在台灣迎接終戰，一路南下蘇澳南方，踏上遣返之途的八重山人正好相反，他們選擇了北上。途中因為轉車的緣故，其他船員都換到了別列火車，但正次卻睡過了頭，留在原來的火車上繼續往前開去，結果只有他一個人遲到。雖說他們對台灣就像對自己家裡一樣熟悉，不過船員們還是不免擔心，心想「他該不會是被拐走了吧」？

和伙伴會合的正次，在基隆的社寮島（現在的和平島）搭上了突棒船。打從台灣還是日本

1　大田静男『八重山の戦争』頁一六八、三〇六。
2　大田静男『八重山の戦争』頁三一〇。
3　大田静男『八重山の戦争』頁三一二。

殖民地的時候起，社寮島就以沖繩出身漁民的聚居地為人所知；即使在台灣納入中華民國的版圖後，這裡依然有沖繩出身的人們留下來。[4]此刻，在這群人當中，更加入了前來此地的正次、哥哥正得，以及他們的伙伴一行人。

他們搭乘的船隻，和台灣仍是日本殖民地的時候並沒有兩樣，果然還是捕旗魚的突棒船；不過在漁船的經營方式上產生了變化。包括沖繩出身者在內的日本人不再是船主，而是搖身一變，成了台灣人所擁有的突棒船船員。

正次搭乘的突棒船叫作「光降號」，船主名叫吳禮。吳禮在日本殖民台灣時期使用「梅林禮三」這個日本姓名，在基隆港一帶經營木柴與煤炭買賣。至於正次他們自己則並未擁有船隻。

為什麼正次這時候要來台灣工作呢？跨越籠罩沖繩的軍政樊籬，來到已經屬於外國的台灣工作，這樣不是非法勞工嗎？

關於這點，正次解釋道：

> 這算是「留用」唷。（中略）在把技術教給台灣人的情況下，我的身分也得到了保證。

所謂「留用」。新港出身的安里藤子（一九二九年生），她的父親和伯父戰後依然留在台灣，以漁夫的角色持續工作著；之所以如此，也是因為類似的留用制度。（參照二三二頁）即使在終戰後，為了維持台灣的社會制度，仍有一部分日本人被暫時留置在台灣；也多虧了這種「留用」制度，正次才能在台灣繼續工作。不過，以正次的情況來說，他並非被留置在台灣，而是曾經一度離開台灣，然後又再度回來，所以，這或許該算是留用制度的一種應用吧！

據說，正次當時都會隨身攜帶著留用的證明文件：

> 我都會帶著這個（留用的證明），把它放在口袋裡。警察或是什麼有的沒的過來的話，一看到這張證明，就會「哦」一聲（放我過去）。

在社寮島，光是正次所知的就有十五、六名沖繩出身的漁民獲得「留用」。就在正次在社寮島搭乘突棒船的時候，在基隆的港邊，應該也有等著接送沖繩人返鄉的船隻吧！扣除那些獲得特許、以漁船等進行接送的私人返鄉船隻，負責運送留在台灣的沖繩出身者的遣返船，最後一班是在一九四六年（昭和二十一年）十二月二十四日開出。[5]

正次來到社寮島重操搭乘突棒船的舊業，也是在一九四六年（昭和二十一年）。

一方面有著從台灣被遣送回鄉的人，另一方面卻也有來到台灣工作的沖繩出身者；沖繩出

4 又吉盛清『日本植民地下の台湾と沖縄』（一九九〇年／沖縄あき書房）頁三四〇。

5 台湾引揚記編集委員会編『琉球官兵顛末記　沖縄出身官兵等の台湾引揚げ記録』（一九八六年）頁四四一。

身的人們，就這樣在基隆與蘇澳南方彼此交錯著。隨著太平洋戰爭終結所畫下的國境線，並沒有明確地將東西方一分為二，而是留下了曖昧的空間。

## 變樣的氛圍

正次等沖繩出身的漁民，和台灣漁民一起在吳禮的光降號上工作。說到底，沖繩等地的日本漁民之所以得到留用，主要還是因為如果沒有他們，水產業就無法維持之故。若是單靠台灣人就足以維持水產業的話，那留用這些日本漁民就毫無必要可言了。

故此，在同乘一艘船的船員之間，總是由沖繩出身者傳授台灣人漁撈的技術，這是再理所當然不過的事了。

在此，讓我再為大家複習一下突棒船捕旗魚的方式吧。

船員站在船首伸出的甲板上，對準潛在海裡的旗魚，直接丟出魚叉將之射殺，這就是突棒船捕旗魚的方法。一艘船上共有八名船員，找尋著海裡的旗魚蹤跡。儘管一切只能靠船員的肉眼，不過要找到旗魚還是有訣竅的：當海浪高高湧起的時候，旗魚的尾鰭會倏然露出海面，這時候就絕對不能錯過它。發現旗魚之後，就要把船靠過去，占據一個有利於投擲魚叉的位置。這一切都必須靠船員的默契，才能達到成功的團隊合作。

搭乘光降號的正次，試著將在殖民地台灣掌握的種種突棒漁業知識傳授給台灣的漁民，但是並不順利：

明明是我在教（台灣船員捕撈的技術），但他們卻說「我們才是戰爭的勝利者、是一等國民」。大概是過去日本人一副了不得（趾高氣昂、權威赫赫）的緣故吧，戰後，他們（台灣人）不只不聽日本人的話，還相當地反彈。

儘管船主吳禮拜託正次「就忍耐一下教導他們」，但正次卻說「我們是戰敗國，再怎麼說他們也聽不進去」，只有無可奈何地消極以對。隨著太平洋戰爭結束、台灣脫離日本的殖民地支配，會出現這種沉重不堪的交流，也是在所難免之事。

大家的交情倒是不錯，會一起喝酒，也會一起做些有的沒有的；只是和戰前比起來，他們（台灣人）的氣燄明顯高漲了不少。

台灣正不斷在改變。儘管留用的漁民和台灣漁民並非互相仇視，但台灣人與日本人之間的氛圍，確實產生了某種變化。

然後，就在終戰剛過一年半之際，發生了另一起更直接、更不尋常、更大規模的變化。

搭乘光降號、滿載旗魚返回基隆港的正次，立刻感覺到整個碼頭正陷入一種陌生的氛圍當中。

他回到港口的時間是下午兩點左右。照平常來說，那時應該是把捕來的旗魚運上碼頭的時段，可是情況卻似乎有點怪怪的：

我進到港口，發現路上完全沒有人在行走，不禁心想「真是奇怪哪」。

在碼頭工作告一段落後，常去喝杯茶、吃個點心休息的店鋪也關了。平常司空見慣、在道路上走來走去的人影全都不見了，就連公車也停駛了

「二二八事件」到來了。

## 二二八事件

二〇〇七年二月，我在位於台北市中心的「台北二二八紀念館」裡，得以一睹描繪事件發生當時情境的畫作。

被蒙住眼睛、雙手反綁在背的人們。他們所處的地點看起來像是個碼頭，對面還可以看見大船的船頭。被像是繩子的東西繫在一起的人們，遭到兵士從斜後方開槍射擊；人群一列列地

向前傾倒，落入前方的海中……

一九四七年（昭和二十二年）二月二十七日，以在台北市內販賣私菸的女性遭到取締官員毆打為導火線，在官署與民眾之間引爆了衝突。第二天，亦即二月二十八日，民眾前往中華民國政府的台灣行政長官公署前示威抗議，結果遭到憲兵從公署屋頂上用機槍掃射。[6]

這起事件的發生，是源於自日本統治起便住在台灣的本省人，與台灣脫離日本殖民統治後，跟隨中華民國政府及國民黨軍一同從中國大陸前來的外省人之間的衝突；其主要背景則是戰後來到台灣的國民黨士兵的掠奪，以及來自中國大陸官吏的腐敗與貪婪，造成台灣人民心中的強烈不滿日益鬱積糾結。[7] 根據各方見解不同，犧牲人數從數千人到數萬人不等；[8] 其中沖繩相關人士也至少有四人因此犧牲。同時也有人為了逃離鎮壓，從台灣逃往沖繩。[9]

就在事件發生十天後的一九四七年（昭和二十二年）三月八日，中華民國軍隊的援軍抵達了台灣；他們所接獲的任務，就是鎮壓民眾。作為主要登陸地點，他們首先就鎮壓了基隆。[10]

捕完旗魚、回到基隆的正次，首先遭遇的便是二二八事件爆發以後，碼頭邊不尋常的異樣

---

6 吳密察原著監修・橫澤泰夫訳『台湾史小事典』頁二二九。
7 伊藤潔『台湾』頁一四八—一四九。
8 吳密察原著監修・橫澤泰夫訳『台湾史小事典』頁二二九。
9 松田良孝『八重山の台湾人』（二〇〇四年／南山舎）頁一二一。
10 吳密察原著監修・橫澤泰夫訳『台湾史小事典』頁二二八—二二九；楊逸舟『台湾と蒋介石』（一九七〇年／三一書房）頁一三〇。

氣氛。他完全無法掌握狀況，只好前往住在社寮島的船主吳禮家中。

當他敲響吳家的門後，門裡傳來問話聲：「是誰？」他用台語回答道：「哇，歐歐希落（我是大城）」，門才終於打開了。他一走進屋內，吳禮就說：

這下糟糕了哪！中國軍隊已經在抓台灣人，大家都被帶走了哪！拍賣場關閉了，批發商也不見了！

吳禮對正次下達指示，要「光降號」逕自前往與那國避難。在這之前，還非得將船艙裡的旗魚保存進港口的冷藏庫不可，所以船主打了個電話進行安排；同時，他也沒有忘記提醒正次該注意的事情：

一早過去（港口），馬上把它們（旗魚）卸下來。道路好像已經無法通行了；一把它們卸下來之後，就馬上回船上。

吳禮的指示是，將在碼頭停留的時間降至最小限度、盡可能地停留在船上。正次是留用的身分，又攜帶有證明，原本待在台灣是沒問題的；可是，這時候就算有證明，也不能保證就必定安全無虞。在卸下漁獲的時候，也要隨時保持引擎熱機，「一旦中國的軍隊過來，記得馬上跳進海裡逃跑呀！」他被這樣告誡著。

話說回來，這次前往與那國避難的時間究竟要多久，沒人說得準，所以正次想在離開台灣之前，先確保糧食無虞。戰後從與那國渡海來到台灣時，正次是從美軍統治的範圍內往外，但這次卻反過來，要從外回到內；是否能就這樣搭著台灣的漁船順利進入與那國，這件事也同樣沒人說得準。

吳禮向蘇澳南方的客戶打了聲招呼，讓正次能夠在光降號上囤積物資，以便做好前往與那國的準備。

只是，在前往蘇澳南方之前，正次還得載運一項有點麻煩的「貨物」。那是吳禮認識的兩個男人，據說是當地的流氓。「別開玩笑了吧！」正次一開始嚴辭拒絕，但後來禁不起吳禮的再三說服：

> 我現在是求你救他們一命。要是你不帶他們走的話，之後他們一定會遇到危險的，所以請你務必帶他們一起走！

如果再拒絕下去的話，將來被船主記恨，也是一件令人困擾的事。

面對這種無端被捲入麻煩裡的狀況，正次不禁頭大不已。最後，他把心一橫，決定讓這兩個人上船，然後開始進行出發的準備。至於那兩人則是從碼頭解下繩子，一口氣跳上了光降號。

那兩個流氓對正次說：「真是非常感謝你，大城；今後要是有什麼麻煩都儘管說，我們一定會盡其所能幫你的！」當然，之後說起來，正次並沒有遇到需要這兩人幫忙解決的「麻煩」，不過在二二八事件平息之後，他倒是深獲這兩人的傾慕，還被對方拉去喝了幾杯。

當正次順路抵達蘇澳南方後，他發現和基隆不同，這裡似乎還感受不到事件的影響。按照吳禮的安排，他走訪了港口附近的商店，順利地裝滿了水、油和米糧。

關於二二八事件，就連石垣島也報導了。《海南時報》在事件發生半個月後的三月十四日，在二版刊載了一篇〈台灣暴動〉的新聞；在報導中明確指出，「隨著事件發生，台灣有許多人因此而喪生。」三天之後，他們在二版又刊登了一篇標題為「軍艦出動鎮壓暴動」的新聞，其內文是：

> 現在還留在當地的少數沖繩漁民，在不得不撤退的情況下，紛紛捨棄漁具，倉皇逃命。

從這裡可以讀出戰後仍留在台灣的沖繩漁民，因二二八事件撤離的景象。在報導中還穿插了一位此時逃離台灣、名為「金城」的人的訪談。

根據這段訪談，「金城」搭著一艘名叫「豐榮丸」的船，於三月十三日午後一點從蘇澳南方出港。「豐榮丸」上共載了男女合計三十二人，於十四日抵達石垣。關於事件的擴大，「金城」是這樣說的：「台中、嘉義、蘇澳南方一帶也都陷入了暴亂當中」；換言之，事件發生之後原本平靜的蘇澳南方，在「金城」出港的十三日也已經被騷亂波及。「金城」又說：「除了我們的船以外，還有四十多艘船也一同撤離。」

## 琉球漁民團

就在二二八事件爆發之前，在台灣出現了一封文件，內容是有關由蘇澳南方的八十五位沖繩出身人士所組成的「琉球漁民團」。這是一封由「蘇澳合作社」向當時中華民國負責台灣行政的台灣省行政長官公署提出，希望能夠允許琉球漁民團的沖繩出身者在蘇澳合作社工作的陳情書，日期是一九四六年（昭和二十一年）十一月四日。[11]

在陳情書內同時也附上了「琉球漁民團」的名冊。一眼望去，團員的年齡從兩歲到五十六歲不等，範圍相當廣泛；由此可知，列名其中的並不光是漁民，還包括了應當是漁民家屬的人。從這份名單，可以清楚感受到漁民渴望全家一同在蘇澳南方生活的強烈心意。

這些人的住所，全都寫著蘇澳南方的正式地名「南方澳」。至於他們的出身地，島尻郡有四人、宮古郡有五十六人，八重山郡則有二十五人。只是光憑這個數字，並不能說宮古人就特

11 國史館台灣文獻館藏「蘇澳鎮漁業生產合作社陳請琉球漁民團加入捕魚生產」；漢那敬子・地主園亮・根川智美『台湾における琉球関係史料調査報告——台湾総督府文書・台湾省行政長官公署資料を中心に——』，收入沖縄県教育委員会『史料編集室紀要31号』（二〇〇六年）頁九十三。

別多；畢竟當我在久部良查閱名冊的時候，發現有好幾位在與那國島留下足跡、出身宮古或糸滿的人，在名冊上填的都是「宮古郡」或「島尻郡」。

這份陳情書中，也附上了琉球漁民團的公約。關於漁民團的目的，上面是這樣寫的：

> 琉球島民在台灣作為日本殖民地的五十年間，為台灣漁業做出了極大的貢獻。在二次世界大戰中，琉球遭到了毀滅性的破壞；而今琉球業已擠滿了各地回歸的人士，無力再收容我輩（琉球漁民）了。故此，我輩希望今後能專心一意以漁業為生，並為台灣漁業的發展與增產盡一份心力。

除此之外，公約的另一部分還用了以下的文字，強調他們留在台灣的決心：

> 本團團員乃是由一群立志為中華民國產業做出貢獻、並熱切渴望解決糧食問題的琉球人所組成。

該團的團長，是一位名叫「石底」的人。

若從「石底」這個姓氏來著眼，他和二二八事件中犧牲的某位與那國出身的男性正好同姓，有沒有可能是同一人呢？

按照漁民團的公約，團長的住所是「蘇澳鎮南方澳一之四十八」。另一方面，根據二二八事件中遭難沖繩相關人士的調查報告書指出，與那國出身的「石底」是為了弄到船隻的零件而前往基隆，結果就此下落不明，故被認定是在基隆犧牲了。據言，「石底」是負責載運沖繩出身者從台灣返鄉的船員，當時他是和另一名與那國出身的船員，一同前往基隆。[12]

基隆和蘇澳南方，都是沖繩出身者的遣返港；故此，「石底」在基隆與蘇澳南方兩地之間活動，毫無任何不自然之處。也正因如此，雖然我們不能斬釘截鐵斷定，但琉球漁民團的團長在二二八事件中犧牲，其可能性是確實存在的。

讓我們更進一步從「琉球漁民團」名冊上的成員，來看當時的情況吧。

以團員之一的玉城正一為例，根據他的弟弟正二（一九三二年生）所述，正一和名冊上的其他團員一起搭乘突棒船「富榮丸」，從因為二二八事件陷入騷亂的台灣逃到了與那國島。同船的其他台灣籍船員，也一起來到了與那國避難。

類似的例子，還有也列名在名冊上的津波古三郎（一九二四年生）。[13]當他在蘇澳南方搭乘突棒船時，正好遇上二二八事件：

12 又吉盛清『台湾2・28事件60年沖縄（琉球）関係調査報告書』（二〇〇七年）頁三。

13 名冊上寫的是「真境名三郎」，在這之後才改名換姓。

說起「二二八事件」，那時在台灣爆發了戰爭，於是我就回來了啊！從那以後，我就再也沒回過（台灣）了！

自從因二二八事件返鄉以來，三郎就再也不曾回過台灣。另一方面，和三郎一起從台灣前往與那國避難的台灣人，則是在不久之後回到了台灣：

當我回（與那國）這邊的時候，（同船）載著三個台灣人。他們說要「三個人一起回台灣」，不過接下來兩天因為覺得「太過危險」，所以躲在（與那國這邊的）港口裡，直到朋友（從台灣搭船來）帶他們走，（中略）他們才回去。

除了因二二八事件從台灣返鄉的沖繩出身者，還有前往八重山避難的台灣人；位在台灣近東咫尺的八重山，為他們提供了避難所。

## 避難

一九四六年（昭和二十一年）十月二十四日，南部琉球軍政府駐八重山的軍政官——中尉拉普雷斯，對八重山支廳長吉野高善做出了以下指示：

不要阻止台灣籍船隻進入八重山各港口；但是相反地，八重山籍船隻出港前往台灣，則一律不允許。[14] 從台灣輸入的物資，可以和當地物產——特別是海產，如海參、花枝等——進行交換。[15]

包含奄美群島在內，統合整個西南諸島的琉球政府，是誕生於一九五二年（昭和二十七年）四月。在此之前，美軍則是將西南諸島劃分為：包含沖繩本島暨周邊離島的沖繩群島、奄美群島、宮古群島、八重山群島四個分區，分別實施軍政統治。美軍在先島[16]設置了南部琉球軍政府，至於八重山，則是在南部琉球軍政府駐八重山軍政官底下設置了八重山支廳，開始了軍政統治。[17]

拉普雷斯在一九四六年（昭和二十一年）十月二十一日，於石垣島任命吉野為八重山支廳長，然後便逕自前往與那國。當他回到石垣後，便下達了這兩條有關從台灣前來的船隻、以及

14 吉野高善『ふる里と共に』（一九六七年／私家版）頁二四三。
15 吉野高善『ふる里と共に』頁二四四。
16 譯註：所謂的先島群島，包含了宮古、八重山列島，以及主權有爭議的釣魚台列島。
17 琉球銀行調查部編『戦後沖縄経済史』（一九八四年／琉球銀行）頁二十三。

對台灣貿易該如何處置的方針給吉野。

沖繩的美軍，按照一九四五年（昭和二十年）四月一日頒布的美國海軍軍政府布告第四號，禁止和外國進行貿易。[18]八重山實施軍政，是在這之後八個月的一九四五年（昭和二十年）十二月。此後，八重山便被包圍在軍政之內，和台灣畫上了一條邊界線。

儘管拉普雷斯對吉野的指示是在這道布告之後，不過根據他的指示，在前往八重山的台灣籍船隻和當地之間，是允許進行限定項目的物物交換的。

在這之後發生了二二八事件；正次他們大約在一九四七年（昭和二十二年）三月，因此事件而逃到與那國的久部良。除了正次搭乘的光降號以外，當時從台灣前往久部良避難的漁船，全部大概有十艘左右；至於船員，則是既有正次這種留用的日本人，也有台灣人。

光降號是台灣籍船隻，若是按照拉普雷斯的指示，應該可以進入久部良才對，不過實際上，村公所的職員卻以「外國船隻禁止進入」為由，要通報警察來處理。避難的船員於是開始說明事情經過：

船員：在台灣爆發了事件，所以我們來這裡避難。

職員：避難是可以，但不可以上岸。

船員：那，我們就不上岸；到台灣平靜下來為止，我們會一直待在船上。

就這樣，從台灣前來的船隻以不登岸為條件，獲得了進入久部良港口的許可；然而到了晚上，船員們還是悄悄地跑上了岸。作為懲罰，有一艘船的零件被村公所給拆掉沒收，陷入動彈不得的窘境。

正次回憶當時的情況：

因為違法登陸的關係，（船的零件）被拿走了。於是，我和兩、三個同事一起前往村公所，警察也跟我們一起去。「沒有零件的話，船的引擎就發不動，這樣會很麻煩的；我們（上岸來），其實並沒有惡意呀！」當我這樣說了之後，對方便說道：「那，按照約定，今後不可以再上岸了唷！」「我們不會再犯了！」

正次他們許下承諾，約定今後不再上岸，最後終於取回了零件。

照道理說，從台灣來的正次他們應該是不能上岸的，不過他們卻為了索還零件，登岸前往村公所進行交涉，而村公所的職員對這種行為，在應對上也沒有多加責難，這倒是有點奇怪。

正次等光降號的船員在久部良待了大概二十天之後，從台灣開來了一艘船；這艘船是來報平安、告訴大家已經可以安全回台灣的。

18　琉球銀行調查部編『戦後沖縄経済史』頁三十二。

一回到基隆的社寮島，正次便立刻前往船主吳禮的住所。兩人之間的話題，自然還是圍繞著二二八：

走在路上的人都被繩子拖著走，中國（中華民國）的一黨專政統治，真是相當可怕哪！蔣介石這個人，也實在是個恐怖的人哪！

當正次這樣說的時候，吳禮連忙打斷他：

不要說這種話，這會給自己惹大麻煩的唷！現在只要講蔣介石一句壞話，馬上就會被拖走的！誰也不知道哪裡有密探；就算是朋友，也不知會不會去告密。所以啊，絕對不要說蔣介石的壞話唷！

台灣在二二八事件之後，便一直處於國民黨的獨裁統治下。一九四九年（昭和二十四年）五月發布了戒嚴令，一直到一九八七年（昭和六十二年）七月才宣告解除；在這三十八年間，台灣一直處於戒嚴令籠罩之下。[19]蔣介石自一九五〇年（昭和二十五年）三月以降，便一直盤踞著中華民國總統的高位；接下來的二十五年間，他始終是獨裁體制的中心人物。[20]

那是一種就連偷偷說句蔣介石的壞話也噤若寒蟬的氛圍。

## 手槍

那是發生在一九四六年（昭和二十一年）六月的事。

在縱深極長的基隆港內、港口最深處的稅關碼頭前，停靠著一艘漁船。那是一艘突棒船。稅關的四、五名官員跳上了船，其中一人拿出手槍指著船長，進行偵訊。

突棒船追逐旗魚的季節是冬季，這時候漁期已經告終；因此，在這時期出現突棒船，便顯得相當可疑。關鍵的地方在貨物。當然，船上根本沒有旗魚；說得更精確一點，貨物已經被搬到別的地方去了，現在船艙裡一片空空如也。看樣子，船員似乎是打算把走私的證據銷毀得一乾二淨，可是在最後關頭出了漏子。

要是敢說謊的話，我就射死你！

面對拿槍指著自己的稅官，身為船長的正次這樣想著：

19 吳密察原著監修．横澤泰夫訳『台湾史小事典』頁二三五。
20 吳密察原著監修．横澤泰夫訳『台湾史小事典』頁二三二。

在軍隊裡都活了下來，卻在這裡被這傢伙射死，這也未免太丟臉了啊！

關於這一切，得從突棒船船主吳禮的提議開始說起……

四月，當突棒船的漁期結束後，從沖繩來的船員們或者回到自己所住的島嶼，或者留在台灣繼續工作；在下個漁期開始前的半年間，他們會按照各自的規畫，過著自己的生活。這一年，正次沒有回到與那國，而是待在基隆社寮島。

於是吳禮提議，要正次一起參與走私的工作。據他說，他有一個朋友正打算運送黑市物資來盜賣：

正次：我不幹，這種事太危險了啦！

吳禮：安啦、安啦，有什麼事全包在我身上啦！

正次：真的嗎？萬一要是被抓了，那可怎麼辦？雖然說「包在你身上」，不過真的沒問題嗎？

吳禮：安啦！

然後，他開出了「跑一趟船五萬圓」的價碼。「五萬圓的話，的確是很不錯的薪水……」

正次雖然有點心動，不過並沒有馬上應允下來。畢竟要是在哪裡被逮著的話，這五萬圓的報酬就泡湯了。既然是這麼危險的航行，那麼該拿到手的，就要先確實拿到手才行；於是正次提出了他的條件，要求先拿到前金，而吳禮也接受了這個條件。

出身蘇澳、居住於當地的黃炳鑫（一九二七年生），長他三歲的哥哥曾經有過和與那國島之間走私的經驗。關於當時的交易情形，炳鑫如此解說：

（沖繩那邊）非常欠缺砂糖和米之類的東西。台灣這邊有這些物資，可是沖繩卻沒有。（中略）所以，我們就和日本、美軍進行物資交換，把對方的物資運回來；好比說美軍的毛毯，或是汽車零件之類的。總而言之，就是把台灣弄不到的東西，從那邊交換回來。

戰後留有豐富糧食的台灣、各方面物資都不足的沖繩、以及為了準備長期戰而在沖繩持有大量物資的美軍。物資從有流向無，本就是自然之理；稱之為「黑市」或者「走私」，只不過是它們在越過國境線的時候，並沒有遵循必要的手續罷了。

正次用吳禮的船運送的物資是輪胎和米，交易的地點是石垣島的新川海域。

正次在吳禮的突棒船上裝滿了米，帶著三名船員從台灣出航，朝著石垣島的新川海域駛去。在那裡先卸下米，然後移動到御神崎海域待命。

「那邊用小帆船進行連絡，要我們到御神崎去」，對方這樣說；然後過了三天左右，傳來訊息，「貨物已經準備妥當，馬上回到新川」。「像這樣搖晃電燈」對方說，「晃三次，就在海上（新川海域）下錨碇泊。」

透過連絡用的小船，岸上的交易對象將接頭的辦法，用搖晃電燈的方式傳達給正次這邊。

現今作為石垣島代表性觀光景點的御神崎，過去曾經是走私船隻待命的海域。

正次一行按照指示回到新川海域後，裝有數十只輪胎的小帆船便靠了過來。將輪胎裝上船之後，正次轉舵向西，在與那國又多裝了五六只輪胎，才動身回到台灣。

正次一行的目的地是台灣的淡水；他們在那裡一直等到深夜，直到有人用小舟將輪胎回收後，才終於回到基隆的社寮島。

兩天後，當正次在吳禮那裡休息的時候，稅關的官員突然找上門來。和他們一起的五、六名船員都跳窗逃走了，只剩下正次和名叫「宇根」的輪機長還留著。官員下達指示，要正次把船開到稅關那邊。這時，船主吳禮和官員談了些話；正次並不清楚他們用台灣話到底說了什麼，只覺得散發出的氣氛相當險惡。

但稅關的指示還是不能不遵從，於是正次和輪機長便載著吳禮、發動了船隻。

船隻一靠近稅關，五、六名官員便一湧而出，開始對船內進行搜查。正次他們回到社寮島後，已經將船內徹徹底底清洗了一番，因此他覺得，就算稅關再怎樣調查，應該也沒辦法發現走私的痕跡才對，可是……

相當倒霉的是，在船上還留有兩、三顆米粒；儘管我們原本以為自己已經洗得非常乾淨，洗到「連一粒米都不會留下」的地步。

可是，米卻掉在地板上。看樣子是為了交換輪胎而在台灣裝載的米所留下的痕跡。官員立刻注意到這點：

官員：這米粒是怎麼一回事？
正次：那是船上的糧食。

可是，米掉下來的地方，並不是儲存食糧的場所。

官員：你們的糧食，不是應該放在廚房才對嗎？既然如此，為什麼這裡會有米粒？

於是，偵訊變得更加嚴格也更具體了；到最後，對方甚至拔出手槍，對正次說：「要是敢說謊的話，我就射死你！」

船主吳禮似乎已經預想到稅關的官員會亮槍威嚇，所以在從社寮島前往稅關碼頭的半路上，他就向正次忠告：「對方是絕對不會開槍的，就算拿槍指著你，也只是空包彈罷了。正因對方不過是虛張聲勢，所以就算拔槍，也絕對不要招供啊！」

話雖這樣說，但被槍指著還是一件很恐怖的事。正次又想起那筆五萬圓的報酬，不由得心想：「為了五萬把命丟掉，還真是不划算哪！」至於輪機長，則是根本已經認定那把槍裡裝的是實彈了：

輪機長：船長，就招了吧！
正次：要是招的話，我們都會有大麻煩的。會（進監獄）蹲個五、六年喔！

這是萬分緊迫下的對話；因為使用的是方言，所以官員聽不懂他們在講什麼。最後，正次決定相信吳禮的話，對官員這樣說：

我們明明什麼都沒做，為什麼拿米粒這種事來刁難我們呢？

他乾脆徹徹底底裝起了無辜。結果，官員說：「今天的偵訊就到此為止，剩下的等明天再說」，並沒有再繼續追究下去。

## 軍事審判

在石垣島發行的報紙《海南時報》上，刊載了和台灣有關的軍事審判的報導；對於當時的狀況具有殺雞儆猴的意味，頗值得一讀。其中報導了一九四七年（昭和二十二年）七月三日宣判的五件判決內容；[21]那是正次進行米和輪胎交易的一年前，同時也是二二八事件剛過四個月時的事。

在這五件案例中，屬於台灣籍被告的案件共有兩件，一件是因為侵入竹富島的禁止區域而遭起訴，另一件則是在石垣島進行「不法外國交易」。這兩起案件都是發生在一九四七年（昭和二十二年）六月。

除此之外的三件，受審對象則是八重山人，其中與台灣有關係的是兩件，起訴事實分別是：一九四七年（昭和二十二年）五月，協助台灣人逃亡；一九四六年（昭和二十一年）十月，和作為船舶掮客的台灣人進行黑市交易。

曾任八重山支廳長的吉野高善，在自己的著作中有如下之敘述：

21『海南時報』一九四七年七月五日第二版。

一開始的時候，美軍對沖繩人的取締態度比較寬大，從台灣過來的走私機船，往往都是若無其事地進港出港；但後來愈來愈趨於嚴格，和台灣的往來自不用提，就連和日本本土，也沒有辦法用普通的方式進行交易。儘管如此，為了生活，走私貿易還是漸漸地興盛起來。[22]

這麼說來，除了刊載在報紙上、公開發表的軍事審判內容以外，類似的案例其實應當屢見不鮮，才是接近真正的實際狀況。隨著美軍統治開始，被置於軍政之內的八重山，與身處範圍之外的台灣之間人來人往的盛況，透過這樣的報導，也得以清楚確認。

那麼，被留置在基隆稅關的正次他們，後來又怎樣了呢？

就在偵訊開始四、五天後，吳禮向待在船上的正次表示：「事情解決了，回去吧！把船也開回社寮島吧！」正次沒有任何拒絕的理由；於是，他和輪機長開著船，吳禮則是搭著計程車踏上了歸途。

從這次經驗，正次得到的教訓就是：「稅關的口袋，可是相當大的哪！」

所謂口袋，意思就是賄賂。和貨主之類的談談，然後就會叫你「回去」啦！

吳禮，似乎就是這樣一號人物。

正次也說，吳禮的「面子非常之大」。這點從以下的插曲可見一斑：

當船隻入港，船員們要去台灣人開的酒吧的時候，他說：「就算帶了錢，你們也不知道該花多少；這樣吧，我寫張名片，你們就拿它去喝個痛快吧！」說完，他就在名片上寫了（自己的名字）。我們把這張名片拿去（酒吧）給對方看，對方一看就說：「哎呀，嘸要緊啦，盡量喝啦！」

所以說，他果然面子滿大的呢。

「嘸要緊啦」就是「沒關係、別介意」的台灣話。有了吳禮的名片，即使沒錢也可以盡情喝酒。

吳禮，似乎就是靠著這張「面子」，在各式各樣的交涉中如魚得水、左右逢源。

22 吉野高善『ふる里と共に』頁三九〇。

## 說台語也能通

儘管並不了解這首歌的意義，但正因如此，反而更能理解彼此的話語。吟唱這首歌的，是位名叫「阿匹亞」、比自己年紀大兩歲的船員。

與那國久部良出身的金城武三（一九三一年生）在十五歲的夏天，來到蘇澳南方工作。在那裡，武三搭上了捕旗魚的突棒船；而阿匹亞，也是這艘名為「順福六號」漁船的船員之一。一直到很久以後，武三才知道這首歌的名字叫作「那魯灣」。

台灣東海岸的旗魚突棒漁業，通常都是在冬天、北風強勁的時候進行；當南風吹起，或者風止浪息的時候，他們就不會出海，捕魚的工作也會暫告歇息。

通常在這種時候，阿匹亞總會唱起歌來；他所唱出的，是台灣原住民的語言。

順福六號上一共有九名船員，其中三人是台灣人，剩下的六人則都是來自與那國。在三名台灣船員中，有兩人是原住民；除了阿匹亞之外，還有另一位船員名叫「德基沙」。剩下的一人是漢族，名字叫作「次郎」。

原住民阿匹亞和漢族的「次郎」，使用的言語各不相同。

在與漢族往來的過程中，武三也漸漸掌握了所謂的「台灣話」：

問到「有沒有高麗菜」的時候，（台灣話）用的是「u-bo」；講到人的時候，他們用的也是「松田兄，u-bo？」不管人或者蔬菜，用的都是一樣的詞彙呢！

「u-bo」，用漢字寫的話就是「有無」。在日語裡「有高麗菜嗎」、「松田兄在嗎」，兩者的表現方式是分開的，但在台語裡，不管人也好、物也好，都是使用「有無」；這讓武三印象非常深刻。

## 以蘇澳南方為據點

武三是家中十位兄弟姊妹裡的老么。在本書一四〇至一四五頁的專欄裡曾經登場、認識「大屋婆婆」（大屋尾奈仁女士）的金城靜子（一九二四年生），就是他的姊姊。武三的兄姊們，在台灣作為日本殖民地的時候，都有過在蘇澳南方捕魚、或在當地渡過一段時間的經歷。

武三自己也曾到過蘇澳南方遊玩，但正式在那邊工作，則是一九四七年（昭和二十二年）九月的事。當時，台灣已經不再是日本的殖民地，而是歷經「二二八事件」、整個社會正從脫離殖民統治的混亂中重新起步的年代。

正次也是在戰後從與那國島渡海來台，不過因為他之前已經擁有在殖民地台灣生活的基礎經驗，所以對他來說，這其實是有「回到台灣」的一面存在；但武三的渡台意義卻明顯不同。

在和武三同年生的人、以及一九三二年（昭和七年）出生者當中，為了生活而在戰後渡海來台的人，除了他以外其實還有不少。若說有之前並不具備殖民地生活經驗、卻依然被台灣所接納擁抱的人，大概就屬儘管身處戰後，卻仍從與那國渡海來到台灣的這批人了吧！

在殖民地台灣和與那國之間建構起來、屬於人與人的牽繫，並不是那麼容易切斷的。

## 從日本「回歸台灣」

武三的哥哥，在台灣還是日本殖民統治的時候曾在台灣跑過船。戰後，他一度回到與那國島，但在一九四六年（昭和二十一年）再次渡海來台。在第二年的二二八事件中，他從台灣撤回了與那國島，等事件平息後，他又再度前往台灣。武三就是在這時候被哥哥招攬，和他一起前往台灣的。

雖說是哥哥的招攬，但對於前往台灣工作，難道沒有一絲猶豫嗎？畢竟當時戰爭已經結束，台灣已不再是日本的領土，而是外國了呀？

對於我的問題，武三是這樣回答的：

> 說起台灣嘛，總之是個過日子很快樂的地方呀！
>
> 在戰前，比起與那國島，因為在台灣生活很快樂，所以幾乎一直長住在那邊的人可多

著了哪！在那當中，儘管也有些人在（捕魚機會較少的）夏季漁場會回來（與那國），等到冬季漁場到來再渡台，不過即使在夏天沒什麼魚（也沒能出海）的時候，想留在那裡吃頭路，應該也不會有啥問題才對吧！

就在戰後不久，與那國曾經掀起一股主張與那國不應歸屬日本、而應歸於台灣的「與那國台灣歸屬論」。以身兼村長的醫師仲嵩嘉尚（一八八六～一九六三）為代表的這個運動，還曾經上書台灣陳情。[23]

他們對台灣的親近感，是那麼的強烈。

## 追加紅利

秋天。

台灣東海岸正是捕旗魚的大好時期。正次搭著突棒船捕到了七、八條旗魚，在新港附近休息一陣之後，便準備北上基隆。

23 關於「與那國台灣歸屬論」，請參照宮城政八郎《與那國物語》（一九九三年／ニライ社）頁六十四—六十六；《八重山每日新聞》自一九九七年六月二十七日至同年七月二日刊載的連載企畫〈他們是怎樣的人？　町制施行五十年〉第二部「台灣歸屬論」全六回。

就在這時候……

當我們連夜奔馳到花蓮港的時候，忽然看到有人拚命地搖著電燈。我心想「怎麼回事？」於是說了聲「幫我管一下舵」，便慢慢靠過去問道：「怎麼啦？」對方說：「請幫我們把船拖到花蓮港吧！」「發生什麼事了？」「我們的引擎出了點問題。」

正次他們原本打算連夜行船、一口氣開到基隆，但在中途遇到一艘引擎故障的漁船所打出的燈號，於是改變計畫，決定幫他們把船拖到花蓮港去。

受到正次幫助的船，也是艘捕旗魚的突棒船——那是以蘇澳南方為據點的「順福六號」，就是武三和其他八名船員搭乘的那艘船。

順福六號上看起來像是電燈的光源，實際上是火把，而用手揮舞火把傳訊的正是武三。武三如此回顧當時的景象：

我們原本要前往花蓮港，結果到了晚上，引擎忽然完全不動了。幸虧我們運氣不錯，遇到一艘從新港回來的船；於是我們點起火把、拚命揮舞，最後靠著他們的協助，才終於進到了花蓮港。

武三一行從花蓮海域開始漂流，被北風一直吹著走。這是順福六號這個漁期第一次出海捕魚，沒想到連一條旗魚都還沒捕到，引擎就出了問題。

幸虧有大城正次先生他們從新港上來，要是沒有那艘船的話，會變成怎樣，我實在不敢想像哪！

被從新港往基隆航行的正次他們發現，可說是件極其幸運的事；如果沒有任何一艘漁船通過，又或者路過的漁船沒有發現他們的信號……武三不由得這樣想。

在「順福六號」的九名船員中，武三的年紀最小，捕魚的資歷也最淺；因此按照慣例，他被分配到負責煮飯的伙頭崗位上。

手捧自製突棒船模型的金城武三。（2011年4月25日，攝於豐見城市根差部自宅。）

在突棒船上煮飯，是最嚴酷的工作了。

早上，伙頭必須比其他船員起得更早，好準備早餐。蘇澳南方碼頭上賣豆腐的攤販開市有一定的時間，他必須趕在這個時間起床，跑去買做菜用的豆腐。做好早餐後，還要擺好碗筷等船長起來；這時，外面天色都還是一片灰濛濛。

吃飽飯之後就準備出海捕魚，但是從這時候開始，煮飯的嚴酷考驗才真正到來。

做早飯的時候，突棒船是固定在碼頭上，所以還不算很困難；但是，在搖晃劇烈的船內做飯，那又是另外一回事了。畢竟，那片漁場可是北風呼嘯的冬季海域哪！

筆者在二〇一〇年五月，曾經搭乘一艘鮪魚延繩漁船，一同渡過了六天。儘管在船內有瓦斯也有電力，但在有限的空間裡要縮著身子做菜，還要洗飯後的碗碟，光想就覺得很困難。儘管電子鍋只要把米放進鍋內，再把適量的水倒進去就行，但船身的搖晃還是一大阻礙。

相較之下，武三是在沒有電也沒有瓦斯的情況下，在搖晃的船內用木柴燒飯。堆在船內廚房的薪柴往往都是溼的，其中還混著一些木炭。每當船隻開始搖晃，木柴也會跟著到處亂跑；要把水燒開，用普通的方法根本不行。

前輩船員教武三的煮飯方式是，首先將水燒開，然後把米丟進去煮。煮飯的時候木柴會到處亂跑，使得飯裡出現生米，不過武三卻說，「不必擔心」：

（在生米狀態下）燃燒柴火的話，很容易就會焦掉，所以這時候就要使用吃生魚片時用的醋。將醋塗在鍋蓋上，再用剩下的炭火燜，這樣就會有噗嚕噗嚕的氣泡冒出來，一頓好吃的飯也就做成啦！

在杉木做成、厚厚的蓋子上塗上醋，再將它蓋在飯鍋上，利用餘熱讓醋發揮作用，使得生米變成一般能夠入口的米飯。更好的是，醋的味道還不會留下來。這就是武三在順福六號上，從前輩船員那裡學來的煮飯方法。

誠如本書第九十三頁所述，船員所領取的紅利，乃是隨著在船上的地位而有所差異。以順福六號的情況來說，煮飯的伙頭是所謂「七分」，亦即領取正規船員紅利的七成。

再上去是一般船員、舵手領的是一人三分，船長和機關長則是一人半。

舵手是一般船員的一點三倍，船長和機關長則是一點五倍。武三引以為傲的是，他並不只有拿到煮飯的七成紅利，而是「九分」（九成）。

因為我的眼力很好，所以拿到了九分唷！那完全是靠眼力決勝負。從看見旗魚，到追上去突刺的過程中，要是不看個清楚，那可是完全不行的哪！

武三因為探尋旗魚的眼光相當銳利，所以得到了額外的兩成追加紅利。

一九四八年（昭和二十三年）一月，因為要慶祝父親阿德的六十大壽，所以武三和在台灣的其他兄弟姊妹都暫時返回家鄉；慶祝用的紅飯，用的是從台灣載來的米。武三在這個冬天的漁期結束後，便離開了台灣。

## 偷渡沖繩

一九四七年（昭和二十二年）三月從新港被遣歸與那國的藤子，不久後又離開了與那國。

我從島上搭偷渡船，逃到了糸滿。那時候我才十幾歲唷。搭的還是偷渡船。

母親阿豐也說「在這裡得不到什麼好發展」，於是鼓勵藤子離開島上。在離開島的時候，藤子和母親約定好，一定會從那霸寄錢回來。

出港是在一個深夜裡。

藤子身上帶的東西，只有長褲和毛毯。目的地是糸滿；她打算去投靠住在那裡的親戚。天馬船[24]駛離久部良的碼頭，靠近停在海面上的漁船，就這樣直接開了上去。甲板上掛著帳幕，藤子就縮著身子，潛藏在那下面。

這艘船是載運黑市物資的走私船。藤子在久部良的時候，曾經在附近的一家商店裡幫忙煮飯；那家商店的人在自己家裡，經營著保管黑市物資出租倉庫的行當，因此藤子得以認識出入其間的黑市商人，並向他們探詢能帶自己前往沖繩本島的走私船。

> 那個時候，與那國島簡直就像夏威夷一樣。到處都是掮客。在與那國這裡，除了魚很多之外，yamatonchu、[25]內地人、還有沖繩的糸滿人，都來這裡進行物物交換——他們稱之為「barter」；卡其褲也好、毛呢也好，大家都拿著各式各樣的物資前來這裡。

指望著進行黑市物資交易的掮客，從沖繩本島和日本本土群集到久部良。那熱鬧的景象，簡直就像被渡假人潮所淹沒的夏威夷一樣。透過barter、亦即不使用現金的物物交換，從台灣來的物資和沖繩等地帶來的物資，不斷進行交易。藤子所搭上的，就是一艘為了從事黑市交易而前來糸滿的漁船。

---

24　譯註：又稱傳馬船，是一種聯絡母船與陸地之間的小舟。

25　譯註：沖繩語，指日本本土的人。

走私貿易，可說是終戰之後與那國的最佳代名詞。

沖繩國際大學名譽教授石原昌家，將終戰之後以沖繩為出發點的走私貿易路線，劃分為以下三者：沖繩—台灣，沖繩—香港，以及沖繩—日本；在他的著作《空白的沖繩社會史——戰果與走私的時代》（二〇〇〇年，晚聲社）中，列舉了當時的走私品。

以與那國島為中繼點的沖繩—台灣走私路線，大致是如下的狀況。

從台灣輸入的物資有：米、砂糖、茶、米粉、糖果、燻製品、椪柑酒、啤酒、香蕉、李子、自行車、手電筒、電池、打火機、燧石、鍋、麻將牌、帆布、酒精、盤尼西林、嗎啡等物品。

從沖繩輸出的物資則有：彈殼、黃銅、銅、鉛、槍械、火藥、汽油、天然橡膠、舊輪胎、汽車零件、緖、軍服、衣服、野戰用折疊床、美國香菸、糖精、嗎啡、藥品等。[26]

舉例來說，在石垣島新川海域進行走私貿易的正次，就是用從台灣帶來的米交換輪胎，再將它們帶回台灣的。

如前所述，美軍根據一九四五年（昭和二十年）四月一日的「尼米茲布告」，禁止西南諸島與外國進行貿易。[27]再者，根據一九四六年（昭和二十一年）三月的命令，西南諸島被劃分為北部琉球（奄美）、沖繩群島和南部琉球三個地區，南部琉球又再劃分為宮古與八重山，分別進行統治。在奄美、沖繩本島、宮古、八重山這四個地區之間，不只禁止相互移動，實施的通貨政策與經濟政策也各不相同。[28]

包含奄美在內的西南諸島，不只和外部的貿易關係被斷絕，就連內部的交易也受到限制；因此，與那國和沖繩本島間的物資交流，也只能仰仗走私貿易進行。

儘管自一九四八年（昭和二十三年）十一月起，[29]四區之間的交易便已自由化，但西南諸島與外部的貿易依然閉塞不通，也給走私貿易留下了一個發展的基礎。

## 年輕人們

然而單單把終戰之後的與那國島定位成「走私社會」，這樣也是不對的。在與那國島上，以隨著終戰歸島的青年為中心，從一九四九年（昭和二十四年）四月到一九五一年（昭和二十六年）六月，發行了《與那國新聞》。與那國青年會在一九四九年（昭和二十年）創立了官方刊物《潮流》，並在一九五〇年（昭和二十五年）六月十日發行了第二號。

為了呼應島民的向學心，青年們也開設了名為「四波塾」的私塾。在這些年輕人當中，也有為了滿足自己的求學心，而偷渡出島的人。

26 石原昌家『空白の沖縄社会史—戦果と密貿易の時代』（二〇〇〇年／晩聲社）頁三一六—三一七。
27「米国海軍軍政府布告第4号」，參見琉球銀行調查部編『戦後沖縄経済史』頁三十二。
28「米国海軍軍政府南西諸島南部西部諸島命令第1号」，參見琉球銀行調查部編『戦後沖縄経済史』頁二十三。
29「軍政府特別布告第33号」，參見琉球銀行調查部編『戦後沖縄経済史』頁一四二。

其中就有一位男性（一九二七年生），他在一九五〇年（昭和二十五年）五月十日從與那國出發，經由石垣抵達糸滿，再從那霸沿著奄美大島的名瀨、吐噶喇列島的口之島、鹿兒島海域的竹島一路北上，最後在六月十六日抵達鹿兒島，實際上整整過了三十八天的偷渡生活。[30]

由於終戰而被遣返回島，旋即又離開島上的人們當中，也可以看到藤子的身影。

藤子在那霸的料亭找到一份女侍的工作後，一方面送錢回與那國，同時也送些米和素麵回去。由於她在台灣長大、只有在戰後一段短短時間內待過與那國，對於沖繩本島的方言幾乎完全不通，因此料亭的同事們都稱她為「yamatonchu」（本土人）。

30 當時與那國青年的活動以及《與那國新聞》、與那國青年會、官方刊物《潮流》、四波塾等，請參照《八重山每日新聞》自一九九七年八月五日至同年八月十三日刊載的連載企畫〈他們是怎樣的人？　町制施行五十年〉第三部「與那國青年會」全九回。

# 第八章 走私

## 隨意旅行

在蘇澳南方搭乘突棒船「順福六號」的金城武三（一九三一年生），有一位同學名叫長濱一男（一九三一年生）。和武三一樣，一男也是出身與那國久部良，於一九四五年（昭和二十年）三月自久部良國民學校高等科畢業，並在那裡迎接終戰到來。

一男的父親靜一郎（一九〇四年生）出身於鹿兒島川邊郡西南方村（現在的南薩摩市），在地方上的學校畢業後，於一九一八年（大正七年）渡海來到與那國，在那裡開起了鰹節工廠，[1]不過這間工廠在空襲中遭到了炸毀。（參照二一六頁）

戰後，一男在久部良當了一陣子的臨時教師；一九四七年（昭和二十二年）二月二二八事件爆發後，他渡海來到了台灣：

> 我去（台灣）的時候因為還很年輕，所以對我來說，感覺就像是去旅行一樣。正好姊夫，也就是我姊姊的老公，在台灣有艘突棒（船），所以我就去基隆旅行一趟，跑到基隆去了。

一男這次渡海來台，是為了投靠住在基隆社寮島的姊姊阿秋的丈夫——大城正次（一九二三年生）而來；這點和武三為了投奔蘇澳南方的哥哥而渡台十分相似。雖然很難說是因為兩人同窗，所以才做出類似的決定，不過一男和武三的台灣行，確實有著相似之處。

即使如此，兩者之間還是有所差異。回顧起渡台的心境，一男在言語中，並沒有展現出強烈的迷戀；他給人的感覺，就像是因為有人介紹，所以悠悠哉哉去台灣晃一圈一樣。彷彿台灣和與那國間隨著終戰而劃上的國境線並不存在，他渡海來到戰後的台灣，在那裡工作了起來。從這點來看，一郎與武三則又有類似之處。

正次在台灣人船主吳禮的突棒船上擔任船長，一男也搭乘同一艘船。以正次的情況來說，他是在「留用」的制度下，獲得台灣的新統治者——中華民國政府的特許，得以留在台灣；但一男的情況則非如此。為了避免在台灣遭到逮捕而被遣返，由台灣沖繩出身者所組成的組織，會頒發一份證明。一男稱這個組織為「沖繩縣人會」，據他說，「有一位名叫喜友名的先生，是沖繩縣人會的會長」。

說起戰後台灣最著名的「喜友名」，很有可能就是「喜友名嗣正」。喜友名嗣正，乃是在台灣擔任「琉球人民協會」理事長的人物；[2]那麼，頒發證明給一男的沖繩縣人會「喜友名」，指的就是這位先生嗎？如今證明書已經佚失，要確認這一點相當困難；在此，我們頂多也只能舉出「喜友名」這個關鍵的名字罷了。

1　八重山朝日新聞『八重山人名録』（一九六六年／八重山朝日新聞社）頁一四〇。

根據一男的記憶，在「縣人會」當中擔任蘇澳南方地區負責人的，是位名叫「西濱德次郎」的人物。此人或許就是本書二三六至二四〇頁所提及的西濱門德次郎（一九一八年生）。正如前面所介紹，西濱門德次郎在包含宜蘭、羅東、蘇澳的「蘭陽」地區，「組織縣人會，成為蘭陽三郡會長」。[3]德次郎的妻子敏子（一九三〇年生），也從周遭的人那裡聽聞了許多德次郎擔任縣人會長時的軼事。

## 印鑑

雖然「縣人會」的證明書已經不在一男手邊，但為了領取證明書所使用的印鑑，則還保存在他的家中。這顆在台灣刻下的印鑑，是一男所使用的第一顆印鑑。

一男一面讓我看這顆印鑑，一面這樣說：

> 因為聽說有辦法弄到身分證明，所以我為了從縣人會那裡獲得它，也去刻了這顆印鑑。你看，就是這顆方形的印鑑，在台灣刻的唷。我就是用這個，在縣人會登記的。

這是顆乍看之下毫不起眼的印鑑。儘管重量似乎有些沉，但握起來的手感卻不會顯得太粗。以它的小巧程度，就算說它只是一顆修正用的印鑑也毫不為奇。然而，這卻是在距今六十年以前，由一位久部良的年輕人，在已非日本殖民地的台灣所刻下的印鑑；一思及此，便覺得彌足珍貴。畢竟，能夠親手觸及、訴說與那國與台灣關係的事物，實在是出乎意料地少。

「我在那邊玩了一、兩個月，然後就回來了。」照一男這樣說，他在台灣待的時間並不長。那麼在這段時間中，他是怎麼渡過的呢？

因為沒錢，所以喝酒之類的都沒辦法去唷；最多就是從姊夫那裡拿了錢，到處去觀摩

長濱一男為了領取沖繩出身者組織頒發的證明，在台灣所刻的印鑑。（2008年3月9日，攝於與那國島久部良，長濱一男自宅。）

2 關於「喜友名嗣正」，請參照石井明〈中國的琉球・沖繩政策─以琉球・沖繩的歸屬問題為中心─〉（北海道大學グローバルCOEプログラム「境界研究の拠点形成」編「境界研究」No.1，北海道大學スラブ研究中心，二〇一〇年，頁七十一─九十六）。在國史館台灣文獻館的資料查詢網站「典藏日據時期與光復初期檔案查詢」（http://dbln.sinica.edu.tw/textdb/twhistBrowse/）鍵入關鍵字「喜友名」進行檢索後，可以發現在行政長官公署的檔案裡，有一份名為「琉僑喜友名嗣正留用名冊及志願書」的文件。這是一份將喜友名以台灣企業職員身分加以留用的文件（二〇一二年五月二十二日瀏覽）。

3 八重山朝日新聞『八重山人名録』（一九六六年）頁一四一。

一下吧。

由此可知，他並沒有沉溺於嬉戲，頂多就是到處閒晃罷了。當他回到久部良的時候，也是兩手空空。不過，在基隆街頭四處見聞的經驗，卻在他回到久部良後，發揮了很大的作用：

從台灣回來之後，我就開始做了——就是做走私的生意啦。因為了解到台灣的情況，所以我就想說「好，那我也來幹吧！」我從（台灣）那邊弄到食用油，將它裝在鐵桶裡帶回來，再從（與那國）這邊弄到卡其服、深藍色和卡其色呢絨，做起了物物交換的生意。

一男原本並沒有資金，應該沒錢在台灣收購物資才對，但他卻在從台灣回來之後就以老家久部良為據點，開始做起走私生意。他究竟是怎麼辦到的呢？我試著詢問他。

我把名片撕開，讓我們這邊的船長拿著撕掉的部分，然後對他說「裝卸的工作就交給你們了；到那邊的話就搖晃電燈，晃幾次就是正確暗號。」將這張名片遞給他之後，我又說：「一定要和對面持有名片的人，將名片的另一半拼合起來。如果合得起來的話，很好，就把東西交給他。」我是個狡猾的人，所以才能賺到錢；也正因此，我才會有現在。我說的是真的。

將一張名片撕成兩半，一半由一男持有，另一半則交給交易的台灣商人保管。兩方在約定的時日和場所接頭，互相出示手上擁有的名片，若是正確無誤的話，就開始進行交易。

交易的場所大多在基隆。港內大型船舶熙來攘往，正是最適合走私船隱身潛入的地點。一男自己並不搭乘走私船；儘管他安排了整個交易的程序，但他自己卻安坐在久部良不動，將實際的交涉一任船長處理。

不用說，在交易現場被官方追捕，是最危險的事情了，搞不好還會遭到開槍射擊。一男之所以說自己是個「狡猾的人」，主要就是因為他不親臨現場，只在幕後扮演著操線者的角色。事實上，他未曾因為走私而被逮捕，所以他才能平安無事地，用「我才會有現在」這句話，為走私做出一男風格的總結。

這項交易手法直到現在才揭曉，過去從來不曾對外洩露過。

一男曾經被人追查過身為走私商人的過往；當時對方問他：「聽說你用名片進行黑市交易？」不過一男當下便說：「只用名片就能做生意，哪有這種蠢事！」將自己的交易手法斥為荒唐無稽，一下就輕易擺脫了。

看樣子，不光是「狡猾」，腦袋還要夠靈光，才是保護自己的必要條件。

## 擴散開來的黑市物資

一男在一九四七年（昭和二十二年）從與那國渡海前往台灣的基隆，在那裡待了幾個月後回到與那國，然後便做起了走私生意。但是，當我們閱讀石垣島發行的新聞報紙時，可以發現在第二年，警方便已展開針對走私的防治行動。在此，我想引用一九四八年（昭和二十三年）三月八日的《海南時報》二版：

> 警察署於六日早上十點，在署內召集了二十四名水產業者與船主，針對防止走私一事，要求業者提供協助。

「要求船主等協助防止走私」。從這個字體稍大的標題，可以感覺到警察有意藉此展現出自己已經盯上了走私活動。

在一九四九年（昭和二十四年）五月七日的《八重山時報》上，也報導了在神戶三宮以及元町販賣黑市物資的「國際走私團」。至於標題，則是頗具煽動性的「搖身一變成為海盜船／神出鬼沒的走私團　一次交易數億圓」

在報導當中，有著以下這樣一段敘述：

這條走私路徑，以天然橡膠的狀況來說，是以台灣（華裔）、朝鮮（韓裔）為基地，經由沖繩—米子—瀨戶內海到阪神。

這個「國際走私團」，從台灣運出物資、經由沖繩運往本土時，應該也有利用與那國作為中繼點吧。走私的物資包括了「從外國香菸、上光用鞋油、打火機、燧石等，一直到最近的毒品、金銀塊類，高價輕巧的物品日趨增加；除此之外，還有砂糖、海人草、糖精、皮革、酒精類染料、麻繩、天然橡膠等」，形形色色不一而足。這些物資從阪神地區，又更進一步地流向名古屋、靜岡一帶。

在逃脫取締的同時，走私活動亦不斷擴大規模，將黑市物資擴散到日本各地。對於當時走私興盛一時的久部良，一男是這樣描述的：

從本土、從台灣，從各個地方，甚至東京和大阪一帶都有商人過來。隨著商人前來，結果就變成了第二個夏威夷；人就是這麼多唷。在街上，幾乎連走路都很困難，真是非常了不得哪！當時就是這麼一副熱鬧景象。也有酒吧，大概有八十家吧！除了酒吧之外，還

與那國久部良的海面。過去，這裡曾是走私船頻繁往來的海域。西崎（中央右側）之所以看起來傾斜，是因為乘船攝影時，船隻隨波浪搖動的緣故。（2003年7月4日）

有小酒館呢。

當說到「人就是這麼多唷」的時候，一男彷彿要猛抓一把似地舉起手，將手指一口氣彎了起來。人，就是這樣雲集在當地。將當時的久部良比擬為夏威夷，這在從新港返回與那國後、又偷渡前往沖繩本島的安里藤子（一九二九年生）的口中，也同樣提及過。（參照本書二八三頁）以走私為目標，商人從本土和台灣群集而來；以這些商人為服務對象，酒吧和料亭也隨之林立。根據一男的記憶，就有「後樂」、「小松」、「寶船」、「菊水」、「水月」、「月之濱」這些店名。

台灣的走私商人也會在這裡喝酒。

因為在這裡的人全都很年輕，而且大家都免不了呼朋引伴，所以，當和他們一起上酒吧的時候，我們總會談起「要做生意嗎？」「打算怎麼做？」然後就得出答案，「好，就決定這麼做了！」

一邊喝酒，一邊尋找交易對象。當時的台灣還留有日本殖民地的遺風，因此台灣商人也會講日語，交談起來毫無任何窒礙之處。

說著說著，一男也開始自吹自擂了起來：

那個時候啊，我每天口袋裡都會有一、兩萬圓進帳哪！即使到了深夜，只要我一踏進酒吧，對方就會高興地發出「長濱來了耶」的歡聲。這全是因為我出手大方的緣故。那時候，我可是相當放蕩的哪！

一男的妻子智惠子（一九三三年生），也在為料亭與酒吧的女人們做洋裁。女人們總會拿著形形色色的布料過來，央求她「快點幫忙縫啦」，這些布料也都是來自台灣。為了應付她們的需求，智惠子自己也從台灣弄來一台腳踏式的縫紉機；一個人實在沒辦法應付得來，所以還僱了人幫忙。因為「說起縫線，還是台灣的絲最好」，所以在這方面，也是透過走私認識的熟人確保貨源。

總而言之，在久部良不管走到哪，都脫離不了「台灣」，以及「走私」。

## 這根本不是走私

蘇澳南方的黃春生（一九二九年生），也曾經參與過和與那國之間的走私。他將儲存在蘇澳南方的糧食，花費大約九小時運到與那國，在那邊進行交易。通常在與那國登岸之後，他會跑到熟人的家裡去用個晚餐，或者逛一趟酒吧。

（從台灣運來的東西，主要是）米、或米粉，大概都是食物之類的。（至於從與那國運到台灣的，則是）布料。呢絨服、卡其服——美軍的軍服，是卡其色的唷。把那些東西大量的運回台灣。那時候的生意，說來真是有趣；有賺頭、有賺頭哪！

春生說著，臉上流露出愉快的神色。

（沖繩出身者在戰後，從台灣）回去（沖繩）的話，什麼工作也沒得做，連吃的也沒有，所以大家都再次逃來（台灣）。有船的人就開船過來。然後，因為（沖繩）沒有糧食，所以就（從台灣）把米給帶回去。通常都是沖繩人先開著船過來，對台灣人說：「把米賣給我們吧！」台灣人就說：「好，沒問題」。

對物資欠缺的地區供給物資，說到底也是理所當然之事。

經由迄今為止所介紹、有關與那國出身者的種種經歷，我們可以清楚明瞭，在日本殖民統治台灣的這五十年間，與那國島與蘇澳南方已經形成了一個生活圈。即便在戰後，與那國的人們也沒有停止從台灣獲得生活物資，至於其間的聯繫，則是透過與那國的走私渠道，這點也可說是一目了然。[4]

在台灣蘇澳南方負責供給物資的春生，也抱持著類似的想法。當春生談及走私議題時，他拋出了一個大大的疑問句：「只因為國家分離，所以就得被說成是『走私』嗎？」言下之意是，明明原本人事物來來往往、絡繹不絕，突然劃上一條國境線後，就硬說「這是走私」、要加以取締，這也未免太蠻橫無理了吧？「這根本不是走私，只是『哎呀，又運東西來了』而已呀！」即使春生已經超過八十高齡，但他說這句話時，依然顯得氣魄驚人。

## 打通關節

沖繩本島南部的東側海上。

正次從久部良搭乘船隻，停泊在久高島海域，等待夜幕低垂。距離對岸的馬天港只有十公里左右。據說在那裡入港，就可以弄到裝滿油類和石油的汽油桶。只是，就這樣進去是不可能的，必須要思考對策才行；於是，正次從與那國帶了鰹節過來。他在馬天這裡有位與那國出身的朋友，他將鰹節交給這位「朋友」，讓他去找跟美軍往來的女人。這些鰹節，就是打通關節用的酬謝。

正次和「朋友」一起前往負責監管物資的美軍處後，接著便由那位一同前來的女性，負責與對方接觸。「朋友」有在夏威夷生活過的經驗，這時就靠著他的英語技巧，和美軍交涉了起來：

（監視的美軍）扛著槍，一邊隨意坐著，一邊直打瞌睡。畢竟，戰爭期間使用的物資，現在已經不那麼緊要了。我們交談之後，對方說：「ＯＫ、ＯＫ，你們就拿吧，反正到底裡面有多少，我自己也不清楚，我也只是在這邊看著（監視著）罷了。因為倉庫裡面滿滿的，所以你們可以盡情地拿，不過時間只到兩點而已唷！」

「兩點」，指的是「凌晨兩點」，也就是換哨的時間，在這之前必須把貨物運完才行。就連自己也不清楚究竟監管著多少物資的美軍，就這樣任憑正次他們隨心所欲地拿走喜歡的物資。

沖繩、先島這些地方，因為沒有石油，所以漁船都相當困擾呢。（中略）油類也（中略）有從台灣這邊弄來的。只是，絕對不能打開栓塞，必須要密封才行。

走私的時候若能弄到美軍的物資，都會被稱為「戰果」。石油和油類就是正次的「戰果」；他就拿著這些「戰果」，在先島與台灣之間進行走私生意。

4　石原昌家『空白の沖縄社会史―戦果と密貿易の時代』（二〇〇〇年／晩聲社）頁三十。

過去也曾是走私貿易盛行之地的淡水。（2011年2月22日，於台灣新北市舊淡水鎮。這裡以美麗的夕照聞名，同時也是約會的熱門景點，熱鬧非凡。）

儘管正次曾經在台灣的基隆，因為裝載的米粒痕跡被發現而差一點遭到逮捕，但之後他還是好幾次搭上了走私船。他的足跡，在沖繩本島到達糸滿和馬天，在台灣則遍及北部的淡水與東部的花蓮、蘇澳南方，以及東北部的離島——龜山島等地。說他活用了自己在蘇澳南方擔任突棒船船長的經驗，可一點都不為過。

一九四七年（昭和二十二年）二月，台灣爆發「二二八事件」時，正次正在基隆搭乘漁船。當時他按照台灣籍船主吳禮的指示，經蘇澳南方前往久部良避難，不過卻在久部良港遭到了禁止上岸。（參照二六二頁）但是，當走私開始正規化之後，台灣的走私商人都可以踏上久部良的土地，而正次也可以自由出入了。

台灣的走私商人中，也有人包下與那國的船進行走私的：

這個嘛，關於船嘛，有台灣人來借船，借我們與那國的船，用它來裝貨物，然後再開往台灣，到了台灣附近打暗號，卸貨之後再回去。這樣子去台灣一趟，可以賺到五萬圓唷。五萬是去（北部這邊）的價格，如果要開更遠，比如說到高雄的話，賺個七、八萬也沒問題。蘇澳和淡水這些近的地方，大概都是五萬圓。借一趟船航海可以賺到五萬，大家當然都願意借船囉！

視交易地點在台灣何處，包船的價格也有所不同。非得環島一大圈的高雄價值七到八萬，至於蘇澳南方等鄰近地區，行情價則是五萬。

## 左腳重傷

一九四九年（昭和二十四年）四月，正次因為事故導致左腳負了重傷。

在此，我要引用《海南時報》在同年四月十七日頭版所刊載的報導：

〈在與那國海域　發生海難死亡事故〉

根據與那國町長傳來的電報，在十三日下午五點時，有一艘在久部良港外捕魚歸來的漁船發生船難，船隻下落不明。船上的五名乘組員當中，三名平安獲救，一名左腳切斷，另一名則行蹤不明；經過調查之後，在十四日下午兩點左右撈獲遺體。

喪生的船員，是一名正在船上見習、泳技不精的少年。「一名左腳切斷」指的就是正次，當時他的左腳卡在船隻和岸礁之間。

發生事故可說相當不幸，但對正次而言，或許又是不幸中之大幸。船難發生時，正好有一艘美軍的軍艦順路經過與那國島。藥物和輸血用的血液都由美軍提供，用在對正次的緊急救治上。至於醫師和護士，則是戰後復員留在與那國島上的人，實際的救治都由他們負責。回顧起當時的景象，正次說：「要是美國的醫療船不在那裡，我恐怕早就死了哪！」只是，手術結束後，才是真正艱苦的開始：

做完手術後，我有整整兩天完全失去了意識（中略）。我老婆說，「你已經整整兩天失去意識了唷」，而我只能發出微弱的鼻息聲回應。

作為麻醉之用，正次被注射了嗎啡，同時也吃了整整一週的盤尼西林；這些也是由美軍提供的。

盤尼西林這種藥啊，也是美軍那裡拿一瓶過來，然後跟我說「就用這個吧」。每天要吃一次（中略），一瓶剛好是一週的分量。

接下來是拆線：

拆線的時候啊，「哇——痛死我了啊！」我腦袋裡想的都是「夠了吧，讓我死了吧！」拆線就是這樣不得了啊——！

正次喊的不是「好痛」，而是「痛死我了」。（不要拆線也罷，讓我死了吧！）忍過這種幾乎要大喊出聲的疼痛，正次開始逐漸地恢復健康。

最後，他的左腳還是留下了海難的後遺症。正次幾乎無法再出海，也從走私船船長的職務退了下來。

不過，話說回來，在這起事故過後一年兩個月，美軍開始對久部良進行大規模的取締，那時就算想走私，也已經無路可走了。

## 美軍外套

在本書的一三二頁，曾經介紹過一段有關在蘇澳南方電影院工作的沖繩女性的訪談。事實上，這位受訪者也在蘇澳南方從事過走私，同時留下了相關證言。[5]

根據這段證詞，這位男性在戰後從事造船工作之餘，也兼作漁業及走私。蘇澳南方的漁民們，經常會將米、砂糖以及其他農產品裝在船上，和沖繩方面進行物物交換。關於這種交易產生的背景，這位男性是這樣分析的：1.蘇澳南方人口少，常會有剩餘物資可以輸出；2.漁民對於走私的好奇心；3.物物交換得到的美軍外套保暖性很好，令漁民心動不已。

然而，失策之處也就在這裡。當這位男性為了走私從與那國島回來的時候，遭到了軍警以現行犯當場逮捕。結果，不只他從與那國島帶回來的物資全被沒收，還被課了大筆的罰金。

## 走私紀錄

究竟當時在蘇澳南方的取締狀況是怎樣的呢？光憑那位男性的訪談，無法清楚理解；不過，透過以下這份當時的文件，或許能夠對中華民國政府盯緊蘇澳南方走私的情況，略窺一斑：（〇〇〇、XXX、□□□在原文中是真名）

> 蘇澳與琉球之間的走私及藥物買賣狀況極其猖獗。
>
> 最近我們在基隆逮捕了走私犯〇〇〇。這名犯人不只走私，還在魚罐頭用的罐中，裝進了未精煉的鴉片五十七公克、精製鴉片三十公克。
>
> 根據這名犯人的供述，主犯XXX在琉球群島最南端、八重山未開化的小島——與那國島上，擁有一百匹馬力以上的船隻八艘，頻繁往來於台灣、琉球、日本、菲律賓、香港、新加坡等地，從事走私與藥物買賣。
>
> 又，販賣私鹽的□□□也是台灣人，和XXX同樣在這座島上經營。[6]

5 吳小枚《海海人生：南方澳媳婦的漁港見聞手記》（二〇〇九年／宜蘭縣立蘭陽博物館）。

6 中央研究院「台琉間走私」（一九五〇—一九五一年／中央研究院近代史研究所檔案館收藏，影像編號：11—EAP—01530）頁五。

這份文件是中華民國政府對外公開的外交文件，收錄在一個題為「台琉間走私」的檔案裡。「走私」兩字，在日文裡稱為「密貿易」。

當我訪問正次的時候，正次曾經稱「密貿易」為「Wadakushibashiri」。按照用日本語讀漢文時，作為「折返點」的漢字順序必須倒過來的要領，「台琉間走私」的「走私」，用日語就讀作「Wadakushibashiri」（私走り）。不管「私走り」或是「走私」，指的都是「密貿易」。

因此，「台灣和沖繩之間進行的密貿易」，用中文表現就是「台琉間走私」。在寫著這一標題的檔案上，標註著「一九五〇年八月一日至一九五一年八月三十一日」的日期。[7]再仔細看文件本身，其成文日期則標示著「十二月六日」；由此可以推定，這份文件的成文日期是在一九五〇年（昭和二十五年）的十二月六日。

雖然只是冰山一角，不過這份文件確實記錄了以與那國島為據點的走私行徑。對交易掌握的程度精確到以公克為單位，這點乍看之下令人覺得不可思議，不過繼續閱讀這份文件，這個疑問也就迎刃而解了。據這份文件所述，中華民國為了調查這一案件，派遣了臥底人員潛入砂糖走私組織，而這位臥底也跟著組織的船來到了與那國。[8]誠如本書第二九五頁所言，在黑市物資當中也包含了毒品，因此中華民國政府會著眼於這點，也是可以理解的。

再者，這份文件成文的時期——一九五〇年（昭和二十五年），也是不容忽視的重點。就在前一年——亦即一九四九年（昭和二十四年）的十月，中華人民共和國在中國大陸成立；同年十二月，中華民國政府決定遷都台北。就在大陸中國／台灣中華民國的現今架構展開後不久，這份文件便出爐了。逃到台灣苟延殘喘的中華民國政府，會在國境管理方面繃緊神經，也是自然而然的結果。

中華民國政府遷都台灣後，依舊保持著自己仍然統治大陸的模樣，將台灣當成其統治範圍下的一個「省」來看待。為此，台灣是由台灣省政府來管轄。台灣省政府在一九五〇年（昭和二十五年）聖誕節的第二天十二月二十六日，接獲了一份來自沖繩美國民政府的文件。這份文件的題目是「將中國國民遣返台灣」。[9]在文件中，美國民政府要求台灣省政府，為遣返偷渡入境沖繩的中國人做好必要的準備。文件裡同時附上在沖繩遭逮捕、將被遣返的七十三人名單，其中包含了和前面所提「擁有八艘船，以與那國為據點從事走私的主犯ＸＸＸ」、以及和那位臥底同名同姓的人。根據此文件，這名臥底是在一九五〇年（昭和二十五年）十月遭到逮捕，並被判處了六個月的重勞役刑罰。[10]

讓我們再回到那份代表中華民國緊盯蘇澳南方走私活動的文件；在這份文件裡，也有寫到這名臥底在與那國島遭到美軍逮捕，被判刑六個月、拘留在八重山的事情。[11]由此可以發現，

7 中央研究院「台琉間走私」頁三。
8 中央研究院「台琉間走私」頁五。
9 中央研究院「台琉間走私」頁六十一—六十八。
10 中央研究院「台琉間走私」頁六十七。

這兩份文件的內容是一致的。

臥底遭到美國逮捕，對中華民國而言應可說是極大的誤算；不過，也正是因著這件事的發生，「主犯ＸＸＸ」以及臥底的存在，才得以經由美國和中華民國雙方的公文獲得確認。

接下來，讓我們更進一步詳讀這七十三人的名單。根據名單所示，這七十三人偷渡到沖繩的時期，分別從一九四八年（昭和二十三年）一月到一九五〇年（昭和二十五年）十月不等，不過被逮捕則都是在一九五〇年（昭和二十五年）六月十五日之後的事。至於偷渡上岸的地點，最多的是與那國的六十六人，占了全部的九成以上；剩下七個人按照地區細分，分別是：西南諸島，三人；八重山群島，一人；平良市，兩人。

追查這七十三人的個人資料，我們可以發現這些人，從南邊普拉塔斯島（東沙島）的廣東人，到北邊住在福岡的台灣人，不管是居住或是出身地都相當分散，且範圍十分廣大。另一方面，從戶籍地來看，其中台灣占四十九人，香港二十一人，中國大陸三人，有三分之二是設籍在台灣。再細查這四十九人的分布地域，可以發現大多是台北和基隆人，其他地方人數雖少，不過也包含了高雄、蘇澳和花蓮。簡單地說，只要是台灣有名的港口城鎮，不管位在哪裡，都有可能和與那國之間有著偷渡走私的聯繫。

## 震盪的東亞

名單上記載的遣返者，被逮捕的時期是一九五〇年（昭和二十五年）六月十五日以降，這點也值得我們思索。

到這時為止對於「黑市」的取締，說起來其實也不算太過消極。正如本書二九四頁所示，在一九四八年（昭和二十三年）三月八號的《海南時報》上，就報導了警察著手「防治走私」的情形；換言之，取締當局至少在這個時點，已經表現了要取締偷渡和走私的意志。

可是，隨著中華人民共和國的成立與中華民國的遷都台北，台灣的情勢日趨緊迫，而中國「解放台灣」的企圖也令人憂心忡忡。故此，跟台灣的中華民國政府在國境警戒上繃緊神經一樣，美軍對走私的取締也趨於強硬。[12] 一九五〇年（昭和二十五年）六月二十五日韓戰爆發，亞洲的東西對立日趨激化，美軍對這種情勢絕不可能漠然無視。

在石垣島發行的報紙《南琉時報》，於一九五〇年（昭和二十五年）七月一日二版刊載了美軍關於取締偷渡的指示；那篇文章的標題直截了當寫著「取締偷渡者」。同年九月十日，又

---

11 中央研究院「台琉間走私」頁五。

12 石原昌家『空白の沖縄社会史—戦果と密貿易の時代』頁二九四。

在二版刊登了題為「警告走私、偷渡入境」、展現美軍強力取締意向的報導。

由此處觀之，我們可以發現名單上記載的遣返犯人，他們遭逮捕的時期都是在一九五〇年（昭和二十五年）六月以降；這並非偶然，而是呼應台灣、中國、朝鮮地區的震盪不安，對與那國等地的走私偷渡採取嚴格取締的結果。

## 國境管理

在描述與那國島走私的大浦太郎《走私之島　在我腦海中復甦的回想》（二〇〇二年／沖繩時報）當中，也說美軍對久部良走私的取締是始自一九五〇年（昭和二十五年）六月。當時，約有三十名士兵搭乘ＬＳＴ（戰車登陸艦）在納馬海濱登陸，對聚落進行搜索；原本住在民家的貿易商人，紛紛逃入附近的野地和森林。[13]

美軍封鎖了久部良聚落的主要道路，對這些商人實施饑餓戰；最後，台灣貿易商人從隱匿地點出來並遭到逮捕，整個作戰在三週後宣告結束。儘管動用了ＬＳＴ，不過卻沒有攜帶戰車，在這場取締中，也沒有爆發槍戰。[14]

根據大浦所述，當時被逮捕的人都被送往宮古接受審判。大浦自己也有從事走私，不過並沒有被逮捕。不過，他還是以證人身分一同前往宮古，在那裡參與了沖繩出身者的審判。[15]

又據大浦所寫，「台灣人的審判在另外的法庭進行，詳細內容一概不明；關於他們之後究竟下場如何，至今也依舊不得而知。」[16]

即使是美國民政府向台灣省政府提出的遣返名單，在一九五〇年（昭和二十五年）六到七月間逮捕的案例中，也只有四個人被遣返。故此，大浦所遭遇的這齣取締戲碼與台灣走私商人的關係，實際上並不那麼清楚明瞭。我們所能知道的只有，中華民國政府與沖繩美軍對國境管理的強化，暗示著位於國境最前線的與那國島走私即將走向終結。

大浦在舉出當時參與取締的部隊時，提到了「ＣＩＣ」。[17]「ＣＩＣ」是「美軍防諜部隊」的簡稱，他們的任務是對美軍眼中疑似反美的個人和團體進行調查。[18]若是明瞭有負責情報任務的部隊參與取締，對於接下來以久部良為據點從事走私的一男所遭遇的經歷，就能有所理解了。

一男雖然沒有在美軍和警察的取締中遭到逮捕，但他為了走私而弄來的汽油桶，還是吸引了對方的目光。儘管他把汽油桶藏在自家後面，但前來取締的美軍相關人士卻還是逕自往汽油桶的方向走去。他們毫無任何遲疑，簡直就像打從一開始就知道汽油桶藏在那裡似的。

---

13 大浦太郎『密貿易島　わが再生の回想』（二〇〇二年／沖縄タイムス社）頁二十一。
14 大浦太郎『密貿易島　わが再生の回想』頁二十二。
15 大浦太郎『密貿易島　わが再生の回想』頁一八三。
16 大浦太郎『密貿易島　わが再生の回想』頁一八四。
17 大浦太郎『密貿易島　わが再生の回想』頁一八三。
18 沖縄大百科事典刊行事務局編『沖縄大百科事典　上巻』頁二六七。

被問到「這是誰的東西」，一男連忙裝傻：「究竟是誰放在這裡的，我也不清楚。」最後，汽油桶並沒有被沒收，對一男家的搜索也到此為止。可是，對一男而言，重要的事情並非這些。他這樣說：

我明明把（汽油桶）藏了起來，好好地藏在後面，結果卻還是被找到了。我被人密告了。

是誰、在哪裡、又是用什麼方式進行走私？一男感覺到，這些情報都會被一一抽絲剝繭調查出來。

一男不禁有種預感，走私差不多要落幕了；實際的情況，也正如他的預感。

# 後記

本書是一部描繪與那國島的人們與台灣之間往來歷史的作品。

在闡述與那國島和台灣之間關聯的作品中，迄今已有許多以走私、或是以與那國島本身為主題，進行社會與文化論述的優秀作品獲得發表，即使是本書，對其也多所引用參照。不過，本書的特色有以下幾點：1.以當事人的訪談為中心，透過追溯他們的半生，描繪出他們與台灣之間的牽繫。2.不只著重在特定的緯線（好比說「走私」）上，同時也沿著經線（台灣被殖民統治的五十年前後），描繪出台灣和與那國的關係。3.在論及與那國和台灣關係時，著重於一些必須加以重視的台灣地點——蘇澳南方（宜蘭縣蘇澳鎮的漁港南方澳）、基隆、新港（台東縣成功鎮），對這些港口的誕生以及它們與沖繩出身者的關聯做出詳細檢討，從而描繪出與那國等八重山／沖繩的人們，和當時台灣社會究竟有著怎樣的牽繫。隨著執筆進度不斷推進，我不僅在與那國等日本地區進行取材，同時也大量加進了自身在台灣所做的田野調查、訪談，以及文獻調查的成果。

台灣東部的漁港——蘇澳南方，在本書中屢次登場，不過事實上，包括蘇澳南方在內的蘇澳地區，早在日本殖民統治之前，就已經以天然良港之姿受到活用。後來隨著一九二一～二三年（大正十年～十二年）蘇澳南方漁港的建設，以及一九二四年（大正十三年）鐵路開通，和台北、基隆方面的聯繫有了飛躍性的提升，在蘇澳南方捕獲的旗魚等漁獲物，其輸送體系也隨之確立。

原本即是海運要衝的蘇澳，在漁港、鐵道等社會資本投入建設的過程中，使得蘇澳南方的社會潛力也跟著邁入了上升的進程。其結果便是，蘇澳南方對於與那國等八重山人們的吸引力隨之提升，而蘇澳南方也自此確立為台灣和八重山之間往來的出入口。日本透過殖民地統治促成台灣現代化，這對與那國等八重山人的生活方式也同樣產生了影響。[1]

我在執筆本書的時候，特別詳細描述了渡海來台的與那國人生活的種種，期使他們的生活方式，能夠在社會當中獲得凸顯。

在序章中，我舉出了在蘇澳南方與基隆從事捕旗魚突棒漁業的松川政良（一九一八年生）與大城正次先生（一九二三年生）。捕旗魚的突棒漁業作為與那國和台灣之間牽繫的意象，可說是極具象徵意義的主題。透過對捕旗魚的突棒漁業的描繪，從與那國渡海來台的人們自不用說，就連對與那國人頻繁出入、生活的地點——基隆、蘇澳南方、新港等港口，也能夠更深入理解。

台灣和與那國之間，儘管隨著一九四五年太平洋戰爭的終結，在兩地的人們之間劃上了一條國境線，但一開始原是相當具有彈性，真的遭到嚴密封閉，是在東亞新產生的對立日趨激化之後。[2]在這段國境線真正發揮其作用前的一段期間裡，以與那國為舞台持續展開的，就是所謂的「走私」。

走私，是談及中台對立架構、韓戰、日本復興以及戰後東亞時不可或缺的要素，但因為先前已經有許多研究及著作發表，所以本書採用了嶄新的手法，透過介紹中央研究院近代史研究所檔案館所保存的美國和中華民國文件，來刻畫作為走私據點的與那國形象。當我們透過這樣的窺探，意識到中台間的緊張關係後，大城先生與長濱一男先生（一九三一年生）等有過走私經驗人士的訪談，就不單單再是個人的體驗，而是清楚傳達了與那國島的人們，在這個戰後局勢搖擺不定的東亞舞台上是如何生存下來的。

誠如本書三一一至三一四頁所提及，美軍自一九五〇年（昭和二十五年）開始，對與那國的走私展開嚴密的取締。在那之後六十年，與那國的孩子們用了完全不同的手段、為了完全不同的目的，渡海來到台灣。與那國島的中學生畢業旅行，開始出現了訪問台灣的行程。本書登場人物的孫子與曾孫，這一世代的孩子們，正用最適合現今的方式渡海前來台灣。

1 松田廣子指出：「以八重山地區的情況而言，它被涵蓋在以隨日本殖民地統治急劇資本主義化、工業化、都市化的台北為『中心』、由『周邊』農村地帶供給原料的資本主義體系當中。」松田廣子「沖縄県八重山地方から植民地下台湾人の移動」，收錄於蘭信三編『日本帝国をめぐる人口移動の国際社会学』（二〇〇八年／不二出版），頁五三九。

2 屋嘉比收指出，戰後的與那國儘管依照法律與條約制定了國境線，但與那國島民不論在意識與生活實態上，都還是如同國境線不存在的狀態，「日常性的越境」也是頻繁為之。據他所述，造成這種狀態轉換的「局勢」是中台關係與韓戰。美國政府以韓戰為契機，具體強化了對彈殼、黃銅等非鐵性金屬的查緝，並重新在與那國和台灣之間，構築了一條「國境線」，參見屋嘉比收「国境の顕現—沖縄与那国の密貿易終息の背景」，收錄於屋嘉比收『沖縄戦、米軍占領史を学びなおす—記憶をいかに継承するか』（二〇〇九年／世織書房），頁二一。

蘇澳南方、基隆、台北、新港、高雄……在台灣，有相當多的地方都留下了與那國人的足跡。對這些地方進行調查，了解它們和與那國的關係，然後試著實際走訪；僅僅是這樣，畢業旅行的意義就已十分足夠。若是這些中學生在畢業旅行前，能夠去拜訪自己的祖父母或曾祖父母，乃至於認識的爺爺奶奶，那麼他們一定能夠找到可以講述自己和台灣關係的人；或許，他們還可以發現之前在台灣拍攝的照片呢！如果真的發現的話，那就試著在拍攝照片的地方調查看看吧！

這些都準備好的話，前往台灣的畢業旅行大概就完成了八成。若真的去了台灣的話，一邊到超高層摩天樓「台北一〇一」走走，一邊盡情感受現在的台灣，也是相當不錯的選擇。「一〇一」也以陸客走訪而知名，或許從中可以思考台灣和中國的關係，並且得到某些啟發。試著經常回想從祖父母或曾祖父母、以及附近的爺爺奶奶那裡聽來的話，在今日的台灣思考與那國島的事情吧！

不過另一方面，會有「我不清楚前往台灣畢業旅行，在教育上的意義何在」，這樣的困惑也是事實。「讓孩子們特地跑到台灣一趟，到底能夠學到些什麼？」這樣的疑問也在所難免。

仔細想想，這種「不清楚」之所以會產生，其實是因為足以了解與那國島與台灣之間深深牽繫的管道，實在太少了。在過去的與那國島，因為前往台灣的人實在很多，所以大概沒什麼特地傳述、或特地述說的必要；但就是因為太理所當然了，反而讓這些東西沒能流傳下來。

筆者是在一九九四年的八月初次造訪與那國島，當時是為了採訪創下最大瞬間風速七十點二公尺紀錄的十三號颱風所造成的損害。在那之後，筆者為了取材數度前往與那國島，每次走訪當地，都能深深感受到它與台灣之間的密切聯繫。蘇澳南方、走私、「鰹節王」發田貞彥，還有與那國台灣歸屬論……本書所舉出的這些事情，全都是與那國島的人們告訴我的。

故此，與那國島的人們對於自己和台灣的關聯，理應比筆者了解得更加詳盡才對。然而在不久的將來，了解這些事的或許就只剩下極少數人而已了。畢竟，沒有可供理解的管道，能夠傳承的人也一年比一年更少了。

如果試著把視野再放廣一點，我們可以發現，類似的現象在八重山幾乎到處都在上演。傳統的祭儀要怎麼傳承下去？村中與眾不同的獨特語言，該怎樣流傳下去才好？在戰後移民開拓的新村子裡，開拓世代的經驗要充分傳達給之後的世代，也是相當難以言傳的狀況。

二〇一二年十二月，筆者在寫作本書之餘，前往西表島的祖納地區，進行有關重現獨木舟製造技巧的採訪。這是海洋博公園為了打造過去曾經廣泛使用於村與村之間、或村鎮與田野之間的交通工具而推動的計畫，完成後將在公園內的海洋文化館、以及祖納地區的沖繩縣文化財「新盛家住宅」進行展示（至二〇一三年四月為止，尚未正式展示）。在現今的西表島祖納擁有製造獨木舟經驗的師傅，就只剩下田原昭光先生（一九二七年生）一人。田原先生在這次的重現作業中，也是擔任師傅的職務。他是這樣說的：「原本我以為已經不會再有機會製作古早的獨木舟了。所以，我想藉著這個很好的機會，將它傳遞給年輕一輩。」

根據祖納公民館當時的館長那根操先生所述，在重現獨木舟製造的現場，不只有學校的孩子們前來觀摩，就連觀光客也特地搭著出租汽車過來，關心的情況相當熱絡。儘管過去的生活方式已經無法再回來，但是想了解、想看見的這分心願，確實是存在的。

西表島祖納地區的人們，能夠有這個機會看到獨木舟製造的手藝再現，可說是相當幸運；畢竟，能夠將獨木舟的製造技術透過世代傳承下去，其實是千載難逢的機會。

生活在島上、擁有必要的智慧與經驗的長老們，在大部分的情況下，都沒有機會將這些智慧與經驗傳承下去，而靜靜地踏上來世的旅程。不管多少金錢都買不到的智慧，以及在這個「現代社會」裡無論如何都得不到的經驗，就這樣喪失了。

若說八重山社會有所謂的「梁柱」，那麼支撐著梁．柱的地基正在逐漸零落；而隨著地基的崩垮，用來嵌合梁柱的釘子也一根、一根地脫落。在我的腦海裡，無法不浮現出這樣的景象。

和台灣的牽繫，正是在思考與那國島的形成時不可或缺的一根重要支柱。這根支柱也會腐朽零落嗎？與那國的「梁柱」又要何去何從？

從參考文獻一覽可以得知，本書是靠著許多前人留下的資料支持，才得以順利付梓。然而，書中最主要的主角，一直都是那些曾經有過台灣經驗的與那國人。這本書是以眾多擁有台灣經驗人士的訪談為內容中心，資料則只是當作補足、補強這些訪談的意義而加以使用。資料即使在五十年、乃至一百年後，都還可以閱讀得到，但親身經歷者的真實聲音，在五十年後就再也聽不到了。若是無法盡可能地把握現在、聆聽這些擁有台灣經驗的與那國人講述的故事，並且及早完成書稿的話……這種焦灼不安的心情，正是刺激著筆者完成本書的原動力。

本書中登場的各位人物，不管哪位的生活方式都充滿了刺激。走筆至此，筆者由衷祈願各位讀者，能夠對這些與台灣有著深深牽繫的與那國人，油然而生一種親切的感覺。

# 參考文獻

■與那國相關資料

与那国小学校百周年記念誌編集委員会編『与那国小学校百周年記念誌』（一九八五年／与那国小学校百周年事業協賛会）

与那国町編『町史別巻1　記録写真集　与那国　沈黙の怒涛　どぅなんの一〇〇年』（一九九七年／与那国町）

吉川博也『環境と人間の科学6　与那国　島の人類生態学』（一九八四年／三省堂）

渋谷紀三郎『沖縄県与那国島視察報告』（台湾総督府農事試験場『沖縄県与那国島視察報告』一九一七年）

武井基晃『沖縄県『註記調書』集（大正8～10年　国土地理院蔵）』（二〇一二年）

宮城政八郎『与那国物語』（一九九三年／ニライ社）

池間苗編『与那国郵便局創立七十周年　与那国郵便局と父の生涯』（一九九六年／私家版）

池間栄三『与那国の歴史』（一九五七年／私家版）

■八重山相關資料

八重山歴史編集委員会編『八重山歴史』（一九五四年／八重山歴史編集委員会）

八重山朝日新聞『八重山人名録』（一九六六年）

大田静男『八重山の戦争』（一九九六年／南山舎）

大田静男『八重山戦後史』（一九八五年／ひるぎ社）

吉野高善『ふる里と共に』（一九六七年／私家版）

喜舎場永珣『石垣町誌』（一九七五年／国書刊行会）


**■宮古相關資料**


平良市史編さん委員会編『平良市史　第5巻資料編3　戦後新聞集成』（一九七六年／平良市）


**■沖縄相關資料**


アド・スタッフ編『創業五八年　株式会社沖縄山形屋設立三十周年記念誌』（一九八〇年／沖縄山形屋）

ひめゆり平和祈念資料館資料委員会執筆・監修『ひめゆり平和祈念資料館　ガイドブック』（二〇〇四年／財団法人沖縄県女師・一高女ひめゆり同窓会）

大田昌秀『総史　沖縄戦』（一九八二年／岩波書店）

川平成雄『沖縄　空白の一年　一九四五―一九四六』（二〇一一年／吉川弘文館）

月刊沖縄社編『アメリカの沖縄統治関係法規総覧（I）』（一九八三年／月刊沖縄社）

沖縄県教育委員会編『沖縄県史　第7巻　各論編6　移民』（一九七四年／沖縄県教育委員会）

沖縄県教育庁総務課『沖縄県公立小学校変遷史』（一九九四年／沖縄県教育委員会）

琉球銀行調査部編『戦後沖縄経済史』（一九八四年／琉球銀行）

琉球政府『沖縄県史10　沖縄戦記録2（復刻版）』（一九八九／国書刊行会）

■神戸相關資料

田中鋳三『商いからみた梅田半世紀――ヤミ市・地下街・高層ビル』（一九九〇年／ブレーンセンター）
神戸市編『神戸市史　第3集　社会文化編』（一九六五年、神戸市）

■鹿兒島相關資料

永田良吉伝刊行同志会編集部編著『永田良吉伝』（一九六一年／南日本新聞社）
柳本見一『激動二十年』（一九六五年／毎日新聞西部本社）
鹿児島引揚援護局編『局史』（一九四七年）
鹿児島県『鹿児島県史　第5巻下』（一九六七年／鹿児島県）

■台灣相關資料

▽総記・統計

George Leslie Mackay『From Far Formosa: The Island, Its People And Missions』（一八九六年）。Kessinger Publishing's の復刻版（二〇一一年）を使用した。
小川琢治『台湾諸島誌』（一八九六年／東京地学協会）
片倉佳史『観光コースでない台湾』（二〇〇五年／高文研）
石阪荘作編『台湾踏査実記』（一九〇四年／台湾日日新報社）
台北市役所『台北市政20年史』（一九四〇年）
台湾総督府『台湾統治概要』（一九四五年）
台湾総督府『台湾現勢要覧　昭和10年版』（一九三五年）
台湾総督官房調査課『施政40年の台湾』（一九三五年／台湾時報発行所）

仲摩照久編『日本地理風俗大系第15巻　台湾』（一九三一年／新光社）
李筱峰《台灣史100件大事（上）》（一九九九年／玉山社）
伊能嘉矩原著・森口雄稔編著『伊能嘉矩の台湾踏査日記』（一九九二年／台湾風物雑誌社）
伊藤潔『台湾』（一九九三年／中公新書）
尾部仲榮編『台湾各地視察要覧』（一九三〇年）
吳密察〈一八九五年『台湾民主國』的成立經過〉，收錄於吳密察《台灣近代史研究》，一九九〇年／稻鄉出版社）
吳密察原著監修・横澤泰夫訳『台湾史小事典』（二〇〇七年／中国書店）
黃武達編《日治時期臺灣都市發展地圖集》（二〇〇六年／南天書局）
黄昭堂『台湾民主国の研究　台湾独立運動史の一断章』（一九七〇年／東京大学出版）
黄昭堂『台湾総督府』（一九八一年／教育社）
馬偕著，陳宏文譯，《馬偕博士日記》（一九九六年／人光出版社）
莊永明，《認識台湾　回味1895—2000》（二〇〇五年／遠流出版）
楊逸舟『台湾と蒋介石』（一九七〇年／三一書房）
藤崎斉之助『台湾全誌』（一九二八年／中文館書店）。谷ケ城秀吉編『植民地帝国人物叢書1【台湾編1】台湾全誌〔樺山資紀〕』（二〇〇八年／ゆまに書房）として刊行の復刻版を使用。

**▽台語・台灣原住民語相關資料**

台湾総督府『台湾語大辞典　上巻』（一九三一年）。国書刊行会の復刻版（一九八三年）を使用。
台湾総督府『台湾語大辞典　下巻』（一九三二年）。国書刊行会の復刻版（一九八三年）を使用。
呂金福等編《阿美母語教材》（一九九七年／台北市政府原住民事務委員會）
新道満編『ローマ字発音台湾市街庄名の読み方』（一九三八年／東都書籍）

樋口靖『台湾語会話　第二版』（一九九二年／東方書店）
鄭如玲編著《一分鐘　台語單字速成》（二〇〇二年／三思堂）
蔡新明編《阿美族語隨身詞本》（二〇〇七年／高雄市原住民語言教育研究學會）

**▽國籍・國境相關資料**

田中宏「日本の植民地支配下における国籍関係の経緯」（『愛知県立大学外国語学部紀要第9号　地域研究・関連諸科学編』収録，一九七四年）
河原功監修・編集『台湾引揚・留用記録　第8巻』（一九九八年／ゆまに書房）

**▽交通・運輸相關資料**

日本鉄道旅行地図帳編集部編『満州朝鮮復刻時刻表　附台湾・樺太復刻時刻表』（二〇〇九年／新潮社）
台北州自動車協会編『台湾地誌』（一九四〇年）
台湾警察協会編集主任篠原哲次郎編纂『昭和七年版台湾市街庄便覧』（一九三二年／台湾日日新報社）
台湾旅行案内社『改正台湾鉄道旅客運賃総覧』（一九四一年／台湾日日新報社）
岡田俊雄『大阪商船株式会社80年史』（一九六六年／大阪商船三井船舶株式会社）

**▽水産業相關資料**

『台湾水産雑誌』23号（一九一七年十一月）、51号（一九二〇年三月）、52号（一九二〇年四月）、58号（一九二〇年十月）、84号（一九二三年十二月）、86号（一九二三年二月）、88号（一九二三年四月）、91号（一九二三年七月）、108号（一九二五年一月）、110号（一九二五年三月）、111号（一九二五年四月）、132号（一九二七年一月）、136号（一九二七年五月）、139号（一九二七年八月）、140号（一九二七年九月）、183号（一九三一年四月）、238号（一九三五年一月）、239号（一九三五年二月）、242号（一九三五年五月）、244号（一九三五年七月）。國立台灣大學圖書館網站（http://www.lib.ntu.edu.tw/）。二〇一二年十一月二十四日瀏覽。若非必要之處，本書不會詳細列出編輯與發行時間。

小野征一郎編著『マグロの科学――その生産から消費まで――』（二〇〇四年／成山堂書店）

台湾水産会『台湾に於ける動力付漁船々名録　昭和十二年五月末日現在』（一九三七年）

台湾水産会『台湾近海産旗魚類』（一九三八年）

西村一之「台湾先住民アミの出稼ぎにみる植民地経験」（五十嵐真子・三尾裕子編『戦後台湾における〈日本〉』収録、二〇〇六年、風響社）

西村一之『植民統治期台湾における日本人漁民の移動と技術』（植野弘子・三尾裕子編『台湾における〈植民地〉経験』収録，二〇一一年／風響社）

李嘉亮《台灣漁港圖鑑》（二〇〇五年／貓頭鷹出版）

行政院農業委員會漁業署編《中華民國一〇〇年台閩地區漁業統計年報》（二〇一二年／行政院農業委員會漁業署）網路版

蘇澳水産株式会社『蘇澳漁港』（一九三五年）

**▽生活・習俗相關資料**

台湾女性史入門編纂委員会編『台湾女性史入門』（二〇〇八年／人文書院）

林啓三『我が人生は光に恵まれ嵐に堪えて』（一九九七年／私家版）

洪郁如『近代台湾女性史　日本の植民統治と『新女性』の誕生』（二〇〇一年／勁草書房）

**▽台北相關資料**

又吉盛清『台湾　近い昔の旅〈台北編〉』（一九九六年／凱風社）

王思迅編《古地圖台北散歩――一八九五清代台北古城》（二〇〇四年／河出圖社）

王惠君・二村悟『図説　台湾都市物語』（二〇一〇年／河出書房新社）

台北市『台北市商工人名録　昭和十一年版』（一九三七年／台北市）

台北市『台北市商工人名録　昭和十二年版』（一九三八年／台北市）

台北市『台北市商工人名録　昭和十五年版』（一九四一年／台北市）
台北州『台北州統計要覧　大正十年』（一九二三年／台北州知事官房文書課）
台北州総務部総務課『台北州統計書』（一九四二年／台北州総務部総務課）
台北商工会議所『台北商工人名録　昭和十八年版』（一九四三年／台北商工会議所）
安良城一『台北市民住所録（内地ノ部）』（一九四〇年／住所月報社）
湯熙勇《台北市地名與路街沿革史》（二〇〇二年／台北市文獻委員會）

**▽基隆及其周邊相關資料**

入江文太郎『基隆風土記』（一九三三年／入江暁風）
石坂荘作『おらが基隆港』（一九三二年／台湾日日新報社）
加藤守道『基隆市』（一九二九年／基隆市）
伊東ひさし・柳木昭信ら『旅名人ブックス108　台湾東海岸と基隆　台湾の原風景を味わう』（二〇〇八年／日経ＢＰ企画）
朱徳蘭「基隆社寮島の沖縄人集落」（上里賢一・高良倉吉・平良妙子編『東アジアの文化と琉球・沖縄――琉球／沖縄・日本・中国・越南』収録、二〇一〇年、彩流社）
基隆市双葉尋常小学校編『郷土読本　我が基隆』（一九三四年）

**▽宜蘭・蘇澳相關資料**

『官有土地使用許可ノ件』（一九二二年／国史館台湾文献館所蔵）
『蘇澳鎮漁業生産合作社陳請琉球魚民團加入捕魚生産』（一九四六年／國史館台灣文獻館所蔵）
台北州内務部勧業課『蘇澳の漁港』（一九二六年）
台灣省文獻委員會採集組編《台灣地名辭書　巻一　宜蘭縣》（二〇〇〇年／台灣省文獻委員會）
安溪遊地・平川敬治『遠い空――國分直一、人と学問』（二〇〇六年／海鳥社）

国分直一『海辺民族雑記（一）——蘇澳郡南方澳』（金関丈夫編『民俗台湾』4巻12号収録、一九四四年／東都書籍台北支店）
吳小枚《海海人生：南方澳媳婦的漁港見聞手記》（二〇〇九年／宜蘭縣立蘭陽博物館）
吳麗玲《南方澳漁業聚落的形成與社區整合》（一九九四年／國立台灣師範大學地理研究所碩士論文）
宜蘭文獻雜誌編輯委員會編《宜蘭文獻》六十六期（二〇〇三年／宜蘭縣政府文化局）
宜蘭廳編『宜蘭廳治一班』（一九一六年）
高淑媛編《宜蘭縣史系列・總類1・宜蘭縣史大事記》（二〇〇四年／宜蘭縣政府）
戴寶村編《宜蘭縣史系列・經濟類3・宜蘭縣交通史》（二〇〇一年／宜蘭縣政府）
蘇澳庄『蘇澳南方澳水道誌』（一九三五年）

**▽台東・新港相關資料**

新港郡『新港郡要覧（昭和13年版）』（一九三九年）
金関丈夫・国分直一『台湾東海岸卑南遺跡発掘報告』（『台湾考古誌』収録、一九七九年、法政大学出版）。初出は農林省水産講習所編『農林省水産講習所研究報告　人文科学篇第3号』（一九五七年）

**■中國與台灣相關資料**

藤井省三『中国映画——百年を描く、百年を読む』（二〇〇二年／岩波書店）

**■八重山、沖縄與台灣關係資料**

『台琉間走私』（一九五〇至一九五一年／中央研究院近代史研究所檔案館收藏，影像編號：11——EAP——01530）
又吉盛清『日本植民地下の台湾と沖縄』（一九九〇年／沖縄あき書房）

又吉盛清『台湾2・28事件60年沖縄（琉球）関係調査報告書』（二〇〇七年）
大浦太郎『密貿易島　わが再生の回想』（二〇〇二年／沖縄タイムス社）
水田憲志『沖縄県から台湾への移住　第2次世界大戦前における八重山郡出身者を中心として』（関西大学文学部地理学教室編『地理学の諸相──『実証』の地平──』収録、一九九八年、大明堂）
石井明『中国の琉球・沖縄政策── 琉球・沖縄の帰属問題を中心に ──』（北海道大学グローバルCOEプログラム『境界研究の拠点形成』編『境界研究』No.1収録、二〇一〇年、北海道大学スラブ研究センター）
石原昌家『空白の沖縄社会史──戦果と密貿易の時代』（二〇〇〇年／晩聲社）
台湾引揚記編集委員会編『琉球官兵顛末記　沖縄出身官兵等の台湾引揚げ記録』（一九八六年）
宮島敏朗『離島派遣残滓工作員として──与那国島で訓導となる』（石垣市史編集室『市民の戦時・戦後体験記録　第Ⅱ集』収録、一九八四年、石垣市）
松田良孝『八重山の台湾人』（二〇〇四年／南山舎）
松田良孝『台湾疎開　『琉球難民』の1年11カ月』（二〇一〇年／南山舎）
松田ヒロ子『沖縄県八重山地方から植民地下台湾への人の移動』（蘭信三編『日本帝国をめぐる人口移動の国際社会学』収録、二〇〇八年、不二出版）
屋嘉比収『『国境』の顕現　沖縄与那国の密貿易終息の背景』（屋嘉比収『沖縄戦、米軍占領史を学びなおす』収録、二〇〇九年、世織書房）
奥野修司『ナツコ　沖縄密貿易の女王』（二〇〇五年／文藝春秋社）
漢那敬子・地主園亮・根川智美『台湾における琉球関係史料調査報告──台湾総督府文書・台湾省行政長官公署資料を中心に──』（沖縄県教育委員会『史料編集室紀要31号』収録、二〇〇六年）
黄智慧『台湾に最も近い日本、与那国島』（笠原政治・植野弘子編『アジア読本　台湾』収録、一九九五

年、河出書房新書、胎中千鶴訳）
黄智慧『環『東台湾海』文化圏における島際関係史——与那国島を中心に——』（財団法人海洋博覧会記念公園管理財団編『財団法人海洋博覧会記念公園管理財団30周年記念事業　海洋文化に関するシンポジウム　沖縄海人文化の系譜　報告書』収録、二〇〇七年、財団法人海洋博覧会記念公園管理財団）

■**辭典**

沖縄大百科事典刊行事務局編『沖縄大百科事典　上巻』（一九八三年／沖縄タイムス社）
臼井勝美ら編『日本近現代人名辞典』（二〇〇一年／吉川弘文館）

■**其他資料**

文部省『学制百年史　資料編』（一九七二年／帝国地方行政学会）
柳本通彦『明治の冒険科学者』（二〇〇五年／新潮新書）

■**新聞**

『先島朝日新聞』
『海南時報』
『台湾日日新報』
『みやこ新報』
『八重山毎日新聞』

## ■網站資料

### ▽沖繩

沖縄県統計資料ＷＥＢサイト（http://www.pref.okinawa.jp/toukeika/）

### ▽沖縄以外の日本

気象庁（http://www.data.jma.go.jp/）

宮崎県立日南高校（http://www.miyazaki-c.ed.jp/nichinan-h/）

### ▽台灣

台東航空站（http://www.tta.gov.tw/index.asp）

台灣大學圖書館「台灣日治時期統計資料庫」（http://tcsd.lib.ntu.edu.tw/）

行政院農業委員會漁業署（http://www.fa.gov.tw/）

行政院農業委員會林務局羅東林區管理處（http://luodong.forest.gov.tw/）

行政院交通部台灣鐵路管理局（http://www.railway.gov.tw/tw/）

行政院内政部戸政司（http://www.ris.gov.tw/）

宜蘭設治紀念館（http://memorial.ilccb.gov.tw/）

宜蘭縣蘇澳鎮戸政事務所（http://sahr.e-land.gov.tw/）

真理大学（http://www.au.edu.tw/）

國史館台灣文獻館「典藏日據時期與光復初期檔案査詢」（http://db1n.th.gov.tw/twhist/）

國立蘭陽女子高級中學（http://www.lygsh.ilc.edu.tw/）

國立台東女子高級中學（http://www.tgsh.ttct.edu.tw/）

聯經文庫
被國境撕裂的人們：與那國台灣往來記

2017年3月初版　　定價：新臺幣390元

| | |
|---|---|
| 著　　者 | 松田良孝 |
| 譯　　者 | 蘆　　荻 |
| 總 編 輯 | 胡 金 倫 |
| 總 經 理 | 羅 國 俊 |
| 發 行 人 | 林 載 爵 |

| | |
|---|---|
| 出　版　者 | 聯經出版事業股份有限公司 |
| 地　　　址 | 台北市基隆路一段180號4樓 |
| 編輯部地址 | 台北市基隆路一段180號4樓 |
| 叢書主編電話 | (02)87876242轉225 |
| 台北聯經書房 | 台北市新生南路三段94號 |
| 電　　　話 | (02)23620308 |
| 台中分公司 | 台中市北區崇德路一段198號 |
| 暨門市電話 | (04)22312023 |
| 台中電子信箱 | e-mail：linking2@ms42.hinet.net |
| 郵政劃撥帳戶 | 第0100559-3號 |
| 郵撥電話 | (02)23620308 |
| 印　刷　者 | 世和印製企業有限公司 |
| 總　經　銷 | 聯合發行股份有限公司 |
| 發　行　所 | 新北市新店區寶橋路235巷6弄6號2樓 |
| 電　　　話 | (02)29178022 |

| | |
|---|---|
| 叢書主編 | 陳 逸 達 |
| 特約編輯 | 吳　　菡 |
| 內文排版 | 極　　翔 |
| 封面設計 | 兒　　日 |

行政院新聞局出版事業登記證局版臺業字第0130號

本書如有缺頁，破損，倒裝請寄回台北聯經書房更換。　ISBN 978-957-08-4922-6 (平裝)
聯經網址： www.linkingbooks.com.tw
電子信箱：linking@udngroup.com

國家圖書館出版品預行編目資料

被國境撕裂的人們：與那國台灣往來記/
松田良孝著．蘆荻譯．初版．臺北市．聯經．2017年
3月（民106年）．336面．14.8×21公分（聯經文庫）
ISBN 978-957-08-4922-6（平裝）

1.日本史 2.日本沖繩縣

731.78878 106003510